刘月志 / 著
土地资源与空间信息技术博士
赵业婷 / 审订

地理学原来这么有趣

颠覆传统教学的18堂地理课

化学工业出版社
·北京·

这是一本介绍地理学大师及其思想精华的图书。它虚拟了18堂神秘课堂，每堂课都围绕一个主题展开，并挑选合适的地理学大师讲授。在授课的过程中，听课人与大师们还有互动和交流。虽然，那些大师们是带着"任务"前来授课的，但他们可不是如此"听话"的嘉宾，还会时不时说些自己的趣闻、趣事，如果你喜欢听这些方面的故事，可千万别错过了本书！

图书在版编目（CIP）数据

地理学原来这么有趣：颠覆传统教学的18堂地理课 / 刘月志著. —北京：化学工业出版社，2018.10（2025.4重印）

ISBN 978-7-122-32967-7

Ⅰ.①地… Ⅱ.①刘… Ⅲ.①地理学-普及读物 Ⅳ.①K90-49

中国版本图书馆CIP数据核字（2018）第207316号

责任编辑：张　曼　龚风光　　　　　　封面设计：溢思视觉设计工作室
责任校对：边　涛

出版发行：化学工业出版社（北京市东城区青年湖南街13号　邮政编码100011）
印　　装：三河市航远印刷有限公司
710mm×1000mm 1/16　印张 17　字数 300千字　2025年4月北京第1版第16次印刷

购书咨询：010-64518888　　　　　　售后服务：010-64518899
网　　址：http://www.cip.com.cn

凡购买本书，如有缺损质量问题，本社销售中心负责调换。

定　　价：42.80元　　　　　　　　　　　　　　　　版权所有　违者必究

使用说明书

地理学大师

卡通地理学大师的形象更直观亲切。

地理学大师介绍

用言简意赅的文字介绍地理学大师的生平和作品。

赵业婷老师评注

对于地理学，每个人都有自己的见解。赵业婷老师的这种评注，堪为引玉之砖。

图解知识点

生动、形象地用图解式解构地理学难题，用活泼图画再现地理学场景。

互动讨论形式

每一堂课都采用互动讨论形式，在师生探讨中轻松掌握地理学大师毕生理论精髓。

参考书目

在每一堂课结束后,地理学大师会推荐一些参考书,让读者拓展知识,加深对课程的理解。

大师课堂

运用穿越时空的手法,邀请54位地理学大师逐一走进课堂,讨论与地理学密切相关的18个话题——地球运转、地质构造、地貌、气象、大气、水文、海洋、冰川、环境地理、植物地理、动物地理、人口地理、城市地理、工业地理、旅游地理、军事地理、政治地理、地图学。

推荐序
PREFACE >>>>

现代人聊天的时候，一说到地理学，很多人都会露出满不在乎的表情。因为在这个经济快速发展的社会，好像已经没有多少人关注地理学了，更多人关注的是职场，是金融，是政治。地理好像成了闲情逸致的代名词，只有那些对生活缺乏实际追求的人才会关注地理学这种看似无用的学科。

其实，地理学在社会生活中有着非常重要的作用。从地理学的构成来看，地理学主要分为自然地理和人文地理。所谓自然地理，就是研究自然地理环境的组成、结构、功能、变化和规律，尤其是对地球表面的各种自然现象进行深入的解读。而人文地理，则是以人地关系理论为基础，探讨各种人文现象的地理分布和形成原因，研究人类活动的各种地域发展规律。自然地理和人文地理共同构成今天的地理学。

地理构成了我们的生活环境。地理环境孕育了我们的生命，孕育了我们的经济发展，更为我们今天的生活提供了关键的环境。小到一株小小的植物，大到整个宇宙空间，生活中的种种，都和地理学有着密不可分的关系。所以说，了解地理学就是了解我们赖以生存的环境。

可能还会有人说，了解这些地理知识有什么用呢？会对我们的生活产生巨大的影响吗？当然。当我们走出家门，感受到雾霾时，有没有想过这种恶劣的天气现象正是因为我们对空气污染了解太少？当我们看到新闻中没有饭吃也没有水喝的孩子时，有没有想过这是因为全球的资源分布不均，对很多地区造成了灾难？当我们看到某个地区经济发展迅猛时，有没有想过这正是因为这个地方有着得天独厚的地理区位优势？

所以我们能够看到，地理对我们的生活来讲，是至关重要的。很多现实中存在的问题，都是能够用地理知识去解读和解决的。在今天，学习地理能够让我们对生活有更多了解，能够让我们运用地理学解决生活中的问题。

我们从学生时代就开始接触地理学了，了解地球的构造，了解我们身边的环境，了解大自然的动物和植物。我们长大之后，发现这些知识对我们的生活有着更加重要的意义，地理不仅是环境的代名词，更是人与自然之间的交互关系。尤其是在人文地理不断发展的过程中，整个人类社会和整个地球形成了一个复杂生动的大系统，而我们正是生活在这个大系统当中的重要因素。

所以说，学习地理就是从根本上了解人类的生存环境，帮助我们更好地生存。在这本《地理学原来这么有趣：颠覆传统教学的18堂地理课》中，作者选取了18个地理学中的重要问题，涵盖自然地理和人文地理的诸多研究范围，可以说是真正有用而有趣的18堂地理课。

相信翻开这本书的读者，都能够感受到一个充满趣味和理性的地理世界。

青岛大学讲师

前言
FOREWORD >>>>

  地理学是一门非常古老的学科。从人类产生的时代开始，人类就对自己所处的环境和世界有很大的好奇心，这就使最初的地理学得以产生。古代的人们即使没有非常先进的技术，也会凭着这份好奇心不断探索地球的奥妙。我们的祖先对国家和区域进行描述、探索地球的形状、测量地球的大小，这些都成为后来地理学中的重要知识。地理学还被称为"科学之母"，因为地理学与历史学、天文学、哲学、博物学等学科有着非常重要的关系，这些学科至今与地理学还有着非常重要的交互关系。

  随着人类认知的提高和科学技术的发展，地理知识不断得到人们的普遍认识，地理学也逐渐形成。在今天，地理学分为自然地理和人文地理，主要研究的是人与地理环境之间的关系。在地理学的帮助下，人们能够更好地认清自己所处的环境，更好地开发和保护地球的资源，更重要的是能够实现人与地球的和谐相处。

  学习地理，首先能够让我们构建更加完整的知识结构。地理知识的重要性不言而喻，无论是在历史长河中，还是在现实世界里，地理知识都是不可缺少的。了解地理，就是丰富完善我们的知识结构。其次，学习地理能够让我们意识到可持续发展的重要性。在当今世界，环境问题已经越来越严重，很大一部分原因就是因为人们的地理意识薄弱。最后，学习地理能够让我们培养一种可贵的人文精神。我们在电视纪录片和文学作品的描述中，能够见到关于地理现象的描述。我们在生活、旅游的过程中，也处处能够见到奇妙的地理现象。对这些知识的了解，其实就是对我们生活的关注和热爱。

文化逐渐走进大家的生活，我们能看到更多人对地理感兴趣：有些人对古老的化石和生物感兴趣，在博物馆中流连很久不愿离去；有些人跋山涉水到某种特殊的地貌当中，只为感受大自然的魅力。但是当我们面对这些地理事物的时候，很多人都会产生一种感觉，认为自己的地理知识很匮乏。确实是这样，我们在上学的时候接受的都是应试教育，只是在分数的条条框框中转圈。工作之后又整天忙碌，没有时间阅读地理学专业的书籍。久而久之，地理知识的缺乏，就成为一件非常普遍的事情了。

这本书正是为那些对地理感兴趣，但是却缺乏地理知识的人进行专业补课。

本书为读者安排了18堂课。其中前11堂课是自然地理部分，后7堂课是人文地理部分。可以说整本书形成了一个非常完整的地理学体系，对地理学的基本问题进行了全面的解读。

这本书采用了生动活泼的课堂形式和通俗流畅的语言风格，对地理知识的解释更加细致，方便读者理解。

书中还有大量注释和图解，一些复杂的知识都配有老师的专业评注，这样就不会担心在阅读中有不懂的问题了。

只要你对地理学有兴趣，就请拿起这本书，走进一个活泼多样的地理世界吧！

CONTENTS >>>> 目 录

第一堂课　阿基米德、埃拉托色尼、托勒密讨论"地球运转"

地心说和日心说 / 002
昼夜更替的形成 / 006
四季的形成 / 010
日期变更线的问题 / 012

第二堂课　魏格纳、迪茨、史密斯讨论"地质构造"

地球的结构 / 016
地质构造 / 019
岩石和化石 / 023
地震的由来 / 027

第三堂课　戴维斯、彭克、李希霍芬讨论"地貌"

凹凸不平的地球表面 / 030
常见的十六种地貌 / 034
内营力与外营力 / 039

第四堂课　洪堡德、罗伦兹、柯本讨论"气象"

气候的形成/ 044

云、雨和风的形成/ 049

台风和雷暴/ 052

恐怖的厄尔尼诺/ 055

气候变暖是不是伪命题/ 058

第五堂课　伯杰龙、朗缪尔、汉恩讨论"大气"

大气的组成和结构/ 062

大气的运动/ 070

雾霾和大气污染/ 073

第六堂课　佩罗、纳什、达西讨论"水文"

"水星"地球/ 078

地球动脉——水循环系统/ 081

塑造文明的大河/ 085

可控的洪水/ 088

第七堂课　莫里、福布斯、埃克曼讨论"海洋"

解密海洋/ 094

海洋运动/ 098

海洋资源/ 102

第八堂课　盖奥特、麦金德、詹茨讨论"冰川"

冰川的基本概念/ 106

冰川的地貌/ 109

冰川的运动/ 113

冰川的意义/ 115

第九堂课　李特尔、拉采尔、白兰士讨论"环境地理"

地理环境决定论/ 118

地理环境的基本特征/ 120

人与环境的关系/ 124

环境问题/ 127

第十堂课　德堪多、达尔文、林奈讨论"植物地理"

植物地理学的历史渊源/ 132

植物地理学的学科基础/ 135

植物种群和群落/ 137

植物生活与环境/ 141

第十一堂课　廷伯根、华莱士、艾尔顿讨论"动物地理"

动物地理/ 146

动物的地理分布/ 148

世界动物地理分区/ 151

动物与其他生物的关系/ 154

第十二堂课　李斯特、马尔萨斯、李嘉图讨论"人口地理"

人口的基本知识/ 160
人口质量与经济发展/ 163
人口结构/ 167
人口分布和迁移/ 170

第十三堂课　赫特纳、施吕特尔、克里斯塔勒讨论"城市地理"

城市是怎么形成的/ 174
城市职能——城市用来做什么/ 177
城市内部的空间结构/ 181
中心地理论/ 184

第十四堂课　巴朗斯基、韦伯、勒施讨论"工业地理"

工业地理包括在经济地理当中/ 188
有讲究的工业区位/ 191
工业集聚和工业分散/ 194
工业地理的新发展/ 198

第十五堂课　哈维、麦金德、赫伯森讨论"旅游地理"

解析旅游资源/ 202
旅游的开发/ 207
旅游与地理环境的关系/ 209

第十六堂课　哈特向、斯利姆、纳尔逊讨论"军事地理"

地理和军事无法分开/ 214
军事地理学的发展/ 218
军事地理学的具体要素/ 221

第十七堂课　白吕纳、阿努钦、亨廷顿讨论"政治地理"

有政治就有地理/ 228
国家和领土密不可分/ 231
国家内部的区域划分/ 234
地缘政治学说/ 236

第十八堂课　哈格斯特朗、汤姆林森、利玛窦讨论"地图学"

地图的概念和特征/ 240
地图的历史和演变/ 243
地图的制作/ 246
地图的选择和使用/ 249

第一堂课

阿基米德、埃拉托色尼、托勒密讨论"地球运转"

阿基米德/埃拉托色尼/托勒密

阿基米德(公元前287—前212),伟大的古希腊哲学家、数学家、物理学家、力学家,百科式科学家,静态力学和流体静力学的奠基人,为社会和人类的进步发展做出了不可磨灭的贡献。

埃拉托色尼(公元前275—前194),古希腊著名的数学家、诗人、天文学家和地理学家。其地理学和天文学的成就主要是《地球大小的修正》和《地理学概论》两本著作,对后世影响很大。

托勒密(约100—170),古希腊天文学家、地理学家、占星学家和光学家。他一生著有多部作品,《天文学大成》《地理学指南》都是对后世很有影响的作品。

在学校的公示栏上，一则公示吸引了林安的注意力。公示大致是说，为了促进地理学科的发展，学校决定每周举办一次"地理峰会"，届时将会邀请三位神秘的老师现场授课和讨论。

"地理峰会？"林安想了想，"看来学校更加关注地理学了，竟然要举办这种论坛形式的授课，想来一定会请一些著名的教授吧。"

他旁边的同学张小凡看见林安专心致志的样子，问："你看什么呢？这么专心？"

林安说："你看，学校将举行地理峰会。身为地理系的学生，我应该去听听，你也跟我一起去吧。"

张小凡看着公示说："地理有什么意思啊？说来说去还不是一些自然景观、天气现象，我觉得对于我来说，只有文字才是最有力量的，我可是好不容易才进文学院的。我才不去什么地理峰会呢。"

"这你就不懂了吧，怎么说地理也是一门文科专业，拓宽一下自己的知识面对你的文学肯定也会有好处的。看时间马上就要开始了，你就当是陪我一起去吧。"林安拉着张小凡，准备前往地理峰会所在的教室。

张小凡笑笑说："好吧，你这么说也对，我就陪你一起去听听吧。"

地心说和日心说

他们二人到了教室，教室里还没有多少人，于是他们就坐在了前排的座位上。他们看到讲台上有三位衣着打扮与现代人很不一样的人。张小凡说："难道这三位奇装异服的人就是今天的教授？"

林安摇摇头说："我也不太清楚。不过我们既然来了，就耐心等着开始吧。"

过了一会儿，他们听到台上的三个人在因为什么问题争论着，他们还拿着一个星盘，在上面比比画画，看起来这三个人确实是今天的老师。

又过了一会儿，峰会正式开始了。这三位老师先自我介绍。

第一堂课
阿基米德、埃拉托色尼、托勒密讨论"地球运转"

第一位老师站起来说:"同学们好,我是阿基米德。"教室里一片哗然,大家都没有想到,这个看起来其貌不扬的人竟然是著名的古希腊学者阿基米德。阿基米德老师接着说:"大家不用惊异,今天我们三个古代西方人能够出现在这里,就是为了推动地理学的发展。能够见到地理学发展到今天这样的阶段,实在是让我们感到欣慰。今天的另外两位老师分别是埃拉托色尼老师和托勒密老师,他们都是在地理学和天文学方面卓有成就的学者,我们将共同为大家呈现一场关于地理的理想峰会。我们今天讨论的主题是地球运转。"

埃拉托色尼老师站起来说:"各位同学好,说到地球运转,我觉得我还是有一定的见解的。我毕生致力于这方面的研究,希望能够在这堂课上和大家共同讨论。"

托勒密老师显得非常急切:"既然是在学校授课,我们就不讲那些无用的话了。下面我就先给大家讲一个最基础和最核心的问题吧,这就是地心说。地心说是我的天文学思想当中最具代表性的一个理论。我认为,地球处在宇宙的中心,静止不动。从地球向外开始数,依次有月球、水星、金星、太阳、火星、木星和土星,这些星球都在自己的轨道上运行着。**其中金星和水星是太阳的行星,它们既要绕着太阳运动,还要绕着地球运动。**在太阳、月球和行星之外,是镶嵌着所有恒星的天球恒星天。再往外是推动天体运动的原动天。这是地心说的基本观点。"

台下的学生有些吵闹,因为大家都知道地心说是非常古老的学说,但是从现在的科学发展角度来讲,是错误的。

阿基米德老师看到同学们的骚动,说:"各位同学请安静,先听托勒密老师讲完地心说,大家再发表自己的意见好吗?"同学们这才安静下来。

托勒密老师接着讲:"在我生活的年代,很多学者都对宇宙构造有自己的想法,但是最终只有地心说得到了大家普遍的认可。我认为在当时来讲,'地球是宇宙中心'这样的想法是非常具有创新性的,而且还有其他星球的运转规律。我详细来介绍一下,地心说还有一个名字是'天动说',这个词的意思是说地球在中心是静止不动的,周围的天体都在围绕着地球进行公转,公转的周期是一天,

> **赵业婷老师评注**
>
> 行星通常指自身不发光、环绕着恒星的天体。其公转方向常与所绕恒星的自转方向相同。一般来说行星需具有一定质量,行星的质量要足够大且形状近似于圆球状,自身不能像恒星那样发生核聚变反应。

地心说的模型

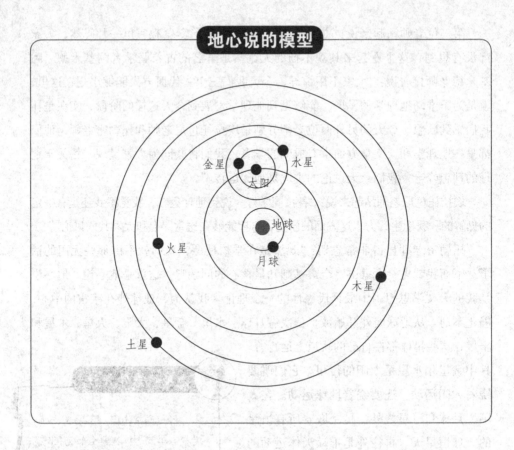

所以人们才能够看到太阳的升起和降落。"

埃拉托色尼老师说："我来补充一点儿知识吧，在当时来讲，地心说不仅具有天文学和地理学的含义，还有哲学和神学的思想成分。因为人类是居住在地球上的主体，所以人类认为自己是这个宇宙的主人，地球就是宇宙的中心，也是全部天体的主人，所有的天体都应该围绕着地球运动。这种学说在很长一段时间里是被基督教认可的。不过，我穿越到现代之后才了解到，其实地心说的理论完全是错误的。"

托勒密老师一听到埃拉托色尼老师这么说，非常激动："你怎么能说我的观点是错误的呢？你在古代的时候也是和我一样的观点，今天怎么就变了？"

埃拉托色尼老师说："时代总是在进步的，我们的思想观点也应该不断进步才行。穿越过来之后，我和阿基米德老师就说我们应该学习一点儿现代先进的科学知识，你却不同意这样。你这样真的会落后的。不过同学们，地心说的功绩是不可磨灭的，在古代确实有非常重要的意义。"

同学们听了埃拉托色尼老师的话之后，才明白原来这种认识的差异来自于穿越，古代和现代的思想当然不会一样。托勒密老师也平静下来，好像在反思自己认知上的一些错误。

阿基米德老师说："尽管认为地球是宇宙的中心这种想法是错误的，但是地心说仍然是世界上建立的第一个行星体系模型，在很长一段时间里被大家所接受，它的历史功绩是不可磨灭的。但是我们穿越而来之后，我也了解到了日心说的原理，不得不让我感叹人类的伟大。"

埃拉托色尼老师说："我从穿越而来就一直在研究日心说，所以我来为同学们做个讲解吧。日心说是由**哥白尼**提出的，他认为太阳是宇宙的中心，地球和其他行星都在围绕着太阳转动。因此，地球并不是宇宙的中心，只是一颗普通的行星而已。日心说认为地球绕太阳公转一周是一年，地球同时也在自转，每天自转一周，所以我们才能够看到每天的日夜变化。"

赵业婷老师评注

尼古拉·哥白尼（1473—1543），文艺复兴时期的波兰天文学家、数学家、教会法博士、神父。哥白尼40岁时提出了日心说，否定了教会的权威，当时罗马天主教廷认为他的日心说违反《圣经》，哥白尼仍然坚信日心说的观点，并出版了自己的著作《天体运行论》。

"除了这些之外，还有其他星球的运行规律。水星、金星、火星、木星、土星都像地球一样，围绕着太阳公转。月球是地球的卫星，会绕着地球转动，同时也在地球的公转轨道上绕太阳公转。除此之外，在整个宇宙当中，恒星和太阳之间的距离是非常遥远的，比日地距离要远得多。"

阿基米德老师继续补充说："不过，科学技术发展到今天，我们要明白日心说也是有一定局限的。首先，太阳并不是宇宙的中心，它只是太阳系的中心天体而已。其次，行星的运转轨道其实并不是匀速圆周运动，行星的运转轨迹是椭圆，运动速度也在不断变化，这是当时哥白尼日心说的一些局限。但是16世纪的哥白尼，还是让人们的思想从神学的桎梏当中解放出来，逐渐摆脱黑暗的中世纪。"

同学们听完，都有一些沉静，一方面是因为知识的变化和进步，另一方面是

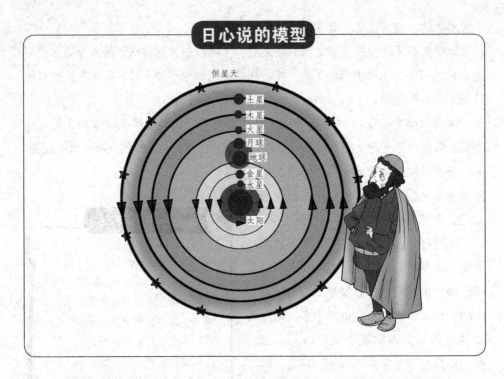

因为老师们对于知识的不同态度。而托勒密老师在旁边听着两位老师的讲解，也若有所思。

● 昼夜更替的形成

阿基米德老师接着刚才讲的继续说："虽然哥白尼的日心说也有一定的局限，但是在一定程度上能够帮助我们学习和研究地球上各种现象产生的原因，比如说昼夜的交替和四季的形成。下面我们主要讲解的就是这两个问题。"

托勒密老师听到阿基米德老师又要讲和日心说有关的内容，于是说："那我也做一个学生，听您讲课吧！"同学们都觉得托勒密老师非常谦虚，纷纷投去崇敬的目光。

埃拉托色尼笑笑说:"我认为在开始之前,还是再来详细地讲解一下地球的自转和公转。地球的自转指的是地球绕着南北两极的地轴转动,但是地轴与垂直面有倾斜角,自转的方向是自西向东。自转一圈是一天,24个小时。地球的公转指的是地球在运转轨道上绕着太阳转,地球绕太阳的运转轨道是一个椭圆,太阳位于椭圆的焦点上。因此地球和太阳之间的距离有时候会近一些,有时候会远一些,产生**近日点和远日点**。不过,近日点和远日点

赵业婷老师评注

近日点指的是一年当中地球和太阳距离最近的位置,这时日地距离是1.471亿千米。远日点指的是一年当中地球和太阳距离最远的位置,这时日地距离是1.521亿千米。

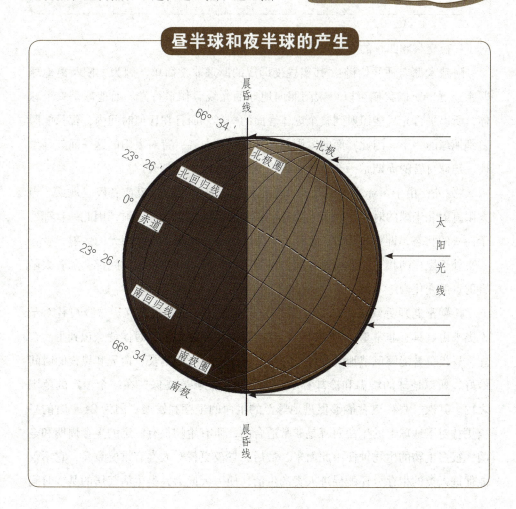

昼半球和夜半球的产生

北半球昼夜长短的变化规律

节气	日期	太阳直射点	昼夜长短情况
春分	3月21日前后	赤道	昼夜平分
夏至	6月22日前后	北回归线	昼最长，纬度越高白昼越长；北极圈以内出现极昼
秋分	9月23日前后	赤道	昼夜平分
冬至	12月22日前后	南回归线	昼最短，纬度越高白昼越短；北极圈以内出现极夜

对于昼夜交替和四季的变化并没有什么影响。"

阿基米德老师开始讲："其实昼夜形成的原理非常简单。因为太阳距离地球非常遥远，所以我们可以将太阳照向地球的光线看作平行光。而地球是一个球体，所以平行光只能照射到整个球体表面的一半，而且在任何时间内，都只能照射到地球的一半。因此，面向太阳的这一面就是白昼，背对太阳的这一面就是黑夜。地球自转的周期是一天，所以昼夜交替的时间也是一天。"

"另外，由于黄赤交角的存在，使得极圈内部会出现极夜或者极昼现象。当太阳直射北半球的时候，北极点附近一直都会受到太阳光的照射，因此一直都处于白昼的状态，即极昼现象；此时，南极点附近始终受不到太阳光的照射，就会一直处于黑夜的状态，即极夜现象。世界各地的白昼和黑夜的时间都会随着太阳直射点的变化产生不同。"

托勒密老师听到这儿，说："我想补充一点昼夜更替的意义。昼夜更替对于人类来讲是具有非常重要的意义的，这个问题我们在很早的时候就意识到了。首先，昼夜更替能够调节地表温度。因为昼夜更替的时间不长，白天和黑夜的时间恰好，所以地球的增温和冷却都不会太剧烈，能够始终保持在一个恒定的范围之内。其次，昼夜更替能够促进地球上的生命的生存和发展。因为24小时的昼夜更替对于地球上的生命而言是非常适合的，所有生物都有一定的生存周期和空间，很多生物的生物钟便由此而来。最后，昼夜更替对人类有重要意义，它不仅能促进人类的生存，还能促进人类的生活，使一天成为人类生活起居的基本时间

单位。"

两位老师和同学们听完托勒密老师的解说,都不住点头。

四季的形成

阿基米德老师接着讲:"下面我们就来讲解四季的变化。四季变化的重要决定原因是,地球自转是有一定的倾斜程度的。如果地球是垂直于太阳旋转的,那么无论地球如何转动,太阳光线都始终直射在地球的赤道附近,不可能产生四季的变化。第二个原因是,太阳光的直射和斜射带来的热量是不一样的。比如说

一束固定大小的光束,直射在一个平面的时候,投射的光斑是一个亮度很大的正圆;斜射的时候,光斑将是一个面积略大但是亮度略小的椭圆。太阳直射就是这样的原理,直射的点热量比较大,温度比较高;斜射的点热量比较小,温度比较低。"

"因为太阳自转和公转之间存在**黄赤交角**,所以太阳的直射点在南北回归线之间扫动,周期是每年一次,从而形成了一年四季的循环。具体的表现是这样的,3月21日前后,阳光直射赤道,北半球是

赵业婷老师评注

黄赤交角,又名黄道交角,是地球公转轨道面(黄道面)与赤道面(天赤道面)的交角。目前地球的黄赤交角约为23°26'。黄赤交角并非不变,它一直有微小的变化,但由于变化较小,因此短时间内可以忽略不计。

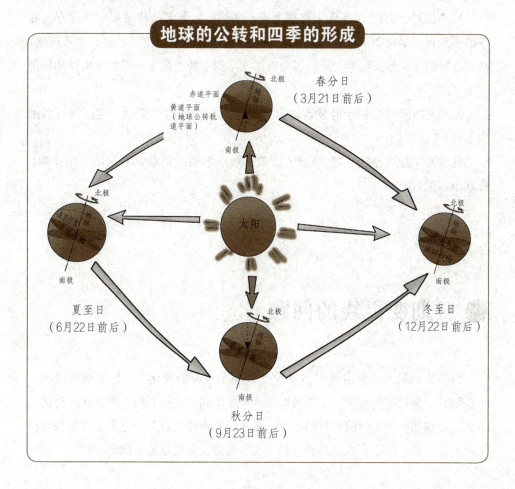

地球的公转和四季的形成

春季，南半球是秋季。6月22日前后，阳光直射北回归线，北半球进入了夏季，而南半球是冬季。9月23日前后，阳光又直射到赤道上，北半球进入秋季，南半球为春季。12月22日前后，阳光直射南回归线，北半球进入冬季，南半球进入夏季。这就是一年四季的产生原因和变化。

"从天文学的角度来看，夏季是一年当中白昼最长、太阳高度最高的季节，也是获得太阳辐射最多的季节；而冬季是一年内白昼最短、太阳高度最低的季节，也是获得太阳辐射最少的季节；春季和秋季是冬、夏两季的过渡季节，获得太阳辐射居中。最后，我想请同学们来谈谈四季变化的意义。"

同学们听到老师的提问之后，都踊跃地回答问题。一位同学站起来说："四季交替有助于农作物的生长。不同季节的气温和降水能够照顾到农作物不同的生长阶段。农民可以利用四季变化的特征，种植不同的农作物。"

另一位同学说："四季变化能够带来不同的自然景观，我的家乡在北方，处于温带地区，最显著的一个特征就是四季分明。春天万物生长，夏天草木茂盛，秋天落叶纷飞，冬天鹅毛大雪，因为有了一年四季的变化，所以整个世界都变得更美了。"

张小凡听了这位同学的发言说："没想到你们学地理的学生，也挺懂诗情画意的啊！"

林安看了他一眼说："那当然了，因为地理本来就是非常有趣的一门课呢！你仔细往下听吧！"

● 日期变更线的问题

埃拉托色尼老师继续说："既然刚才说到了昼夜的变化，自然也应该引出一个问题，就是日期的变化。不同的地区会产生不同的昼夜长短，那么在这种情况下究竟应该如何界定时间和日期呢？怎样才能合理地将日期确定下来呢？而且在不同的国家和地区也会有不同的日期，大家知道这究竟是怎么回事吗？"

同学们听了老师的提问之后面面相觑。张小凡也说:"听起来这都是日常生活当中很常见的事情,但是真的要想解释究竟是为什么,又好像很难啊!"

林安说:"这就是你地理知识的缺乏了,学过地理的人当然知道这些知识了。我看你真的有必要每次都来地理峰会,补充你欠缺的地理知识了!"

张小凡撇撇嘴,继续听老师讲课。

埃拉托色尼老师说:"首先我们要明白一个道理,我们在日常生活中,大多是根据太阳在天空中的位置来确定时间的。太阳所处的位置最高的时候,确定为当地时间的12时,并根据这个时间来推出一个地方一天的时间。这就是所谓的地方时间。"

张小凡问道:"如果按照地球的运动规律来讲,每个经度上的时间都是不同的。不过,在世界上也不可能有那么多时间标准啊!"

阿基米德老师说:"的确是这样的,如果全部按照这种严格的定义来规定时间,是很不方便交流的。所以为了方便生活,方便国际的交往,避免时间的混乱,将经过0°经线伦敦格林尼治天文台的地方时间作为标准的时间,也叫作格

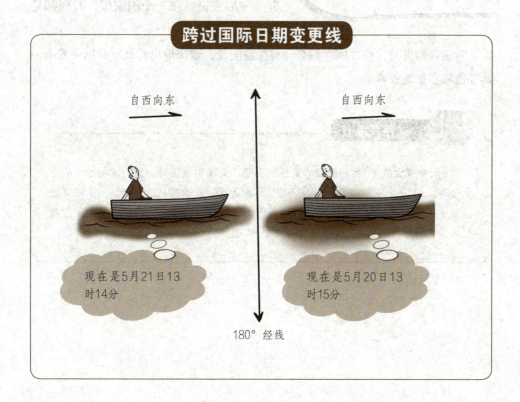

林尼治时间，然后再从 0°经线开始，分别向两边划出不同的时区，最终将全球划成 24 个时区，这样便有利于管理时间，避免了混乱。"

"不过，因为这个世界上有太多的国家和地区，很多国家和地区跨越的经度又很广，所以即便是有这样的时区划分的方法，在日期上还是存在混乱。1884 年，国际经度会议上规定了一条国际日期变更线，这条变更线位于太平洋中的 180°经线上，在部分地区因为国界线的存在而有一定的偏差，最终这条线没有穿过任何一个国家。也就是说，在一个国家内部，时间都是在同一天的。这条线被当作地球上昨天和今天的分界线，因此被称为国际日期变更线。按照规定，凡越过这条变更线时，日期就要发生变化，即从东向西越过这条界线时，日期要加一天，从西向东越过这条界线时，日期要减去一天。但是一般来讲，**在一个国家里，时间都是统一的。**"

赵业婷老师评注

中国虽然是个经度跨度很大的国家，但是在中国境内都采用北京时间。北京时间是中国采用北京东八时区的区时作为标准时间。北京时间并不是北京（东经 116.4°）的地方时间，而是东经 120°所在地的地方时间。

听完老师讲的这些，同学们都觉得受益匪浅，愉快地离开教室，期待着下一次还能够参加地理峰会。

推荐参考书

《天文学大成》 希腊天文学家托勒密著。这本书是当时的天文学和数学的百科全书，在 17 世纪初以前一直是阿拉伯和欧洲天文学家的基本指南。这本书详细论述了太阳运动和年的长度、月球和月份、日月食和行星等，这些问题的探究对于今天了解地球运转仍然有着非常重要的意义。

第二堂课

魏格纳、迪茨、史密斯讨论"地质构造"

魏格纳/迪茨/史密斯

阿尔弗雷德·魏格纳（1880—1930），德国气象学家、地球物理学家，1930年11月在格陵兰考察冰原时遇难。他曾经在病床上发现了欧洲和非洲的西海岸与美洲的东海岸的轮廓有对应性，之后提出了大陆漂移学说，被称为"大陆漂移学说之父"。

罗伯特·辛克莱·迪茨（1914—1995），美国地质学家，在地质学、海洋地形学和海洋学当中都做出了非常杰出的贡献。他对大陆台地、斜坡和边缘在以前所发生的结构变化现象非常感兴趣，有着丰富的北极和太平洋海盆的知识。他曾提出"海底扩张学说"。

威廉·史密斯（1769—1839），英国著名地质学家，是世界上第一个根据沉积岩中所含动物和植物的化石来决定地层顺序的人，被公认为是"地层学的奠基者"。

张小凡和林安再次来到地理峰会的教室，这次参加的人也不少。他们找地方坐下之后就开始观察今天的老师。

张小凡说："真没有想到，咱们学校办的地理峰会真厉害，请了很多非常著名的地理学家啊！"

林安也表示赞同："的确是这样，没有想到学校竟然能够举办这么有规格的峰会，让我这个地理系的学生也长了不少知识啊。"

张小凡看看讲台说："你看今天的这三位老师，你都认识吗？魏格纳、迪茨、史密斯？我怎么好像都不太熟悉啊。"

"哈哈，这是当然了。他们都是在地理学方面有很高成就的学者，你就好好听吧！"林安笑着说。

地球的结构

史密斯老师率先向大家提问："首先，我想问问在座的同学们，大家是如何认识地质的？大家认为地质有什么样的内涵和研究内容呢？"

前排的一位同学站起来说："我认为地质就是与地球的内在相关的知识，应该包括地球的构造、地球的地表特征等。"

另一位同学说："我认为地质应该是地球本身的性质，例如地球的表面、地球的内部、地球的构造、地球的成分，这些都属于地质的研究内容。"

史密斯老师看了看大家说："大家对地质的理解还是比较到位的，但是在认识方面有些不全面。首先大家的定义是基本正确的，地质指的就是地球的性质和特征，包括地球的物质组成、结构、构造、发育历史等。进一步分析，还包括地球的圈层分异、物理性质、化学性质、岩石性质、矿物成分、岩层和岩体的产出状态、接触关系，地球的构造发育史、生物进化史、气候变迁史，以及矿产资源的赋存状况和分布规律等，这些内容都在地质的研究范围之内。"

同学们听了之后都很吃惊，没有想到地质学的内容竟然如此丰富，不由得对地质学的兴趣更加浓厚了。

史密斯老师接着说:"在这么丰富的地质学知识当中,我们要学习的最根本和最内在的知识就是地球的结构。因为地球所有的活动和发展,都和它本身的构造是分不开的。我们只有了解了地球本身,才能够了解与地球相关的各种知识。"

接着,史密斯老师在黑板上写下了"地球的内部结构"几个字,开始讲解:"首先我们要了解地球的内部结构。地球从内到外分别是地核、地幔和地壳三个部分。**地壳和地幔分界线叫莫霍面,地幔和地核的分界线叫古登堡面。**"

史密斯老师接着讲:"从构造图当中我们能够看到,地球主要是由地壳、地幔、地核三部分组成的,下面来详细讲解这三个部分。"

"地壳指的是地球的表面层,是地球表面外部的一层固体外壳,是人类生存活动的场所。地壳是有断裂的,在不同的地方厚度是不一样的,呈现出高低起伏的形态。地壳的平均厚度是35千米,地壳的厚度也有规律,即海拔越高的地方,地壳越厚;海拔越低的地方,地壳越薄。因此在青藏高原地区,地壳厚度达到65千米以上;在海洋下面,地壳厚度仅有5千米到10千米。地壳是由多种元素组成的,很多都是以化合物的形式存在的,其中氧、硅、铝、铁、钙、钠、钾、镁等八种元素的质量占地壳总质量的98.04%,在地壳当中分布最广的是硅酸盐类矿物。

赵业婷老师评注

1909年,地震学家莫霍洛维奇意外地发现,当地震波传到地下50千米处的时候,会发生折射现象。他认为,这个发生折射的地带,就是地壳和地壳下面不同物质的分界面。1914年,德国地震学家古登堡又发现,在地下2900千米深的地方,存在着另一个不同物质的分界面。后来,人们为了纪念他们,就将两个面分别命名为"莫霍面"和"古登堡面",并根据这两个面把地球分为地壳、地幔和地核三个圈层。

"地幔指的是地壳下面的一部分,是地壳和地核之间的中间层,厚度约2865千米,主要由致密的造岩物质构成,是地球内部体积最大的一层。地幔可以分为上地幔和下地幔,上地幔上层有软流层。一般认为,软流层因为集中了大量的放射性元素,所以会有元素放热的过程,并且将岩石熔融,这一层被认为是岩浆的发源地。上地幔呈现固态特征,主要由铁、镁的硅酸盐类矿物质组成。下地幔的

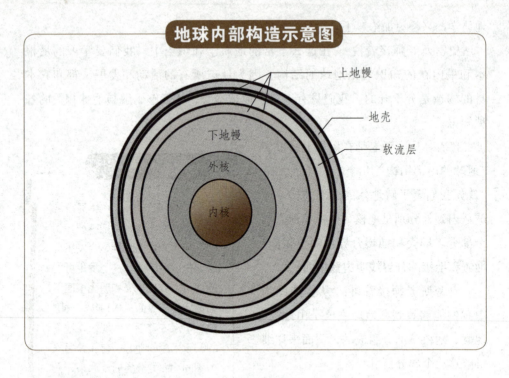

温度、压力和密度都有所增大，呈现可塑性固态。

"地核是地球内部最核心的部分，它的平均厚度是3400千米。地核可以分为外核、过渡层和内核三个部分。外核的厚度约为2080千米，物质呈可流动的液态；过渡层的厚度约140千米；内核是一个半径为1250千米的球心，物质大概是固态的，主要由铁、镍等金属元素构成。一些科学家曾经推测地幔与地核的交界处温度高于3500摄氏度，外核与内核的交界处温度为6300摄氏度左右，核心的温度约为6600摄氏度。"

坐在一旁的魏格纳老师接着说："所有关于地球的知识都建立在地球构造的基础上，同学们一定要好好体会其中的内涵。接下来，大家应该了解的就是地球的外部结构了。"

有的同学有些奇怪，说："为什么除了内部结构，还有外部结构呢？"

魏格纳老师说："刚才史密斯老师讲的内容都是关于地球内部结构的，但是我们都知道，人类是生活在地球表面的，所以地球表面的圈层对于我们人类来讲才具有更加重要的意义。因此，我们更应该了解的是地球的外部圈层。"

同学们听了魏格纳老师的话，觉得甚是有理。魏格纳老师继续讲："地球的外圈分为四个圈层，分别是岩石圈、水圈、大气圈和生物圈。"

"其中岩石圈由地壳和上地幔的顶端组成。岩石圈的厚度是均匀的，平均厚度为100千米。岩石圈与地表形态、地球物理学和动力学有着非常紧密的联系。

"水圈指的是地壳表层、表面和围绕地球的大气层中存在着的各种形态的水，包括液态、气态和固态的水，具体包括地球上的海洋、江河、湖泊、沼泽、冰川和地下水等，即地球上所有水存在的环境空间。水圈是一个连续但是很不规则的圈层。

"大气圈指的是地球外圈最外部的一个气体圈层，是地球最外部的一个圈层，包围着海洋和陆地。大气的主要成分为氮和氧。根据大气的分布特征，可以分为对流层、平流层、中间层和高层大气。

"生物圈就是适宜生物生存的自然环境的条件。生物圈包括岩石圈的上层部分、大气圈的下层部分，以及水圈的全部。由于地球存在大气圈、水圈，地表存在矿物并且有适宜的温度，所以地球上就有了各种生命体，包括动物、植物和微生物。在地质历史上，地球上曾经存在的生物有五亿到十亿之多，但是随着时间的推移，绝大部分已经灭绝。生物圈与其他圈层最大的不同是，其他圈层都是独立的空间，但是生物圈是渗透于其他空间当中的，是非常特殊的一个结构。"

张小凡听完之后说："真没想到，我们生活的地球竟然是一个这么复杂的地方啊！"

林安说："当然复杂了，不然怎么能够有我们这么复杂的人类呢？"

魏格纳老师听到之后说："即便是再复杂的地球，我们人类也可以经过不懈的努力，寻找到它的本质。"

同学们听完，对地理学更是信心满满。

地质构造

该轮到迪茨老师的讲解了："刚才看到大家都听得非常认真，相信大家对于地球的构造有了非常全面的理解。了解了这些知识之后，就可以对地球有更深层次的理解了,所以下面我们要了解的就是地质构造。大家首先应该明白的是地质构造的含义。地质构造指的是地壳中的岩层经过地壳运动的作用之后,发生了变形和变位,因此产生各种褶皱、节理、断层、劈理等形态,这些形态就是地质构造。根据时间的划分,可以将地质构造分为原生构造和次生构造,其中原生构造是用来判断岩石有无变形以及变形方式的标准,次生构造是地质学研究的主要对象,用来解释各种构造的形状等。"

同学们听着这些理论观点,觉得有些抽象,于是就请迪茨老师举例来讲。

迪茨老师说:"下面正要讲这些,构造可以分为水平构造、倾斜构造、断裂构造和褶皱构造。"

听完老师说的这些名词,同学们更觉得云里雾里摸不着头脑了,纷纷表示特别疑惑。

迪茨老师说:"首先,我要讲的是水平构造。水平构造指的是在形成沉积岩层之后,没有经过任何变动的岩石形状。这种构造最显著的特征是先沉积的老岩石在下面,后沉积的新岩石在上面,这种构造是最为简单的一种构造。不过,水平构造只分布在地壳运动影响非常轻微的地区,并不是很常见。但是在我们地理学做各种研究的过程中,会经常用水平构造的模型。"

"其次要讲的是倾斜构造。倾斜构造指的是在水平构造的基础上,因为受到地壳运动的影响,形状会发生一定的变化,如果岩层向同一个方向倾斜,就形成了倾斜构造。倾斜构造往往不会单独出现,而是出现在褶曲或断层的一侧,这是由于地表的上升和下降不均匀形成的一种地质构造。"

魏格纳老师补充说:"这两种地质构造是最为基本的两种构造,因为这两种地质构造都没有考虑到复杂的外界因素,所以说有很多基础性的特征,其他的地质构造类型都需要以这两种地质构造为基础,希望同学们好好掌握这两种地质构造。"同学们听了之后连连点头。

迪茨老师继续接着讲:"接下来要讲的是褶皱构造。褶皱指的是地壳的岩层因为受到构造力的强烈作用,岩层形成一系列波浪状弯曲、连续的构造,称为褶皱构造。褶皱构造是岩层产生的一种变形,是一种非常广泛和常见的基本地质构造。在褶皱构造当中,每一个弯曲被称为褶曲,褶曲是褶皱构造的基本组成单位,每个褶曲都有核部、翼、轴面、轴、枢纽等基本组成部分,它们是褶曲要素。"

同学们一边听老师的讲解,一边看示意图,了解褶曲要素的各个内容。

迪茨老师说："褶曲构造可以有不同的分类方式，这些不同的方式能够帮助大家更加深刻地了解褶皱的性质。第一种分类方式是根据褶曲的基本形态，分为背斜和向斜。背斜指的是岩层向上拱起的弯曲，在褶曲的轴部是较老的岩层，在两翼是较新的岩层，概括来讲就是'新包老'；向斜指的是岩层向下凹的弯曲，在褶曲的轴部露出较新的岩层，在两翼是比较老的岩层，概括来讲是'老包新'。这种分类是最为基础的一种形态分类，除此之外，还有三种是对褶曲具体特征的分类，大家可以通过表格了解这几种分类。"

迪茨老师说："断裂构造指的是地质体受力发生破裂的变形，小的断裂可能在显微镜下才能够观察到，大的断裂可延长几千千米。断裂构造可以分为节理和断层两种类型。"

"首先要讲的是节理。节理指的是破裂面两侧未发生明显位移的断裂，与有明显位移的断层是相对应的。节理是一种非常常见的地质构造现象，我们在岩石上见到的裂缝就是节理。岩石由于受力出现了裂缝，但是在裸露的岩石上，并没有出现明显的位移。按照节理的成因，可以将节理分为原生节理和次生节理两大类。原生节理指的是在岩石形成的过程中形成的节理，例如沉积岩中的泥裂、火花熔岩冷凝收缩形成的柱状节理，这些节理都是在岩层形成的过程中形成的。次生节理指的是岩石成岩之后形成的节理，其中又包括构造节理和非构造节理。构

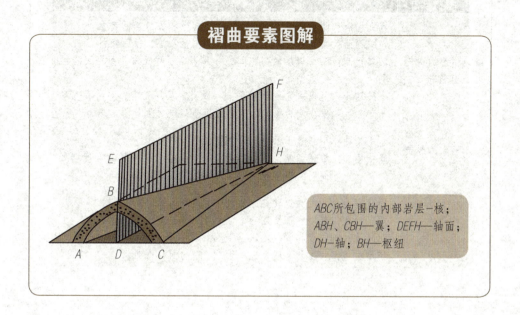

褶曲要素图解

ABC所包围的内部岩层—核；
ABH、CBH—翼；DEFH—轴面；
DH—轴；BH—枢纽

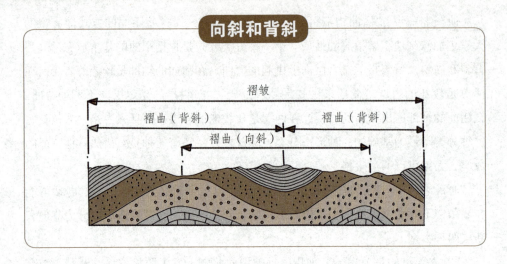

造节理是所有节理当中最常见的,指的是由构造运动形成的节理。非构造节理也被称为风化节理。

"其次要讲的是断层。断层是在构造运动当中广泛发育的一种构造形态,大小不一、形态各异。在断层带上往往有岩石破碎,容易被风化侵蚀,所以岩层的

褶曲形态的分类

分类标准	具体分类
褶曲的横剖面形态	直立褶曲:两翼岩层倾向相反,倾角大致相等,轴面直立 倾斜褶曲:两翼岩层倾向相反,倾角明显不等,轴面倾斜 倒转褶曲:两翼岩层倾向相同,一翼岩层层序正常,另一翼岩层发生倒转 平卧褶曲:两翼岩层近于水平,一翼岩层层序正常,另一翼岩层发生倒转(老岩层覆盖于新岩层之上)
褶曲的纵剖面形态	水平褶曲:枢纽近于水平,两翼岩层的走向基本平行 倾伏褶曲:枢纽倾斜,两翼岩层不平行。在背斜的枢纽倾伏端和向斜的枢纽扬起端,两翼岩层逐渐转折汇合
褶曲的平面形态	线状褶曲:长度和宽度之比超过10∶1的狭长形褶曲 短轴褶曲:长度和宽度在3∶1至10∶1范围内的褶曲 穹窿构造:长度和宽度之比小于3∶1的背斜褶曲 构造盆地:长度和宽度之比小于3∶1的向斜褶曲

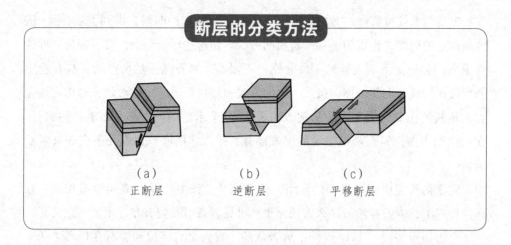

断层的分类方法

(a) 正断层　　(b) 逆断层　　(c) 平移断层

连续性和完整性都很容易被破坏。导致断层产生的力量是地壳运动中强大的压力和张力，当这些力的强度已经超过了岩层本身的承受强度时，就会对岩石的形状产生破坏性的作用。其中岩层断裂错开的面称为断层面。如果两条断层中间的岩石上升，两边的岩石下降，就会形成地垒。如果中间的岩石下降，两侧的岩石上升，就会形成地堑。"

岩石和化石

史密斯老师看到大家都听得非常认真，便向大家提问道："根据地球的构成和地质构造，大家能不能总结出一个具有代表性的物质，这个物质在地理和地质的研究当中具有非常重要的意义和作用呢？"

同学们听到老师的提问，都非常兴奋，大家都开始猜测老师说的这个物质究竟是什么。有的同学说是"大地"，有的同学说是"土壤"。

史密斯老师听完大家的回答，笑笑说："你们的回答都是比较接近的，但是从本质上来讲，还是有所欠缺。下面我要讲的，其实是岩石。"

"哦！"同学们听到史密斯老师揭开谜底之后，都觉得再适合不过了。

史密斯老师接着讲:"刚才我们讲地球的外部构造的时候,讲到了岩石圈;讲地质构造的时候,也讲到了各种岩层的形状。在这些环境当中,岩石都是一种意义重大的物质。下面我就来主要介绍一下岩石。岩石是天然出产的、具有稳定外形的矿物或固态集合体,按照一定的方式和结构形成一定的形状,是构成地壳和上地幔的主要物质基础。从地表向下的16千米范围内,都分布着各种岩石。在地壳的表面,岩石是最主要的组成部分,在大洋的底部,也几乎全部被岩石覆盖。"

同学们听完史密斯老师的介绍,都很惊异。张小凡说:"真是没有想到,在这个世界上,岩石竟然占这么大的比重!可见岩石对我们有非常重要的意义。"

史密斯老师说:"这一点是不可否认的,我们之后会提到岩石在现实生活中的应用。现在我们先来讲一下岩石的分类。按照岩石的成因,可以将岩石分为岩浆岩、沉积岩和变质岩。"

张小凡举手提问:"您讲的这些岩石是不是都是那些山里的石头啊?我们了解这些石头真的有用吗?"

迪茨老师说:"你错了!岩石并不等于石头!岩石是由造岩矿物按一定结构集合而成的地质体,是组成地壳的物质之一。石头只是其中的一小部分。其实,岩石在我们生活当中有非常重要的用途。岩石可普遍应用于建筑行业当中,作为建材使用。比如,大理岩可以做雕像或是做成装饰用的花瓶、桌子,花岗岩可以用于做寺庙的龙柱、石狮等,还有很多不同的岩石,可以做陶瓷、围墙、地砖、石雕等,这些都是岩石在生活中的用途。"

林安也说:"确实是这样,岩石在生活当中的用途是非常广泛的,而且很多岩石的类型非常稀少,非常珍贵。比如说矿物,很多都是珍贵的宝石。"

张小凡又转向老师问:"老师,这是真的吗?"

迪茨老师说:"是的,矿物通常具有坚硬、耐久、透明、颜色美丽等特点,可以用来做装饰物。我们平常所见的钻石、红宝石、蓝宝石、水晶等,都是岩石的一种。岩石中还含有各种金属元素,例如金、黄铜等矿产资源大多是来自于岩石的。"

史密斯老师接着说:"非常感谢迪茨老师对我们这部分知识的补充。下面我还要为大家讲解一个重要的知识,就是化石。化石指的是存留在岩石中的古生物遗体、遗迹或遗物,经过长年累月之后,与岩石形成一体。在漫长的地质年代

岩石的分类

岩石名称	形成原因	特征	举例
岩浆岩	来自地球内部的熔融物质，在不同地质条件下冷凝固结而成的岩石	分为侵入和喷出两种产出情况，所形成的岩石分别被称为侵入岩和喷出岩	玄武岩、安山岩和流纹岩等
沉积岩	在地表常温、常压条件下，由风化物质、火山碎屑、有机物及少量宇宙物质经搬运、沉积和成岩作用形成的层状岩石	第一个特征是层理特征，第二个特征是古代生物的遗体或生存、活动的痕迹化石	砂岩、凝灰质砂岩、砾岩、黏土岩、页岩、石灰岩、白云岩、硅质岩、铁质岩、磷质岩等
变质岩	原有岩石经变质作用而形成的岩石	一是岩石重结晶明显，二是岩石具有一定的结构和构造，特别是在一定压力下矿物重结晶形成的片理构造	糜棱岩、碎裂岩、角岩、板岩、千枚岩、片岩、片麻岩、大理岩、石英岩、角闪岩等

中，地球上曾生活过无数生物，这些生物在地球上留下许多生活痕迹，它们死后遗体残留了下来，被泥沙掩盖，随着时间的流逝，这些生物遗体中的有机质被分解，留下坚硬的外壳或骨骼，最终和周围的沉积物一起变成石头，就形成了化石。你们都听说过什么化石呢？"

同学们争先恐后地说起了自己了解的化石："恐龙化石。""贝壳化石。""植物化石。"

史密斯老师笑笑说："非常好，可见大家对于化石还是有一些了解的。其实化石具有非常重要的意义。因为通过对化石的研究，可以看到古代的动物或植物的样子，进而就可以推断出古代动物和植物的生活情况和生活环境。了解生物的古今变化，是一件让人非常激动的事情。"

常见岩石的用途

岩石到底有什么用途呢?

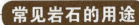

1 石膏通常被用来做雕像,也可以用于建筑工业

2 石墨可以用来制造铅笔芯,彩色的岩石可以做颜料

3 石英石是做半导体的主要原料,白云母可以用来做绝缘体

4 磷灰石可以用来制作农业用的磷肥

5 滑石硬度低,有滑腻感,被研磨成粉末之后可以做化妆品

地震的由来

魏格纳老师接着说:"下面还要介绍一种复杂的地球活动——地震。我们之前已经了解到,地球是由地核、地幔和地壳三部分组成。大多数地震发生在地壳内,还有一些发生在软流层当中。在地壳的岩层受力之后,因为快速的破裂和错动可能会产生地表的震动和破坏,从而形成了地震。地球本身也在无休止地自转和公转,因此地球内部的物质始终都在发生变化,围绕在地球表面的地壳,就在岩石圈不断地演变和运动,这样也会造成地壳的构造运动,就可能会形成地震。地震虽然很常见,但是在实际的研究过程当中,很难有深刻的研究,因为地壳的构造具有复杂性,而且人们无法直接观察到震源区,所以对于地震的研究是非常困难的。不过,目前公认的解释是由板块运动造成的。"

一位同学说:"看来地震真的是一种比较复杂的活动,我们目前的研究成效不显著,看来我们还需要加把劲儿啊。"

魏格纳老师说:"**地震在我们生活当中还是比较多的,而且一旦发生大的地震就具有非常严重的破坏性,比如说唐山大地震,所以人们对地震的研究从未松懈**。按照地震形成的原因,可以将地震分成几种不同的类型。因岩层的断裂和错位而发生的地震叫作构造地震。因火山爆发而形成的巨大的能量冲击引发的地震叫作火山地震。因地层陷落引起的地震叫作陷落地震。因特定区域的某种外因,例如陨石坠落、水库蓄水、深井注水等原因而形成的地震叫诱发地震。还有极少数的由于地下的核爆炸或炸药爆破等人为因素形成的地震叫人工地震。地震的危害是很大的,我们没有

赵业婷老师评注

1976年7月28日3时42分53.8秒,中国河北省唐山、丰南一带发生了强度里氏7.8级(矩震级7.5级)地震,震中烈度11度,震源深度12千米,地震持续约12秒。地震造成242769人死亡,16.4万人重伤,位列20世纪世界地震史死亡人数第二,仅次于海原地震。直到1986年7月28日,一万多名唐山各界人士聚集在纪念碑广场举行唐山抗震十周年纪念大会,正式宣告唐山重建基本结束。

能力避免,因此在现实生活中应该增强自己对地震的认识,这样才能够做好防范工作。"

另一位同学提问说:"老师,能讲一下我们平常在地震的时候听到的震源、震中这些词是什么意思吗?"

魏格纳老师说:"好啊。震源是地球内部直接产生破裂的地方,在研究地震的过程中把它看成一个点。地面上正对着震源的那一点称为震中,这个区域也被称为极震区,也就是地震之后破坏最为严重的地区。从震中到地面上任意一点的距离叫作震中距。从震源到地面的距离叫作震源深度。这些都是地质学家为了更好地研究地震,才将这些概念进行形象化的描述。"

最后,史密斯老师做课堂的总结:"相信同学们经过这次地理峰会,对于地质知识会有更多的理解,这些会帮助你们以后更好地了解我们的地球,对你们的生活也会有很大的帮助。我们三位老师都非常开心能有这样的机会参加你们学校举办的地理峰会。同学们再见!"说着,三位老师一起向台下鞠躬,同学们鼓掌向老师们致谢。

推荐参考书

《**地质学原理**》 英国地质学家查理士·莱伊尔著。这本书论述了地质学的发展史和地质现象的古今变化,阐述了很多地质学中的基本内容,对于学习地质学很有帮助。

第三堂课

戴维斯、彭克、李希霍芬讨论"地貌"

要想认识地球，首先应该认识地貌。

戴维斯/彭克/李希霍芬

威廉·莫里斯·戴维斯（1850—1934），美国地理学家、地质学家、地貌学家和气象学家，被称为"美国地理学之父"，是地貌学派的创始人。他曾参与发起成立美国地理学会，并三度担任美国地理学会主席，还担任过美国地质学会主席。

阿尔布雷希特·彭克（1858—1945），德国地理学家、地质学家，曾任君士坦丁堡大学和莱比锡大学教授。他提出过地貌演化的学说、山麓阶梯概念、大褶皱的沉积方法。代表性的著作有《地貌分析》等。

费迪南·冯·李希霍芬（1833—1905），德国地理学家、地质学家。早年从事地质调查，曾经在东亚、南亚、北美等地多次考察，还到过中国。他提出地理学是研究地球表面的科学，并首次系统地论述了地表形成过程，对地貌形成过程进行分类，研究了土壤形成因素及其类型，在地质学上有很大的成就。

自从林安和张小凡得到了地理峰会的安排表，两个人每天都在期待着下一期的地理峰会。在这期间，林安看了不少地理学方面的书，好像要把地理方面的知识都装进自己的脑子里。张小凡则好像是见到了一个全新的世界，也积极主动地学习地理学方面的知识。

这一天，他们又打算一起去参加地理峰会了。他们在校园里走着，一边讨论着前几天地理峰会的内容，一边期待着今天的授课内容。

张小凡问林安："今天课程安排的主题是地貌，我很想知道地貌有什么需要了解的知识。"

林安说："地貌指的是地球表面的各种形态。你想想，地球这么大，在地表有各种各样的形态，将这些形态都拿出来研究，是不是一件非常复杂的事情呢？此外，还要分析这些地表形态的成因和人文影响，所以这方面的知识是非常丰富和重要的。"

张小凡说："咱们快去地理峰会听听吧！"

● 凹凸不平的地球表面

林安和张小凡到了指定的教室之后，发现峰会活动已经开始了，于是他们急忙找了座位坐好。

老师们刚做完自我介绍，但是通过每个老师前面的标签，能够了解到，这三位老师分别叫戴维斯、彭克、李希霍芬。

戴维斯老师先开始讲课："今天我们要讲的是地貌。首先我先来介绍什么是地貌。通俗来讲，地貌就是地球表面的各种形态的总称。地表形态是多种多样的，而且形成的原因也不同。大家先看一下我们三位老师为大家制作的板书。"

"通过板书，相信同学们都能够非常清楚地了解地球表面的各种基本形态。这是按照海拔和基本形态划分的。地球上的地貌景观就在这几种类型当中。下面请彭克老师具体介绍五种基本形态。"

彭克老师站起来后先向大家鞠躬，然后才开始讲课，非常儒雅。他说："这五种地貌类型是地理学当中最基本的类型。尽管我们后面还会学习更加复杂的地貌类型，但是应该先掌握好这五种最基本的类型。"

"接下来，我先来讲平原。平原是在地壳长期稳定或者升降运动非常缓慢的情况下形成的，在形成的过程中还可能经过外力的侵蚀作用和堆积作用。因此，平原的地表特征就是相对平缓，没有起伏。平原主要有两种类型，一种是冲积平原，一种是侵蚀平原。冲积平原主要是由河流冲积形成的，地面平坦，面积广阔，大多分布在大江大河的中下游地区。侵蚀平原主要由海水、风、冰川等外力不断侵蚀、切割形成，因此相对起伏比较大。平原地区在人类历史的发展进程中，有非常重要的意义。全世界的平原总面积占到了全球陆地的1/4，面积广大，而且土壤肥沃、资源丰富、交通便利，自古以来就是经济发展比较迅速的地方。大家能举一些例子吗？"

林安立刻举手说："在我们国家，长江中下游平原就是鱼米之乡，不仅农业发达，经济也十分发达。"

彭克老师说："的确是这样的，很多国家最重要的经济发展地区都位于平原地区。与平原相比，高原则显得非常壮阔。高原地区的海拔通常都超过1000米，而且是完整的大面积隆起地区，是在长期、连续的大面积地壳抬升运动中形成的山地。高原地区的地貌特征非常复杂，有的高原的表面比较平坦宽广，地势的起伏也不大，有的高原则是险峻陡峭，起伏非常大。高原地区在世界上也有着非常广大的分布，高原和盆地连在一起，能够占到地球陆地总面积的45%。中国的高原也非常多，而且青藏高原是世界上最高的高原。"

这时，李希霍芬老师站起来说："我曾经在中国做过多次实地勘察，我对中国的高原有非常深刻的印象。中国的四大高原主要集中分布在**地势的第一和第二级阶梯**上，都非常有特色。青藏高原的地势最高，

赵业婷老师评注

中国整体的地势呈现西高东低的阶梯状，分为三级阶梯。第一级阶梯的平均海拔是4000米以上，包括青藏高原、柴达木盆地等。第二级阶梯的平均海拔为1000～2000米，包括内蒙古高原、黄土高原、云贵高原、塔里木盆地、四川盆地和准噶尔盆地。第三级阶梯的平均海拔在500米以下，包括东北平原、华北平原、长江中下游平原和辽东丘陵、山东丘陵、东南丘陵。

地球表面的基本形态

名称	海拔	特征	举例	图示
平原	200米以下	地貌宽阔平坦，起伏很小	华北平原	
高原	1000米以上	面积广大，地形开阔，周围以明显的陡坡为界限，有完整的大面积隆起地区	青藏高原	
山地	500米以上	相对高差在200米以上	长白山地区	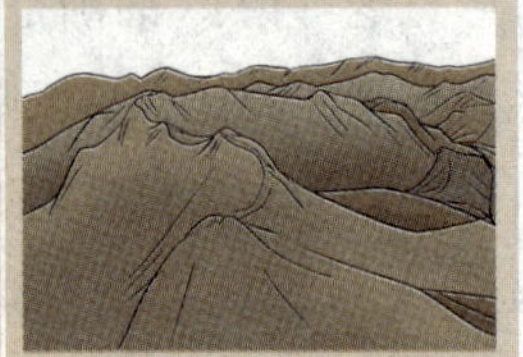
丘陵	500米以下	地面起伏，海拔不高，坡度平缓	东南丘陵	
盆地	500米以上	四周高，中间低	四川盆地	

登顶珠峰

珠穆朗玛峰是喜马拉雅山脉的主峰,为世界最高峰。位于中华人民共和国与尼泊尔边界,顶峰位于中国境内,最新的高度是8844.43米。作为世界第一高峰的珠穆朗玛峰,一直是人类想要证明攀登能力的圣地。自1953年5月29日人类首登珠峰成功之后,包括中国在内的世界各地许多登山者都在珠峰顶上留下了脚印。

平均海拔在4000米以上,分布着很多雪山和冰川。内蒙古高原是蒙古高原的一部分,内部主要是戈壁和沙漠。黄土高原是由黄土覆盖的高原,地貌非常复杂,沟壑纵横,尤为令人担忧的是水土流失十分严重。云贵高原的地形崎岖,峡谷众多,有非常典型的喀斯特地貌。"

同学们对李希霍芬老师的补充很吃惊,身为一个外国人,竟然对中国的高原如数家珍,大家都非常佩服。

彭克老师接着讲:"山地指的是众多山所在的地域,有别于单一的山或者山脉。丘陵指的是坡度不大、连绵起伏的低矮山丘。山地和丘陵相比,主要的区别是山地的相对高度差异比较大,丘陵的相对高度差异比较小。而且山地的海拔相对较高,海拔通常在500米以上,起伏很大,坡度陡峭,河谷幽深。丘陵的绝对高度则是在500米以内,而且坡度平缓、起伏较小。相比而言,山地虽然有丰富的森林和矿产资源,但是地形大多比较崎岖,水土流失比较严重,交通比较落后。丘陵则相对平缓,更有利于农业和经济的发展。"

"最后要讲的就是盆地。盆地指的就是四周高（是山地或高原）、中间低（是平原或丘陵）的盆状地形。总体来说，地球上的盆地可以分为大陆盆地和海洋盆地两种。好了，这部分基本的地形地貌就讲完了。"

常见的十六种地貌

李希霍芬老师接着说："彭克老师讲的是五种最基本的地貌类型，下面我就结合自己多年来的勘探经验，跟大家分享十六种常见的地貌类型。"

同学们听了要讲十六种地貌类型，都惊讶地叫出声来。

戴维斯老师笑笑说："大家不要紧张，其实地貌类型是非常简单的，只是向大家做一些非常简单的介绍。大家想象自己在看地图或者看影片，就会觉得这是非常容易理解的了。"

李希霍芬老师也说："的确是这样，等我讲完之后，大家就明白这些都非常简单。我要讲的第一种地貌是丹霞地貌。说起丹霞地貌，大家应该都不会感到陌生，在中国广东的丹霞山地区，这种地貌最为典型，这种地貌在中国的西北部、西南部，以及美国西部，乃至中欧等地区均有分布。丹霞地貌的发育，开始于第三纪晚期的喜马拉雅运动，这场运动使得部分红层变形并抬升，随着时间的变化，红色的地层受到流水、重力、风力作用的侵蚀，形成了深沟、残峰、石墙、石柱等各种地貌形态。如今的丹霞地貌，已经成为一种丰富的旅游资源，很多游客都慕名去观看瑰丽的丹霞景观。"

"第二种地貌类型是喀斯特地貌，喀斯特地貌指的是具有溶蚀力的水对岩石产生溶蚀作用之后形成的地表或地下形态，还包括流水的冲蚀、潜蚀、机械侵蚀等其他侵蚀作用。喀斯特地貌主要分布在碳酸盐地层分布区，常见的喀斯特景观有石芽、石林、峰林、溶沟、落水洞、盲谷、干谷、地下河流等。喀斯特地貌有不同的划分类型，按照出露条件可以分为裸露型喀斯特、覆盖型喀斯特、埋藏型喀斯特；按岩性可以分为石灰岩喀斯特、白云岩喀斯特、石膏喀斯特、盐喀斯特。还可以按照水文特征、形成时期等进行划分。在喀斯特地区有着比较丰富的矿物元素和矿产，而且具有很高的旅游价值。

"第三种要介绍的是海岸地貌。海岸地貌指的是海岸在各种构造运动、海水动力、生物作用和气候因素等共同的作用下形成的地貌的总称。在各种塑造过程当中，构造运动为所有作用奠定了基础，波浪作用是其中最活跃的因素。海岸在各种作用因素的不断侵蚀下，发育成为各种海蚀地貌，主要可以分为海岸侵蚀地貌和海岸堆积地貌。常见的海岸地貌有海蚀洞、海蚀崖、海蚀平台、三角洲、生物海岸等。

"第四种地貌是海底地貌。海底地貌是海水覆盖着的地球表面形态的总称。虽然海水覆盖在表层，但是在海底有海山、海丘、海岭、海沟、深海平原等各种不同的形态。整个海洋可以分为三种基本地貌，分别是大陆边缘、大洋盆地、大洋中脊。大陆边缘指的是大陆和洋底的中间过渡地带，由大陆架、大陆坡和大陆隆三个单元构成。大洋盆地指的是大洋中脊和大陆边缘之间的一部分，占海洋总面积的 45% 左右。大洋中脊指的是地球上最长最宽的环球性海洋中的山系。

"第五种是风积地貌。风积就是风力堆积，主要是在干旱和半干旱的地区中，经过风力的搬运作用之后再堆积形成的地貌。风积地貌受到很多因素的影响，主要是含沙气流的结构、风运动的方向、风力的大小和含沙量的大小，这些都对风积地貌有很重要的影响。除了风的类型，地表的特征也会有一定的影响，比如说地面的起伏程度、地面物质的粗细等。风积地貌的基本类型就是**沙丘**。

赵业婷老师评注

沙丘的主要类型有新月形沙丘、新月形沙丘链、复合新月形沙丘和沙丘链、抛物线沙丘、纵向沙垄、新月形沙垄、复合型纵向沙垄、金字塔沙丘、蜂窝状沙丘、沙地等。

"第六种地貌是风蚀地貌。风蚀地貌指的是经过风力的吹蚀和磨蚀作用产生的地表形态。风蚀地貌的主要类型有风蚀石窝、风蚀蘑菇、雅丹地形、风蚀城堡、风蚀垅岗、风蚀谷、风蚀洼地等。这些地貌类型都是经过风力的侵蚀之后形成各种不同的形状，所以有不同的名称，本质上都是类似的。

"第七种地貌是河流地貌。河流地貌指的是河流作用于地球表面，经过侵蚀、搬运、堆积等各种过程之后形成的地貌的总称。在河流地貌当中，河流作用是最经常和最活跃的一类因素，这个因素贯穿于河流地貌的整个过程当中，让河流形成各种不同的地貌类型。常见的河流地貌类型有侵蚀河床、侵蚀阶地、谷地、谷坡、河漫滩、堆积阶地、冲积平原、河口三角洲等。

"第八种地貌是冰川地貌。冰川地貌是由于冰川的侵蚀和堆积作用形成的地表形态。在地球陆地的表面，有11%的面积被现代冰川覆盖，主要分布在极地、中低纬度和高原地区，还有很多第四纪冰期留下的冰川遗迹。冰川在内部的运动和底部的滑动两种过程中，对地表有不同的塑造作用，同时在冰川地区，还存在寒冻、雪崩、雪蚀等各种营力，这就造成了冰川地区丰富的地貌景观。

"第九种地貌是冰缘地貌。冰缘的意思就是冰川的边缘地带，就是没有冰川覆盖，但是气候极度严寒的地区，也可以称之为冻土地貌。在冻土地区，有许多因素会产生作用，主要的作用有冻胀作用、热融蠕流作用、热融作用、雪蚀作用、风力作用等。这些作用对极度严寒的地表会产生一系列的冻结和融化过程，最终形成石海、石河、多边形土和石环、冰丘和冰锥、热融地貌、雪蚀洼地等不同地貌。

"第十种地貌是湖泊地貌。湖泊地貌是由于湖水的作用而形成的各种地表形态。湖水作用包括湖浪侵蚀、搬运和堆积作用。湖浪指的是风力在湖泊表面引起的震动现象，湖浪可以携带岸边或湖水中的物质，逐渐形成湖泊周边的各种地貌。主要有湖积阶地、湖积平原、湖积沙坝、湖滨三角洲等，或者随着湖水不断变浅，演化成沼泽。

"第十一种地貌是构造地貌。构造地貌指的是由于地质作用形成的地貌。构造地貌的主要类型有板块构造地貌、断层构造地貌、褶曲构造地貌、火山构造地貌、熔岩构造地貌和岩石构造地貌。之后我们会重点讲解内营力，只要是因为地壳运动产生的地貌类型，就是构造地貌。

"第十二种地貌是热融地貌。这种地貌是地下冰受热之后融化，然后使土壤发生收缩和沉陷，进而形成的地形，又称为热喀斯特地貌。热融地貌可以分为两种类型，一种是热融沉陷，一种是热融滑塌。

"第十三种地貌是人为地貌或人工地貌。人类活动对地球表面的地貌有很多不同的作用，既有建设性的也有破坏性的，既有直接的也有间接的。不过，从现实来讲，人类的进步和城市化的进程造成了很多问题，比如温室效应、全球变暖、海平面上升等。

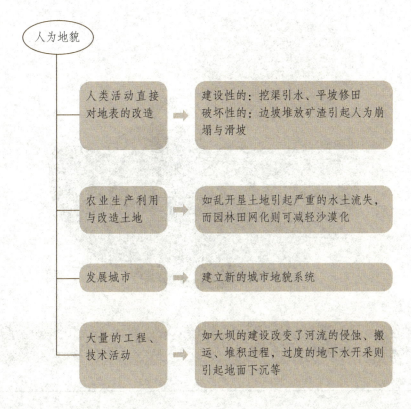

"第十四种是重力地貌，指的是在坡地上的岩体或土体由于自身的重力作用发生位移，所以对地表形态产生一定的改变。坡体因重力而产生的运动方式有崩落、滑动、蠕动。因此，重力地貌的类型可分为崩塌、滑坡、蠕动土屑、土溜、泥石流等。

"第十五种是黄土地貌。黄土是第四纪黄色粉沙质土状的堆积物，在现代仍然有非常广泛的分布。典型的黄土地貌沟壑纵横、地面破碎，受到水、风、重力和人为等各种侵蚀作用，形成了非常复杂的地貌。黄土地貌的主要类型有黄土沟间地、黄土沟谷、黄土潜蚀地貌。在黄土地貌地区，水土流失一般都比较严重。

"最后一种地貌是雅丹地貌。雅丹地貌是在内陆荒漠当中的一种奇特景观，有一列断断续续延伸的长条形土墩和凹地沟槽间隔分布，在很多干旱的地区都有这样的地貌。雅丹地貌的形成有两个重要的因素，第一个是这种地貌的地质基础

黄土高坡的信天游

我家住在黄土高坡,大风从这里刮过,不论是东南风还是西北风,都是我的歌我的歌。

信天游是流传在中国西北广大地区的一种民歌形式,是黄土高原上的一种文化特色。它充分展现出一方水土养一方人,一方人有一方文化的地域特点。

是湖沉积地层,第二个是经过荒漠中强大的定向风和流水的侵蚀。因为有这两个重要因素,所以形成了致密的泥岩层。但是由于荒漠区的剧烈温差,产生热胀冷缩,会使一部分泥岩层崩裂,一部分泥岩层保留,就形成凹槽和土墩同时呈现的雅丹地貌。"

李希霍芬老师一口气讲完了十六种地貌类型,而且在讲解的过程中始终保持着讲课的激情。所有的同学都由衷敬佩,教室里响起了热烈的掌声。

内营力与外营力

戴维斯老师说:"想必听完这十六种地貌类型的简单介绍,大家大概了解了各种地貌。下面我们就要从地貌的形成原因的角度进行分析和理解。从刚才对不同地貌的描述当中,大家应该已经能够听出来,不同的地貌类型,形成的原因也是不尽相同的,简单来讲,就是内营力和外营力对地壳的综合作用。内营力作用也叫内力作用,指的是地球由于自身的结构或内在的力量产生地壳运动,对地表形态进行的塑造作用。另外,地球本身有内部的能源,所以也会产生地震、火山活动等现象,这些对地球的表面形态都有一定的影响。外营力作用也叫外力作用,指的就是地球以外的因素对地表产生的改变作用,这些作用包括太阳辐射、大气、水、生物、日月引力、重力能等,它们会对地壳表层的物质不断进行风化、侵蚀、搬运和堆积,所以才逐渐形成各种地表形态。"

彭克老师接着戴维斯老师的讲解说:"戴维斯老师已经做了比较简单和概括的介绍了,下面我就做一些具体的介绍。内营力作用主要分为两部分,第一是地壳运动,第二是火山和地震。我们主要介绍的是地壳运动,因为这是地表运动最根本的变化形态。"

"地壳运动主要会对地貌形成两种作用,一种是褶曲作用,另一种是断层作用。原始的沉积岩层主要是水平状态的,当水平的岩层受到挤压力的时候,就会形成波浪状的弯曲,即褶曲,从而形成背斜和向斜两种形态。如果是沉积在海底的岩层,因为褶曲作用就会形成褶曲山脉,世界上大部分的山脉都是这样形成的,而后再经过地质作用的改变,裸露到地面上。中国台湾地区的中央山脉、欧洲的阿尔卑斯山脉、南美洲的安地列斯山脉等,都是因为

赵业婷老师评注

褶曲山脉可以分为古褶曲山脉和新褶曲山脉。古褶曲山脉形成的年代比较久远,所以受到长期风化和侵蚀的影响,山势低矮平缓,如大兴安岭、阴山,以及北美洲东部的阿帕拉契山等。新褶曲山脉形成的时间较短,受到风化和侵蚀的程度较轻微,故山势高耸崎岖,如中国台湾地区的中央山脉、欧洲的阿尔卑斯山脉等。

褶曲作用而形成的山脉。断层作用指的是岩层因为受到压力而发生断裂,使两侧发生变位的现象。如果断层的压力从中间向两侧,就会导致中间部分的岩层因为断裂向中间陷落,从而形成地堑,如东非大地堑;如果造成断层的压力是从两侧向中间挤压,就可能因为断裂而向中间隆起,形成地垒,如新疆的天山山脉。

"火山和地震的发生,通常都伴随着比较强烈的地壳变动,这种剧烈的程度对地表的影响也是非常大的。总而言之,内力作用的力量都是来自于地球内部的,这种内部的力量对地表形态的影响是非常深刻的。"

李希霍芬老师继续说:"接下来,我来给大家讲外营力的作用吧。内营力的作用固然是最重要的,在它的作用下形成原始的地貌,但是在这基础上需要经过外营力的进一步雕塑,才会使原始的地形产生一定的变化。外营力的作用主要表现在风化、侵蚀、搬运、堆积四个方面。"

"风化作用指地表岩石的物理结构或化学结构在空气、水、生物的影响下进行原地分解的一种现象。根据风化的过程,可以将风化作用分为物理风化和化学风化两种类型。一般来讲,在温度变化比较大的干燥地区,或者是温度较低的高纬度地区,风力比较大,所以物理风化的现象比较多;在高温多雨的气候当中,

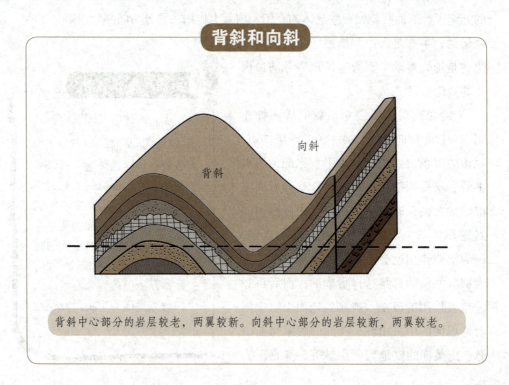

背斜和向斜

背斜中心部分的岩层较老,两翼较新。向斜中心部分的岩层较新,两翼较老。

比较容易发生化学现象，所以易形成化学风化。不过，二者经常都是同时发生的。风化作用能够软化原本坚硬的岩石，这样能够方便其他作用力进一步对地表的岩石进行结构改变。

"侵蚀作用指的是雨水、河流、海浪、冰河、风等营力将风化物质移走，这样就会对地表形态产生一定的改变作用，这种作用就是侵蚀作用。不同的侵蚀营力对地表有不同的影响，产生的结果也是不同的。常见的侵蚀作用有流水和风力的侵蚀作用，流水会冲刷坡面，例如会造成黄土高原千沟万壑的地貌；而在风力作用的侵蚀作用下，则会产生风蚀沟谷和风蚀洼地。

"搬运作用指的是地表的物质被外营力搬到他处，这是自然界当中非常重要的一种外营力作用。外营力包括水流、波浪、潮汐、地下水、风力等，在搬运的过程当中，风力的搬运效果是最强的，冰川的搬运效果是最差的。搬运的主要方式有推移、跃移、悬移和溶移等，对地表形态的影响非常大。

"堆积作用指的是当其他的风化、侵蚀、搬运作用有所减弱的时候，地表的物质可能会产生堆积。堆积的作用是一直都有的，随着时间的变化，在地表会形

堆积作用的三种类型

名称	定义	典型情况
陆地堆积	在陆地上，会产生各种堆积的现象	山麓出山口处因山溪流速骤降，堆积成冲积扇。宽谷和平原区的河床底部沉积物粒径稍粗，岸边和泛滥平原上则堆积细粒的粉沙、黏土
海岸堆积	受到海陆两方面的影响，会在海岸处形成堆积现象	在河口附近因河流流速降低，泥沙大量堆积，形成三角洲。无河口的海岸由于波浪、潮汐流和沿岸流作用，堆积有沙砾质海滩或淤泥质潮滩
海洋堆积	来自陆地的碎屑物、溶解质，以及海洋生物遗骸和化学沉积	浅海区有珊瑚、藻类和介壳碎屑沉积，以及陆地溶解质入海后的化学沉积。大洋区有生物遗骸下沉积聚为大片钙质、硅质软泥。海底还时有火山灰和熔岩流堆积

注：按堆积环境不同，可将堆积作用分为陆地、海岸和海洋三类。

成不同的形态,这种形态会使得地表逐渐趋向于平坦。"

听完三位老师的讲解,同学们觉得自己好像真的游历了整个地球,看过了所有的地貌,对地理也产生了更深刻的敬畏。

推荐参考书

《地貌分析》 阿尔布雷希特·彭克著。书中介绍了地貌演化的学说、山麓阶梯概念、大褶皱的沉积方法等,对了解地貌有非常大的帮助。

第四堂课

洪堡德、罗伦兹、柯本讨论"气象"

> 一只蝴蝶在巴西轻拍翅膀,可以导致一个月后得克萨斯州的一场龙卷风。

洪堡德/罗伦兹/柯本

　　洪堡德(1769—1859),被公认为近代地理学的奠基人,在气象学、地球物理学、海洋学等方面也多有建树。正因为有洪堡德的科学活动和学术思想,才使得千百年来纯经验性的地理描述被划入科学的行列。

　　爱德华·诺顿·罗伦兹(1917—2008),美国著名气象学家和数学家,混沌理论之父,蝴蝶效应的发现者。他曾经说过一句很著名的话:一只蝴蝶在巴西轻拍翅膀,可以导致一个月后得克萨斯州的一场龙卷风。

　　弗拉迪米尔·彼得·柯本(1846—1940),德国气象学家和植物地理学家。他对气象有很多研究,首创高空学,并发现大型天气现象有十一年的周期,明确建立了完整的气候分类法,并且被广泛采用。著有《气候学》和《世界气候》等。

一提到地理峰会，林安和张小凡都充满期待。作为地理系的学生，林安自然是被那种浓厚的地理学的学术氛围吸引了，那种气氛也感染了张小凡。

这一天，两个小伙伴又在校园里边走边谈论起地理峰会的事情。张小凡说："说实话，我本身是对地理学没有什么兴趣的，没想到这几次的地理峰会真的很有吸引力，让我掌握了不少地理知识。"

林安说："我之前就说，地理是一门很有魅力的学科，而且它还是一门基础学科。就算你是学文学的，在文学中也会运用到地理的知识的。"

张小凡接着说："你说的这些的确很对，比如很多小说的场景设置就需要有一定的地理知识才能够实现。而且，听了地理峰会上关于地球运转的相关知识之后，我脑海中还构思了科幻小说呢。"

"是吗？你这个想法很棒啊！不过我真的认为地理是一门既真实又伟大的学科，让人内心充满崇敬。我一定要在这门学科上好好钻研。"林安边走边激情澎湃地说。

他们每路过一个公示栏，都要仔细看看有没有关于地理峰会的公示。真好，今天就有一场地理峰会，于是两个人结伴一起去了峰会的现场。

🌐 气候的形成

台上坐着三位老师，好像在准备着讲课和讨论的内容，台下很多人都在讨论着峰会的内容。

"各位同学请安静，今天的地理峰会马上就要开始了。"台上的主持人开始说话，"大家好，今天我们峰会的主题是'气象'，很荣幸我们请来了三位老师，分别是洪堡德、罗伦兹和柯本老师。"

三位老师分别和大家打了招呼之后，就开始了讨论。洪堡德老师说："今天的主题是气象，其实气象是一个比较通俗的词汇，直接概括了发生在天空中的风、云、雨、雪、霜、露、虹、晕、闪电、打雷等一切大气的物理现象。不过，从地理学的角度来讲,首先要了解的一定是气候的知识。"

旁边的罗伦兹老师笑着说:"说起气候,我们要请柯本老师来讲,正是柯本老师完善了气候方面的各种知识,并且建立了完整的气候分类的方法。"

大家都把目光转移到柯本老师的身上,于是柯本老师笑着说:"各位老师真是抬举我啊,我只是在这方面研究得比较多而已。接下来,我就为大家讲解气候吧。首先要讲的是气候的概念。大家应该是非常熟悉气候的概念的,但是我在这里还是要为大家做出准确和科学的解释。气候指的是大气物理特征的长期平均状态,是一种关于天气的稳定性特征。研究气候的时间尺度通常都比较大,可以是月、季、年、数年,甚至可以是数百年以上。而对于气候特征的描述,一般都是表现一种平均的、稳定的状态。采用的数据通常是气温和降水,根据这两个数据,能够归纳出气候的表现特征。气候表现的基本特征有冷、暖、干、湿,在此基础上,还有各种丰富的特征表现。我曾根据气候的特征,**将气候划分为五带和十三种基本类型**。其实大家对这些关于气候的知识应该都是非常了解的,我在这里也只是给大家做一些简单的提点而已。"

> **赵业婷老师评注**
>
> 柯本气候分类法的划分依据是温度、降水和植被的分布。他将世界上的气候类型划分为五带,分别是:**热带多雨气候、干燥气候、温带气候、寒冷气候(或雪林气候)、冰雪气候。**

罗伦兹老师听完,对着柯本老师点点头,然后说:"其实讲到气候这个问题的时候,最重要的就是要阐述一下气候的影响因素吧?"

柯本老师说:"是的,罗伦兹老师说得对,在理解气候问题的过程当中,最重要的就是要理解影响气候的各种重要因素,我们需要了解的有纬度位置、大气环流、海陆分布、洋流和地形。我先为大家讲解几个因素。首先要讲的是纬度位置,纬度位置是影响气候的基本因素。我们都知道,地球是一个很大的球体,由于太阳对地球的照射有一定的角度,因此有的地方是直射,有的地方是斜射,而且随着地球自转和公转,会导致不同的地点在不同时间的太阳高度角是不一样的,从而造成气温的高低差异。"

罗伦兹老师接着柯本老师的话继续说:"一般来讲,所处的纬度越低,气温越高;纬度越高,气温越低。不同的纬度,是对世界各地气温形成影响的最重要

柯本气候分类法的十三种气候类型

代码	生态气候类型	气候界限
Ar	热带潮湿	所有月份的平均气温高于18摄氏度，且没有干季
Aw	热带潮湿/干旱	气温同Ar，但冬季有两个月干季
BSh	热带/亚热带半干旱	蒸发超过降水，所有月份的平均气温高于0摄氏度
BWh	热带/亚热带干旱	BSh的一半降水，所有月份的平均气温均高于0摄氏度
BSk	温带半干旱	同BSh，但至少有一个月低于0摄氏度
BWk	温带干旱	同BWh，但至少有一个月低于0摄氏度
Cs	亚热带干旱夏季（地中海）	8个月气温高于10摄氏度，最冷月低于18摄氏度，夏季干旱
Cf	亚热带湿润	同Cs，但没有干季
Do	温带海洋性	4到7月气温高于10摄氏度，最冷月高于0摄氏度
Dc	温带大陆性	同Do，但最冷月低于0摄氏度
E	北方或亚北极	最多3个月的气温高于10摄氏度
Fo	冻原	所有月份的平均气温均低于10摄氏度
If	极地冰盖	所有月份的平均气温均低于10摄氏度

的因素。"

柯本老师朝着罗伦兹老师点点头说："是的，罗伦兹老师的补充是非常重要的，这也是最普遍的规律之一。第二个重要的因素是大气环流，大气环流指的是在大气圈中空气运动的各种不同形式，主要指的是大气中的热量和水汽的输送和交换方式。大气环流的主要表现形式有行星风系、季风环流、海陆风和山谷风等。在对气候类型的影响方面，最重要的指的就是行星风系。在只考虑行星风系的条件下，南北两个副热带高气压带之间盛行信风，北半球是东北信风，南半球是东南信风，两信风带之间是赤道低气压带。在副热带高气压带和副极地低气压带之间盛行西风带；在副极地低气压带和极地高气压带之间盛行的是极地偏东风，其中北半球是东北风带，南半球是东南风带。举例来讲，在赤道低气压带，上升气流比较强烈，水汽容易凝结，所以降水比较丰富；在副热带高气压带，下沉水汽比较强烈，水汽不易凝结，所以降水比较稀少；而在信风带，气流从纬度高的地区流向纬度低的地区，水汽不易凝结，所以降水也比较稀少。"

"接下来要讲的一个影响因素是海陆分布，海陆分布对于降水和气温都有着

全球的气压带和风带

由于大气环流的影响，全球在不同的纬度范围内形成不同的气压带和风带。

地形雨的解释

风沿斜坡往上吹的一面为迎风坡，另一面为背风坡。山地的迎风坡和背风坡会形成不同的自然环境和人文环境。在迎风坡，地形对暖湿气流有阻挡作用，使其被迫抬升而降温，易成云致雨，所以降水较多。在背风坡，气流因下沉而升温，难成云致雨，所以降水较少。

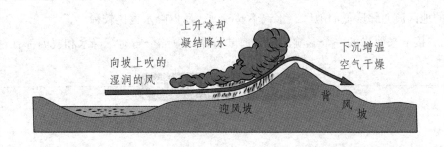

非常重要的影响。首先，因为海洋和陆地的物理性质不同，所以这两种下垫面对温度有着不同的影响。我们都知道，如果同样被强烈的阳光直射，海洋的增温是比较慢的，但是陆地的增温特别快。不过，在阳光减弱之后，海洋降温比较慢，但是陆地的降温是比较快的。其次，海洋和陆地当中所含的水汽是不同的，海洋所含的水汽量比较大，但是陆地所含的水汽量比较小。所以靠近海洋的地方，降水比较丰富，气温的日变化和年变化比较小；但是在靠近陆地的地方，降水比较少，气温的日变化和年变化都比较大。

"洋流对气候也有一定的影响，主要是因为洋流也能够携带一定的热能。所以从低纬度流向高纬度的洋流，会对沿海地区起到增温增湿的作用；从高纬度流向低纬度的洋流，会对沿海地区起到降温减湿的作用。

"最后一个因素就是地形，地形的起伏变化对于气候也有很大的影响，但是它并不属于地带性的因素当中。在同样的纬度地带，地势越高，气温越低。在一定的高度范围内，地势越高，降水也会升高。而由于山脉可以阻挡气流的运行，因此在山脉的迎风坡和背风坡当中，降水和气温都有着非常明显的差异。"

● 云、雨和风的形成

柯本老师讲完，罗伦兹老师立刻站了起来，他说："刚才柯本老师讲的是一个相对概括的概念，接下来我给大家讲解气候当中的一些具体现象。这些现象都是与我们的生活息息相关的，就是云、雨、风的形成。"

张小凡听到罗伦兹老师要讲的主题，立刻提起了兴致。

罗伦兹老师说："我相信很多热爱生活的人都特别喜欢仰望天空，尤其是看天空中云朵的形状。我们能够发现，每个时刻天空中云朵的景观都是不一样的，有时候碧空万里，有时候白云朵朵，有时候乌云密布，这些景象的变化都是云的变化带来的。我想问问大家，大家知道云是由什么构成的吗？"

台下的听众异口同声地说："小水滴！"

罗伦兹老师露出了非常满意的笑容，他说："非常正确！飘浮在空中的云其实就是由很多细小的水滴或者小冰晶组成的，也包括一些较大的水滴、冰、雪粒等，它们悬浮在空中，经过聚集会产生一定的厚度，从而形成天空中的云。那这些飘浮在空气中的水汽是从何而来的呢？下面我来讲这个问题。首先我们需要了解一个地理常识，就是从地面到高空的大气当中，越往高空走，空气越稀薄、温度越低。这些水汽部分来自地面的水分，我们地表的动植物和江河湖海当中都有很多的水分，这些水分会随着蒸发进入空中变成水汽。水汽进入大气之后，因为高空中的空气比较少，温度比较低，所以空气中的水汽很容易达到一种饱和状态，水汽就会被析出。这时，如果高空中的温度高于0摄氏度，水汽就会凝结成小水滴，温度低于0摄氏度，就会形成小冰晶。当这些小水滴或小冰晶积累的密度达到人的肉眼能够识别的程度时，就形成了云。"

同学们纷纷点头。

罗伦兹老师继续讲："接下来，我们来讲雨的形成。我们都知道，云当中有很多小水滴，随着水汽越来越多，云中小水滴的含量也越来越高，所以云会变得越来越厚，不断凝结增长。同时在小水滴之间，还有各种垂直的运动，这种运动使得小水滴之间互相碰撞。当天空中无法容纳小水滴的时候，即小水滴不再有凝结和增长的空间时，就会形成阴天或多云的天气状况。如果在这种情况下，空气

雨雪的形成

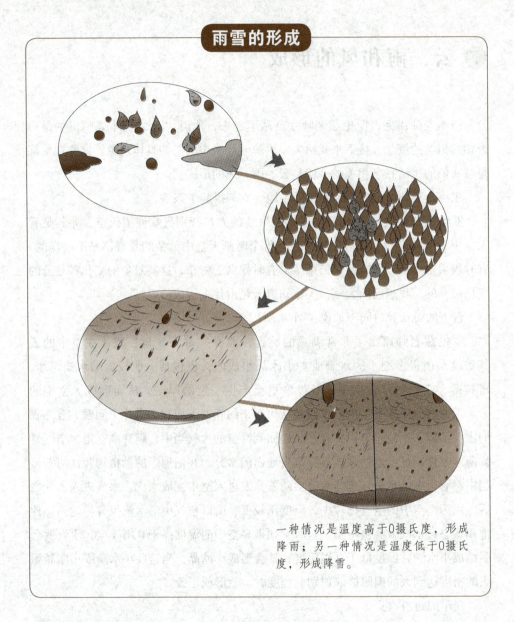

一种情况是温度高于0摄氏度,形成降雨;另一种情况是温度低于0摄氏度,形成降雪。

中的水汽还在不断增加,就会形成雨滴降落到地面上,形成降雨。"

洪堡德老师补充道:"其实下雨和下雪在形成过程中是一样的,只是由于地表温度不同,所以才形成不同的形态。如果地面温度在0摄氏度以上,那么就会形成降雨;如果地面温度在0摄氏度以下,就会形成降雪。"

同学们都连连点头。

洪堡德老师继续讲："你们一定都曾经听过这样一句话吧，一只蝴蝶在巴西轻拍翅膀，可以导致一个月后得克萨斯州的一场龙卷风。这句话就是罗伦兹老师说的，下面由他继续讲解风的形成。"

罗伦兹老师听到学生们的惊呼之后，显得有些不好意思。于是说："风的形成其实是一个既简单又复杂的问题。如果简单概括，风的形成其实就是空气流动的结果。但是如果对风进行复杂地分析，就会发现空气的流动有各个方面的原因，这些原因都会造成大气的运动和变化。第一个重要的原因就是由于太阳辐射的不同造成的气压的不同。我们都知道，地球上各个纬度接受的太阳辐射强度是不同的，赤道接受的太阳辐射比较强烈，这样会形成较高的温度，而在高纬度地区接受的太阳辐射比较弱，就形成较低的温度。由于不同纬度之间的温度存在差异，气压就会存在差异，因此空气就会从高压的地区流向低压的地区，形成风。这就是风最基础的一种成因。"

赵业婷老师评注

气压是作用在单位面积上的大气压力，即在数值上等于单位面积上向上延伸到大气上界的垂直空气柱所受到的重力。著名的马德堡半球实验证明了它的存在。气压的国际制单位是帕斯卡，简称帕，符号是Pa。

"还有一个重要的原因是地转偏向力。因为地球始终处于自转的运动当中，所以会产生一种使空气发生运动偏向的惯性，就是地转偏向力。在地转偏向力的作用下，风的运动方向会向右偏转。"

"除了这两个因素之外，还有一些其他的因素也会影响风的形成，有人能说出来吗？"罗伦兹老师说着，面向台下的听众开始提问。

一位前排的学生站起来说："我觉得海陆差异应该会对气流运动产生比较大的影响。冬季，大陆的气压会比海洋的气压高，所以风会从大陆吹向海洋。夏季，海洋的气压比大陆的气压高，所以风会从海洋吹向大陆。这种现象对于沿海的城市有很大的影响。"

三位老师都点点头，赞许这位学生的发言。

林安站起来说："如果说海洋和陆地会在不同季节形成不同的气压差，那么其实不同的下垫面也会形成不同的气压差。比如说，城市、森林、冰雪等不同的地区在不同的天气条件下，都可能会形成气压差，促进空气的流动。"

罗伦兹老师补充道："对，这就是下垫面因素对风的形成的影响。同学们说的都非常好，可见大家对于风的形成都有了一定的了解。接下来，我们来讲下一个部分的内容。"

台风和雷暴

洪堡德老师站起来说："刚才我们讲的是大自然当中一些正常的气候现象。除此之外，还有一些气象灾害。大家能举一些例子吗？"

说到这个问题，同学们都非常踊跃地回答。"水灾！""雪灾！""台风！""雷电！""暴雨！""干旱！"……

洪堡德老师听了大家的发言，说："能够看出，大家对气象灾害有一定的了解。作为研究地理的人，更应该重视这些灾害。接下来，我们就挑两个进行讲解——台风和雷暴。"

张小凡对林安说："我家在广州，几乎每年都要遭受台风的侵袭，台风对我们的生活有非常大的破坏性。一到台风天，我们根本不敢出门。"

林安吃惊地说："真的吗？有这么严重？"

张小凡说："你听老师讲就知道了。"

洪堡德老师开始讲："我们都知道，台风的危害是非常大的，在很多沿海的城市，台风登陆之后，会对整个城市造成一种摧毁性的损害，这是因为台风的威力确实特别大。接下来，我来讲解台风的形成。"

"台风的形成主要是在海洋面温度超过 26 摄氏度以上的热带和副热带海洋上。在这些地方，海洋面的气温特别高，所以会造成大量空气膨胀和上升，使得海洋面的气压降低，周围的空气就会源源不断地上升，补充中间缺失的气流。受地转偏向力的作用，流入的空气就会旋转起来。与此同时，上升的空气中有大量的水汽，这些水汽在升上高空之后，会遇冷凝结成小水滴，在这个过程中也会释放热量，促使低空的空气不断上升。这样就使得海洋表面的气压降低得更加猛

台风的类型和危害程度

台风类型	风速级别	风速值（m/s）	风级图例
热带低压	6~7级	10.8~17.1	
热带风暴	8~9级	17.2~24.4	
强热带风暴	10~11级	24.5~32.6	
台风	12~13级	32.7~41.4	
强台风	14~15级	41.5~50.9	
超强台风	16级以上	51.0以上	

地理学原来这么有趣
颠覆传统教学的18堂地理课

赵业婷老师评注

避雷针，又名防雷针，用来保护建筑物、高大树木等避免雷击的装置。在被保护物顶端安装一根接闪器，用符合规格的导线与埋在地下的泄流地网连接起来。当雷云放电接近地面时，它会使地面电场发生畸变。在避雷针的顶端，形成局部电场集中的空间，以影响雷电先导放电的发展方向，引导雷电向避雷针放电，再通过接地引线和接地装置将雷电流引入大地，从而使被保护物体免遭雷击。

烈，最终形成了台风。"

洪堡德老师继续讲："下面我们要讲的就是雷暴现象。雷暴也是大家在日常生活当中常见的天气现象之一，指的是有雷击和闪电结合的一种对流性的天气，经常还伴随着大雨或者冰雹，冬天还会有暴风雪。雷暴现象出现的时候，天空中有带电粒子的云层和带一种电荷的云层接触，就会形成猛烈放电，从而形成闪电。大家知道这种闪电也是有很大危害的吗？"

一位前排的同学站起来说："这种现象当然有危害了，对建筑物、人体和电子设备都有很大的危害性。在很多的地方会采用**避雷针**来规避这种危害。"

洪堡德老师说："雷暴其实就是大气中的放电现象。如果家用电器、计算机等直

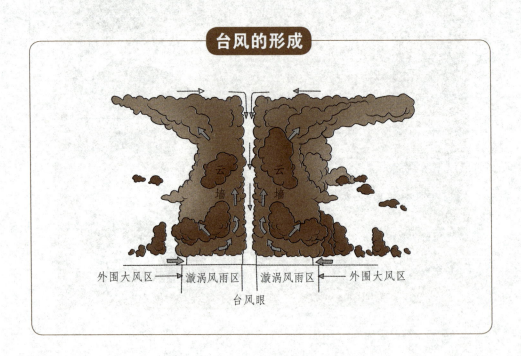

台风的形成

接遭到雷击或者是感应到雷击的影响，就会受到损坏，严重的还会引起火灾，这种情况下人们一定要学会保护自己才行。"

🌐 恐怖的厄尔尼诺

课程进行到一半，整个教室温度明显高了不少。这个夏天的天气分外炎热，即便开了空调，座无虚席的教室里还是又闷又热。

有的学生不禁提问："老师，为什么今年夏天这么热呢？是因为全球气候变暖吗？"

洪堡德老师说："气候变暖只是原因之一，今年之所以会这么热，主要是因为今年是极端的厄尔尼诺年。"

"什么是厄尔尼诺年？"同学们异口同声地问道。

洪堡德老师说："厄尔尼诺是一种反常的气候现象，简单来讲就是南太平洋东部的秘鲁寒流因为某种原因而变成了秘鲁暖流。"

"秘鲁寒流是一条自南向北的洋流，它从南极流向赤道，在温带海洋与温暖的海水进行补偿交换，从而导致冷水上泛，冷水上泛带来了大量的硝酸盐、磷酸盐等营养物质，促使浮游生物大量繁殖，为鱼类提供了丰富饵料，因此秘鲁沿岸成为世界著名渔场之一——秘鲁渔场。

"每年的11月到次年3月，正值南半球的夏季，南太平洋海域水温会普遍升高，向西流动的赤道暖流会得到加强。在这个时候，气压带和风带刚好都开始向南移动，东北信风越过赤道受到南半球自偏向力的作用，向左偏转成西北季风，西北季风不但会削弱秘鲁西海岸的离岸风——东南信风，还会使秘鲁寒流冷水上泛减弱，一般的年份中，这种减弱的程度不足以造成全球性的影响。但在有些特殊的年份，赤道暖流的强度超过往年，或西北季风对东南信风的削弱程度超过往年，就会导致秘鲁寒流冷水上泛程度十分微弱，让秘鲁寒流水温大幅升高，浮游生物大量死亡，秘鲁渔场减产，给当地渔民生活造成极大的问题。"

蝴蝶效应

一个坏的微小的机制,如果不加以及时地引导、调节,就会给社会带来非常大的危害,戏称为"龙卷风"或"风暴";一个好的微小的机制,只要正确指引,经过一段时间的努力,就将会产生轰动效应,或称为"革命"。

"那也不过是少吃点儿咸鱼的事情,这么听起来,厄尔尼诺对我们的影响也不是很大啊?"有的同学说。

"当然很大,你们忘记了地球是一个整体,南太平洋南美洲西海岸的海水温度升高,会造成全球性的蝴蝶效应。既然讲到蝴蝶效应,就请罗伦兹老师来讲吧,他对厄尔尼诺的蝴蝶效应很有研究!"

罗伦兹却之不恭地站起来说:"厄尔尼诺的蝴蝶效应,最开始表现的就是海水温度的上升,海水温度的上升导致海水蒸发变快,影响南太平洋到赤道的大气

厄尔尼诺现象在中国的表现

台风减少	西太平洋热带风暴（台风）的产生次数及在我国沿海登陆次数均较正常年份少
夏季风较弱	北方地区夏季容易出现干旱、高温，南方易发生低温、洪涝
影响北方天气	厄尔尼诺现象发生后的冬季，我国北方地区容易出现暖冬

压数值，大气压的不正常波动又导致降水异常，南美洲干旱地区就会出现大面积的降雨，而这些水汽原本是应该被送往南太平洋西部亚洲地区的，这些水汽在南美洲形成降雨，于是亚洲很多地区就会陷入干旱当中。赤道上空大气压的变化，又导致北太平洋形成强烈气旋，气旋在北美和亚洲东部登陆会形成台风，从而又导致北半球的降水异常和干旱。1982 年到 1983 年期间的厄尔尼诺现象是我们这几个世纪以来最严重的一次，太平洋东部至中部，水面温度比正常高出约 5℃，使得南美洲大范围降水，亚洲大部分地区干旱，北美出现严重的台风灾害，欧洲洪涝严重。事后统计，全世界一共有约 1500 人因为这场厄尔尼诺丧生，经济损失数百亿美元。"

洪堡德老师又接着说："那么，厄尔尼诺对我们有什么影响呢？中国北方的夏季降水，都是东北亚夏季风吹来的太平洋高压气团和来自蒙古高原的冷风交汇形成的雨水。但在厄尔尼诺年，高压气团都被截留在了南方，所以每到厄尔尼诺年，中国南方就会陷入频繁降水的洪涝灾害当中，而北方呢？就像今年夏天这样，炎热暴晒。"

"厄尔尼诺破坏性这么大，有没有办法预防呢？我们能做些什么呢？"张小凡听到这些，好像又想到自己家乡受到的苦难，于是提出了这样的问题。

"我们可以做的，就是提前做好准备，除此之外，什么也做不了。"洪堡德老师摊开双手，无奈地说道。从洪堡德老师无奈的神情上，同学们再一次感受到了人在自然面前的渺小和无助，也再一次感受到了学习地理这门课程的意义。

气候变暖是不是伪命题

柯本老师听了两位老师的讲解，然后说："刚才我听到一位学生讲到气候变暖的现象，觉得气候变暖也是一个非常值得关注的课题，接下来我就给大家讲一下气候变暖的知识吧。"

刚才提到气候变暖的同学也说："看来，气候变暖真的是一个非常严重的问题啊！"

柯本老师神情严肃地说："的确是这样的。现在气候变暖已经成为一个全球性的重要问题了。由于人们对地球始终不加以照顾，长期以来做各种损害地球的事情，释放大量的温室气体二氧化碳，这些温室气体不能透过红外辐射，使得地表热量不能辐射到太空中去，导致地球的温度升高，就形成了温室效应。而全球变暖的现象，正是因为温室效应不断累积而形成的。"

"全球变暖有很大的危害性。一方面，由于全球的温度上升，全球都产生了比较复杂的气候变化，降水量重新分配、冰川消融、海平面上升，对人类的生存有非常大的影响。另一个方面，因为大陆的气温开始升高，使得大陆和海洋的温差变小，这就造成气流流动非常缓慢，所以很多城市都很容易形成雾霾天气，而且雾霾很不容易消散。这种雾霾天气对人的危害是非常大的。"

林安听到老师讲这些，突然也忧心忡忡起来："其实气候变暖已经到了非常严重的地步，对现在的我们来讲，最重要的应该是采用一些方法对全球变暖的现象进行控制！"

柯本老师说："是的，我们应该做的是要控制全球变暖。全球变暖看起来是个非常宏大的问题，但是它的解决和控制方法却都是一些生活小事。在生活当中，我们应该尽量吃素，尽量避免浪费，尽量不造成资源的紧张和短缺，出门尽量乘坐公共交通工具，这样就能够对全球变暖的现象有所控制。"

有的同学听到这些做法有些不屑："这样做真的能够对全球变暖起到控制作用吗？好像听起来不会有用啊？"

旁边的罗伦兹老师突然严肃起来："刚才已经讲过了，全世界都是一个整体，你做的每一件事情，都会对整个生态系统起到非常重要的影响。柯本老师说的这

全球变暖将会导致很多国家"沉没"

在全世界，很多美丽的岛国在海平面上升之后都会有很大一部分国土沉入海中。南太平洋的图瓦卢预计海平面在50年之后上升37.6厘米，也就是说图瓦卢至少将有60%的国土彻底沉入海中。印度洋岛上的"世外桃源"马尔代夫也面临着这样的危机，于是在2009年10月17日，马尔代夫内阁召开世界首次"水下内阁会议"，凸显全球变暖对这个国家的威胁。

些事情看起来微不足道，但是只要你坚持去做，就一定会对控制全球变暖发挥作用。如果始终对资源加以浪费，那么总有一天地球会毁在我们人类自己的手里。"说到最后，罗伦兹老师竟有些愤怒了，台下的学生也都纷纷正襟危坐起来。

洪堡德老师看着课堂的气氛，于是出来缓和："大家应该都明白老师们的意思了，我们在这里讲气候，最终还是希望大家能够有一个良好的生存环境。但是我们能做的只能是将这些知识都教给你们，行为方式都在于你们自己，你们会辜负老师们的期望吗？"

同学们一起说："不会！"

三位老师互相笑笑，一起离开了教室。

推荐参考书

《气候学大全》 柯本著。这本书是柯本一生对于气候学的研究成果。毕生的考察和研究，使他对全球气候有了整体和全面的把握，他采用温度和降水的指标，参照自然植被的分布，对全球气候进行了分类，将全球气候分为五带十三型，比较准确全面地反映了全世界各地气候的实际情况，对整个世界的气候研究有非常深远的影响。

第五堂课

伯杰龙、朗缪尔、汉恩讨论"大气"

> 想要拥有良好的大气环境，只能通过我们每个人的努力来实现。

伯杰龙/朗缪尔/汉恩

托尔·伯杰龙（1891—1977），瑞典气象学家。1916年毕业于斯德哥尔摩大学，1928年获奥斯陆大学博士学位。他是瑞典、挪威科学院院士，曾获英国皇家气象学会西蒙斯纪念金质奖章，1966年获国际气象组织奖。

欧文·朗缪尔（1881—1957），美国化学家。他因在原子结构和表面化学方面取得的成果，获得1932年年度诺贝尔化学奖。1940年起，朗缪尔专注于研究云和降水微物理学，以及人工降雨试验，并在此领域颇有建树。他曾经发表《上升饱和冷气流中过冷却微滴》《暖积云中连锁反应所导致的降雨》《干冰在层状云中播撒效应的研究》等文章，对于云雨降水现象有很深的研究。

汉恩（1839—1921），奥地利气象学家、气候学家。曾经创办奥地利气象学会《气象》杂志，并担任主编，曾担任维也纳中央气象台台长。他提出焚风的成因理论，并用此来解释高温现象，之后又进一步发展了焚风的理论。他的主要作品有《大气圈和水圈》《气候学大全》等。

林安来到张小凡的宿舍，叫着说："小凡，我们要去地理峰会啦！"

张小凡看着窗外的天空，一言不发。

林安还以为小凡今天身体不舒服，于是上前摸摸他的头说："你是身体不舒服吗？今天不去地理峰会了吗？"

张小凡还是看着窗外的天空，说："你看看外面的天，漫天昏黄，雾霾好重，也不知道这天气是怎么了。"

林安笑着说："你们这些文学院的学生啊，永远这么多愁善感，难道有雾霾就不出门了吗？"

张小凡说："这样的天气的确非常影响出行的心情啊，我真的有点儿不想去了，只想待在宿舍里看书。"

林安拽着他的手说："快走吧！我上次听到工作人员说这次的主题是大气，老师肯定会讨论到大气污染和雾霾的，我们去听听课就能对这种天气更加了解了！"

张小凡疑惑地看着林安："真的吗？那我戴个口罩再去教室。"

● 大气的组成和结构

也许真的是因为今天的天气太差了，并没有多少人来参加今天的地理峰会，来了的人中也有很多人在咳嗽。张小凡一边摘下口罩一边抱怨道："今天的空气真是太差了，再这样下去，连门都没法出啊！"

林安也说："的确是，不能让空气再这么恶劣下去了！可是我们又能做什么呢？"

这时，一位老师从门外走进来，边走边说："你们能做的有很多，比如了解一些关于大气的知识。"

张小凡看着这位老师以及身后的两位老师问："这么说，今天的主题确实是要讨论大气？"

老师说:"是的,今天我们就来一起讨论一下大气。我是你们今天的老师伯杰龙,这两位是朗缪尔和汉恩老师。希望今天我们三位老师能够充分利用自己的知识为大家创造一场让各位有所收获的峰会。"

张小凡好像还陷于雾霾的阴影当中,他问伯杰龙老师:"老师,我们直接就讲雾霾的治理吧,看怎么才能够治理好这种讨厌的雾霾天气吧!"

伯杰龙老师笑着说:"这位同学看来是深深受到雾霾天气的困扰啊。不过我们应该先了解的是整个大气的结构,只有了解了大气的状况,才能够对雾霾现象有更好的理解。"

同学们都安静地点了点头。

然后伯杰龙老师就开始讲课了:"大气指的是在地球周围聚集的一层很厚的、由多种混合气体组成的空气,受到地球的重力作用,围绕在地球的周围,占有一定的空间。人类和大气的关系是十分密切的,就好像鱼儿离不开水一样,人类的生活也离不开大气。大气为人类的生存发展提供了良好的环境,而且它的变化时时刻刻都影响着人类的活动和生存。大气科学是一门研究大气圈层的科学,它研究大气的具体情况,包括大气的组成成分、大气的分布和变化、大气的结构,以及大气的基本性质和运动规律等。其中与人类关系最密切的就是因大气运动产生的各种变化而形成的各种各样的天气。大气的状态通常会用气温、气压、湿度、风、云、降水、能见度等气象要素进行描述。"

张小凡站起来问老师:"老师,像今天这样的天气,能见度应该很低吧?"

伯杰龙老师有些尴尬地笑笑说:"的确,今天的空气质量有点儿差,能见度应该比较低。不过能够看出来,你对能见度的理解还是挺正确的。能见度反映的就是大气的透明度。能见度在航天航空当中应用得非常广泛,航空界将能见度定义为具有正常视力的人在当时的天气条件下能够看清的目标轮廓的最大距离。飞机的航行对于能见度的要求特别高。能见度的大小和当下的天气又有很密切的联系,当出现降雨、大雾、沙尘暴,甚至是今天这样的雾霾天气的时候,大气的透明度就会比较低,能见度也比较差。"

张小凡又问:"测量大气的能见度,都是用肉眼来测吗?"

伯杰龙老师说:"当然有专门的仪器,比如说大气透射仪、激光能见度自动测量仪等,都是测量大气能见度的仪器。要了解大气,我们首先要了解的就是大气的组成。通常来讲,大气由三部分组成,分别是干洁空气、水汽和大

杂质。"

"首先我们要讲的是干洁空气。虽然大家觉得自己都比较了解空气，但是我们还是要详细讲一下。大气层中的空气，氮气占总量的78%，氧气占总量的21%，这两者合起来占空气总量的99%，是非常重要的组成部分。在干洁空气当中，二氧化碳的含量虽然不多，但是有非常重要的作用。二氧化碳能够吸收地面受热之后放射出的长波辐射，对地球具有温室效应的作用，对于天气的影响比较大。此外，空气中还含有臭氧。臭氧主要分布在10千米至50千米高空的平流层大气中。臭氧的含量虽然不多，但是对天气的影响是非常大的。臭氧可以吸收强烈的太阳紫外线的辐射，一方面能够保护地球上的生物免受紫外线的照射，另一方面臭氧吸收紫外线辐射能够使空气增温，从而改变大气温度的垂直分布。

"其次要讲的是水汽。虽然在大气当中水汽所占的比例很小，仅有0.1%到3%，但是水汽是大气中最为活跃的成分，而且对地球生命的重要意义是不言而喻的。大气当中的水汽含量大致是随着高度的增加而逐渐减少的，但是水汽的水平地理分布也是不均匀的。水汽是成云致雨的重要基础，所以出现复杂天气的时候，水汽都出现在中低空当中，高空天气是相对晴朗的。接下来我想问同学们一个问题，大家能说说看水汽对于天气的影响吗？"

一位同学说："老师刚才说过，水汽是成云致雨的重要基础，也就是说水汽能够产生云雾雨雪这些不同的天气现象。"

伯杰龙老师笑着说："很好，听课非常认真！还有没有别的答案？"

另一位同学说："我认为水汽对空气中的热量也有一定的传输作用。例如水汽在三态变化的过程中，会有吸收或释放热量的过程，从而影响地面和空气的

干洁空气中的各种成分

N_2
O_2 } 占干洁空气的99%
Ar
CO_2 } 占干洁空气的99.96% } 占干洁空气的99.996%

温度。"

伯杰龙老师看着这位同学说:"非常好,你说的这个特点正是水汽能够通过状态变化传输热量。"

伯杰龙老师继续讲:"再次是大气杂质,也被称为气溶胶质粒,听起来好像很复杂,其实就是悬浮在大气当中的固体微粒和水汽凝结物,这些成分在大气当中也有非常重要的作用。最重要的一个作用就是固体杂质需要充当水汽的凝结核,在降水、云、雾天气的形成过程当中有非常重要的作用。另外这些大气杂质同样可以吸收、散射和反射地面辐射和太阳辐射,能够影响大气的温度。"

张小凡问道:"老师您讲的都是大气杂质的有益作用,但是大气中有杂质是不好的吧,如果杂质的含量太高了,是不是也会产生不好的因素,从而使大气的透明度变差呢?"

朗缪尔老师回答说:"这是一定的。在一定的天气条件下,气溶胶粒子经常聚集在一起,如果这些杂质的数量非常大,就会形成雾霾、浮尘等天气现象,不仅会影响空气的质量,还会降低能见度。"

接下来的内容,由朗缪尔老师主讲,他说:"讲完大气的组成部分之后,我们来讲大气的垂直结构。科学家们最早发现大气的温度随着高度的变化会有一定的变化,这种变化并不是直接的变化,而是分层的,这种温度的分层变化就说明了在大气当中,各种成分的状态也是具有层次的。大气层在不同的高度当中,受

大气的垂直分类

分类标准	分类类型
按大气温度随高度分布的特征	对流层、平流层、中间层、热成层和散逸层
大气各组成成分的混合状况	均匀层和非均匀层
大气电离状况	电离层和非电离层

除了上述的分类方法,还有其他的分类方法,例如:按大气的光化反应,可分有臭氧层;按大气运动受地磁场控制情况,可分有磁层。

到的太阳辐射、地面辐射、大气中的组成成分的影响都不同,所以根据这些情况的不同,将大气分成了五层。"

同学们都好奇地追问:"到底是哪五层呢?"

朗缪尔老师接着说:"这五层分别是对流层、平流层、中间层,热成层和散逸层。下面我们就主要介绍这五个不同的大气层。"

"首先介绍的是对流层,它位于大气的最下层。对流层有几个显著的特征。第一,在对流层,气温会随着高度的增加而递减,平均气温每升高100米,气温就降低0.65摄氏度。这是因为太阳辐射首先会加热地面,地面产生热量之后再产生地面辐射,将地面的热量传给大气。所以在这种情况下,越接近地面,这部分空气受到的热量就越多;离地面越远,接收到的热量就越少。第二,空气具有强烈的对流运动。因为在近地面的地方,由于地面的性质不同,会导致受热不均匀,这时比较暖的地方的空气就容易膨胀上升,比较冷的地方的空气就容易冷缩下降,这样空气就会产生对流运动。对流运动使得高层和低层的空气得到了交

对流层和平流层的状态

换,能够促进热量和水分的传输,具有成云致雨的作用。所以在对流层,天气状况就相对比较复杂。"

一位同学说:"对流层一定是最为复杂的一部分吧?"

朗缪尔老师说:"的确是这样。而且对流层的高度也是不一样的,会随着纬度和季节的变化而产生变化。一般来讲,对流层在低纬度地区的平均高度为17～18千米,在中纬度地区的平均高度为10～12千米,在高纬度地区的平均高度仅有8～9千米。就季节来说,对流层上界的高度在夏季是高于冬季的。"

"下面继续讲平流层。从对流层顶部往上的55千米的范围,都是平流层。平流层有以下几个特征。第一,平流层的温度随着高度的升高而增加。在平流层的下层,气温的变化其实是很小的。但是在20千米以上,气温随着高度的增加显著增高,出现了逆温层。这是因为在高度为20～25千米的地方,臭氧的含量比较高。刚才已经讲到臭氧能够吸收大量的太阳紫外线,所以气温会有所升高。第二,垂直气流比较弱。在平流层当中,空气是以水平运动为主的,整个平流层都是一种比较平稳的状态。第三,平流层当中的水汽、尘埃比较少,所以平流层当中很少有天气变化的现象,大气的透明度也比较高,天气晴朗。"

同学们听了老师讲的之后不禁说:"怪不得飞机大部分航线都是在平流层当中啊!原来是这样的原因。"

朗缪尔老师接着说:"是的,平流层稳定的气流和天气状况是非常适合飞机飞行的。下面我们要讲的是中间层。中间层指的是从平流层的顶部到85千米的高度。中间层的主要特征有如下几点。第一,气温随着高度的增加而迅速降低。因为在这一层大气当中臭氧的含量极低,不能吸收紫外线的热量,而地面辐射又被低层的大气吸收,所以气温会随着高度的增加而递减。第二,会出现强烈的对流运动。这是因为在中间层当中上冷下热,这样的结构容易出现对流。不过,这种对流天气对地面不会产生大的影响,首先是因为中间层距离地面的距离比较远,其次是因为这一层的空气相对稀薄,所以对流运动没有对流层强烈。"

"下面要讲的是热成层。从中间层的顶端到800千米的高度范围就是热成层。热成层的特征首先是随着高度的增加,气温会迅速增高。因为大部分太阳的紫外辐射都会被这一层的大气吸收,所以会增温特别明显。在300千米的高空当中,气温可以达到1000摄氏度以上。在这一层当中,还存在一种特殊的现象,就是

大气的层状结构

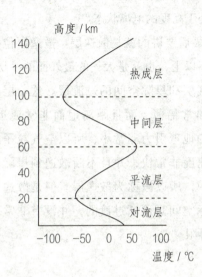

大气高度和温度之间的变化曲线。根据这个曲线的变化,人们推导出大气之间是存在垂直结构的差异的。

大气的层状结构。人们根据测定,将大气层分成对流层、平流层、中间层、热成层和散逸层。

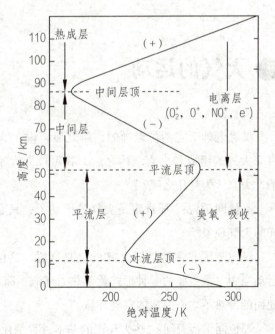

赵业婷老师评注

电离层是地球大气的一个电离区域,是受太阳高能辐射以及宇宙线的激励而电离的大气高层。电离层从离地面约50千米开始一直伸展到约1000千米高度的地球高层大气空域,其中存在相当多的自由电子和离子,能使无线电波改变传播速度,发生折射、反射和散射,产生极化面的旋转并受到不同程度的吸收。

高度**电离的状态**。因为这一层的空气密度很小,所以在太阳辐射和宇宙射线的作用下,大气中的氧分子和氮分子会被分解,所以处于高度的电离状态。

"最后要讲的就是散逸层。散逸层位于热成层以上,也就是大气的最外面的一层,是大气层和星际空间的过渡层。这一层的空气非常稀薄,而且距离地面非常遥远,受到的地球引力非常小,所以空气粒子的运动速度非常快,并且不断散逸到星际空间当中,所以被称为散逸层。但是散逸层与星际空间是逐渐过渡的,并没有非常明显的界限。"

● 大气的运动

汉恩老师听完两位老师的讲解之后,说:"两位老师稍微休息一下,我觉得讲完大气的组成和垂直结构之后,我可以向大家介绍大气当中最重要的一部分了,大家认为是什么呢?"

一位同学说:"那肯定是大气的运动了,只有大气的运动才能够造成各种各样的天气现象。"

汉恩老师非常欣慰地说:"的确是这样,这位同学的回答非常好。在大气的运动当中,最主要的一种形式就是热力环流。简单来讲,热力环流指的就是由于地面的冷热不均而形成的空气环流。"

那位同学接着问:"热力环流的基本过程是什么呢?"

汉恩老师说:"热力环流的基本过程是,一个地区如果温度上升,这里的大

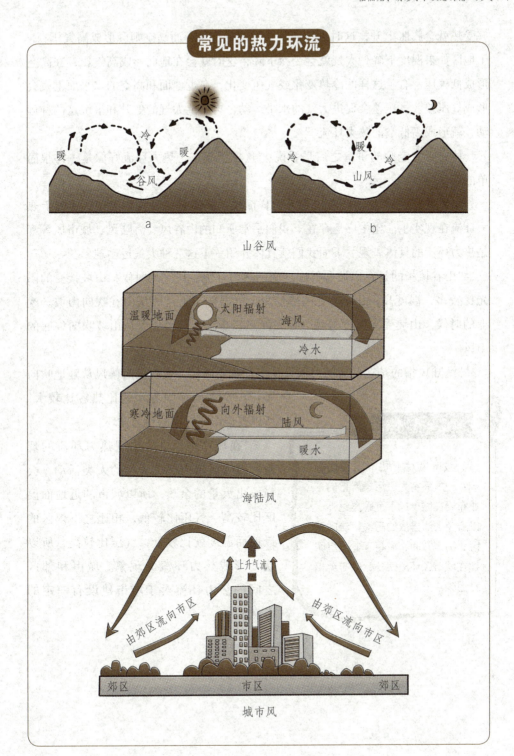

气受热就会膨胀上升，这时近地面就会形成低气压，而高空则会形成高气压；一个地区如果温度下降，大气就会受冷下降，这时就会在地面形成高气压，在高空形成低气压。有了这样的冷热变化或气压变化，在近地面和高空的水平面上就会形成气压差。气压差会促进大气的水平运动，再加上大气的上升和下沉这两种运动，就形成高低空的热力环流。"

林安听完老师的讲解之后举手说："这样听起来，热力环流好像是一件很简单的运动啊？"

汉恩老师说："热力环流说起来这样简单，其实是一种模型类型。实际上热力环流在现实生活当中广泛存在。我们平常所知的山谷风、海陆风、城市风等都是热力环流的具体表现。下面我们就具体介绍一下这三种大气运动现象。"

"山谷风指的是在山坡和谷底之间的热力环流。白天的时候，山坡接受的阳光比较多，温度高；山谷接受的热量少、气温低，于是风从山谷吹向山坡。晚上的时候，山坡受冷温度骤降，谷底降温较少，于是形成了从山坡吹向谷底的山风。

"海陆风指的是在白天的时候风从海洋吹向陆地，夜晚的时候风从陆地吹向海洋。这主要是因为水的比热容比较大，所以就会形成这样的热力循环。

"在城市中，也会出现热力环流的现象。因为城市内部有大量的人类活动，会释放出大量的余热，所以城市的近地面温度比较高，气压比较低，相比之下郊区的近地面温度就比较低，气压比较高，所以就会形成热力环流的现象。城市和郊区之间的热力环流对于**城市建设有一定的影响**。"

赵业婷老师评注

城市风对于城市建设的影响：一方面将大气污染严重的工业布局在城市风下沉距离之外，以避免工厂排放的污染物流向城区；另一方面，应将工业卫星城建在城市风环流之外，以避免相互污染。

雾霾和大气污染

朗缪尔老师又走到讲台的中央说:"今天我们还想讲的是一个非常贴近日常生活的大气现象,大家能想到吗?"

张小凡一边捂着口罩一边说:"一定是大气污染,我觉得这和我们日常生活最贴近了。"其他的同学也用咳嗽的声音表示应和。

朗缪尔老师说:"是的,就是大气污染。大气污染指的是大气当中的一些有害物质达到一定的标准,会造成有害的影响,破坏地球的生态系统,影响人类的正常生存和发展。像今天这样的天气,就很明显是出现了大气污染的情况。"

张小凡问:"为什么会形成大气污染呢?"

朗缪尔老师回答说:"大气污染是由于自然或人为的原因,使得一部分污染物进入大气的循环过程当中,经过各种化学反应和生物活动,对大气产生很大的影响。如果空气中某种有害物质的浓度非常高,就会对人或其他生物造成极大的危害。凡是能使空气质量变差的物质都是大气污染物,已知的大气污染物有100多种。"

同学们都很惊讶:"没想到竟然有这么多种大气污染物,怪不得我们的空气质量会这么差呢!""看来都是这些大气中的污染物在作祟啊!""这些污染物是怎么进入到大气当中的呢?"同学们兴致勃勃地讨论着关于大气污染的话题。

朗缪尔老师说:"同学们不要这么激动啊,听我来给你们慢慢讲。污染物的来源分为两种因素,一种是自然因素,一种是人为因素。自然因素包括火山喷发、森林火灾、自然尘、森林植物释放和波浪飞沫等情况,在这些情况下自然界会排放一些含硫或含氮的气体,对空气造成一定程度的危害。"

"当然,对自然界危害比较大的还是人为的污染。人为的污染物主要有燃料燃烧、工业排放、交通运输和农业排放四个方面。燃料燃烧指的是日常生活中使用煤、石油、天然气的过程当中,会向大气当中输送很多污染物,除了大量的烟尘之外,还会形成一氧化碳、二氧化碳、二氧化硫、氮氧化物、有机化合物等物质。工业排放指的是很多工业企业在生产过程中排放的污染物。例如钢铁工业在炼铁、炼钢过程中会排出粉尘、硫氧化物、氰化物、一氧化碳等污染物,石化企业排放硫化氢、二氧化碳、二氧化硫、氮氧化物，有色金属冶炼工业排放的二氧化硫、氮氧化物及含重金属元素的污染物。不同的工业类型会产生不同的污染物，污染物除了气体污染还有河流污染。交通运输过程中的污染指的就是汽车、船舶、飞机的尾气排放，这些内燃机会排放出一氧化碳、氮氧化物、碳氢化合物、含氧有机化合物、硫氧化物等污染物质。最后一个方面是农业活动的排放，主要是施用农药和秸秆焚烧的过程中，会有大量的有害物质进入到大气当中。

"根据污染的性质可以将大气污染分为还原型和氧化型两种。还原型的主要污染物是二氧化硫、一氧化碳和颗粒物，在低温和阴天的时候，会有逆温的现象，污染物会在低空中聚集形成烟雾，典型的代表就是伦敦。氧化型的主要污染物是来源于汽车尾气、燃油锅炉和石化工业当中，主要的污染物是一氧化碳、氮氧化物和碳氢化合物，它们能够在阳光的照射下产生化学反应，生成二次氧化物，对人的眼睛等部分产生强烈刺激，典型的代表城市就是洛杉矶。"

赵业婷老师评注

中国已制订《中华人民共和国环境保护法》，并制订国家和地区的"废气排放标准"，以减轻大气污染，保护人民健康。

同学们又开始发表自己的观点："看来最重要的还是要制止人为的污染啊！""这些污染现象真的是太普遍了，好像我们都没有什么办法啊！""对啊，即便是有**法律**好像也没有什么实际的效果呢。"

朗缪尔老师说："大家说的都很对，尤其是如今的大气污染具有很大的危害性。最明显的就是对于人体的危害。大气污染会直接造成人的身体不适，还有可能出现生理上的可逆性反应，进一步严重下去还有可能会出现急性的危害症状，比如出现中毒甚至是致癌的情况。这是因为空气中的污染物会长时间作用于人体，可能会对皮肤或者表面产生影响，也可能直接进入体内，这些物质如果到达体内，就可能会引起遗传物质的突变，或者诱发产生肿瘤。此外，大气污染可能还会缩短人的寿命。大家可以看到，这些污染物对人体的危害都是非常强烈的！"

老师向同学们展示了主要污染物对人体的危害的表格，同学们看后，惊异、害怕，各种感觉都在心头。

朗缪尔老师接着讲："大气污染对于工农业也是有一定的危害的。空气中的酸性污染物能够腐蚀工业的材料、设备和建筑设施。空气中无处不在的浮尘能够对精密仪器的使用和生产造成非常不利的影响。大气污染对农业生产也有很大的危害，比如说酸雨会影响农作物的生长，也会通过土壤渗入到水体当中，对农作物产生更大的危害。"

"当然，最明显的污染还是对于生态环境的破坏。其实大气的污染对环境的影响是有一定的滞后性的，并不是说在污染之后立刻就造成环境的污染，而是在

主要污染物对人体的危害

污染物	对人体的危害
硫酸烟雾	对皮肤、眼结膜、鼻黏膜、咽喉等有强烈刺激和损害
铅	可损害骨髓造血系统和神经系统，高浓度时可引起强烈的急性中毒症状
二氧化硫	低浓度可闻到臭味，高浓度长时间吸入可引起心悸、呼吸困难等心肺疾病。重者可引起反射性声带痉挛、喉头水肿以致窒息
氧化氮	主要指一氧化氮和二氧化氮，中毒的特征是对深部呼吸道的作用；对黏膜、神经系统以及造血系统均有损害，吸入高浓度氧化氮时可出现窒息现象
一氧化碳	对血液中的血色素亲和能力比氧高210倍，能引起严重缺氧症状即煤气中毒。约100ppm时就可使人感到头痛和疲劳
臭氧	轻症表现为肺活量减少，重症表现为支气管炎等
氰化物	轻度中毒有黏膜刺激症状；重者发生闪电式昏迷，全身性痉挛，血压下降，迅速发生呼吸障碍而死亡。氰化物中毒后遗症为头痛、失语症、癫痫发作等。氰化物蒸汽可引起急性结膜充血、气喘等
氟化物	可由呼吸道、胃肠道或皮肤侵入人体，使骨骼、造血、神经系统、牙齿以及皮肤黏膜等受到侵害。重者呼吸麻痹、虚脱等可致死亡
氯	主要通过呼吸道和皮肤黏膜对人体发生中毒作用。当空气中氯的浓度达0.04～0.06毫克/升时，30～60分钟即可致严重中毒，如空气中氯的浓度达3毫克/升时，则可引起肺内化学性烧伤而迅速死亡

不经意间，这种污染的程度就会变得非常严重。比较常见的就是河流干涸、森林减少、动物灭绝、水土流失等。之前说到的温室效应、酸雨、臭氧层破坏等都是由于生态环境的破坏，产生了对气候的影响。这些影响除了情况严重外，还有一个特点是很难恢复。简单的治理不会起到立竿见影的效果，必须长期坚持才能够使生态环境得到根本的改善。"

同学们听完之后都忧心忡忡，好像没有什么办法解决似的。朗缪尔老师安慰大家说："大家在了解了这些之后就应该明白，我们每个人在生活当中都应该做一些力所能及的事情来保护环境，这样整个生态环境才会处于可持续发展的良性状态。"同学们都点了点头。

伯杰龙老师接着补充说："现在大家最关注的应该就是雾霾现象了。霾指的是空气中的灰尘、硫酸、硝酸等颗粒组成的气体，会形成灰色的空气。大多数的雾霾天气都出现在秋冬季节。雾霾天气实际上是一种大气污染的状态，主要是由二氧化硫、氮氧化物和可吸入颗粒物这三项组成，总体上认为PM2.5是造成雾霾现象增多的元凶，其中包括重金属等各种有毒物质。空气质量不断恶化，雾霾出现的频率也会越来越高，危害也会越来越重。如今在中国的很多城市，雾霾都已经非常严重。"

汉恩老师也说："这可能就是对人们某种程度上的惩罚，想要拥有良好的大气环境，只能通过我们每个人的努力来实现。同学们是不是都能够做到？"

同学们异口同声地说："是！"

《大气科学研究方法》 这本书归纳总结了常用的大气科学研究方法，还有相关的案例分析和总结评述，分析和挖掘了大气科学发展史上的很多标志性意义事件。总体来讲，这本书具有非常重要的意义。

第六堂课

佩罗、纳什、达西讨论"水文"

水是世界上最宝贵的资源,所以水文是人类最应该了解的知识。

> **佩罗/纳什/达西**
>
> 佩罗(1608—1680),法国水文学家,科学水文学的创始人。曾在塞纳河河源至艾涅勒迪克的流域做过降水观测,研究流域的降水量和径流量,首次科学地证明了河水来源于降水和降水补给河流是有余的观点。
>
> 埃蒙·纳什(1927—2000),爱尔兰水文学家和水文教育家,在欧洲是将科学原理应用于新兴的水文学科的先驱者,并为水文学科的发展和世界各地的水文工作者的教育做出了极大的贡献。
>
> 亨利·达西(1803—1858),法国水利学家。他曾经发现了达西定律,这个定律描述了饱和土中水的渗流速度与水力坡降之间的线性关系的规律,又称线性渗流定律。

又到一次地理峰会了,林安和张小凡早早到了教室。

张小凡看了看今天教室里的各种地图和模型,说:"看来今天要讲的是地球上的水文啊。"

林安说:"你怎么知道啊?安排表上也没有明确规定主题啊?"

张小凡说:"你看,今天老师带的地球仪都是只显示大江大河的版本,而且还有好多关于河流的地图。再加上我们之前都没有讲过水文,所以我觉得今天一定是要探讨地球上的水文现象。"

林安环视了一下四周,然后说:"没想到你才来蹭了几天地理课,地理方面的洞察力果然就有所提升了,你说的这些确实都挺有道理的,就是不知道今天的老师们是哪些高人。"

● "水星"地球

"今天的老师就是我们三个,哈哈哈!"一阵洪亮的声音从教室门口传来。林安和张小凡往外一看,有三位老师相继走了进来。

一位看起来很年轻、很精神的老师说:"老远就听到有学生在议论我们今天的讨论主题,分析得头头是道。没错,我们今天峰会的主题就是**水文**。"

张小凡兴奋地说:"你看我没有猜错吧,看来我对地理真的是越来越敏感,也越来越感兴趣了。"旁边的林安看着他也非常高兴。显然,教室里的同学对三位老师都很好奇,都要求老师做自我介绍。

那位年轻一点儿的老师说:"各位同学早上好!我们三位是今天和大家一起讨论

赵业婷老师评注

水文,指自然界中水的变化、运动等各种现象。现在一般指研究自然界水的时空分布、变化规律的学科。要研究一个地方的水文,主要研究的是水位高低、水量大小、含沙量等,对一个地区的生活生产有很重要的意义。

水文的老师。我叫埃蒙·纳什,来自爱尔兰。我旁边的这两位老师都是来自法国的水文学家,左边这位是佩罗,佩罗老师曾经在法国做过很多水流的观测,对河流的实际状况有很真实的理解;我右边的这位老师是亨利·达西,他发现的达西定律具有非常重要的意义。"其他两位老师也分别和同学们点头致意。

纳什老师继续说:"刚才那位同学已经猜对了,今天我们要讨论的地理知识正是水文。首先请佩罗老师为大家介绍一下地球上水文的总体状况。"

佩罗老师看看台下的学生们说:"首先我想问问大家,是否知道地球有一个外号叫'水星'呢?"

一位同学立刻站起来,兴奋地说:"当然!因为地球上有很多水!"

佩罗老师双手一合,说:"对了,正是这个原因。地球的总面积为五亿多平方千米,其中有71%是海洋,29%是陆地。从太空向地球看,地球就是一个巨大的美丽的蓝色球体,这正是因为地球上充满了水。"

又一位同学提问道:"既然我们生活的地球上充满了水,那为什么我们总能在新闻和报纸上看到很多缺水的报道,难道地球上的水还不够多吗?"

达西老师听到这个问题之后非常感兴趣,他说:"我觉得你这个问题问得非常好,这是很多人学习水文最初会产生的一种认识错位。从刚才佩罗老师提供的数据能够看出来,佩罗老师说的是在地球表面的覆盖面积当中,水占了很大一部分。但是你们想想,地球上最多的水应该是什么水呢?"

"海洋水!"一个同学突然说。

"是的,就是海洋中的水。据我所知,地球上的水总体积约有13.86亿立方千米,看起来是一个非常庞大的数字。但是其中海洋水占到了96.5%,淡水只占到3.5%,但是在淡水资源当中,有将近69%的淡水都是冰川或高山上的冰盖,这些都是无法取用的。所以真正可以为人类所用的淡水资源其实是非常稀少的。我们都说,水是生命之源,水是对于人类最重要的东西,这正是因为我们人类的生存始终需要淡水。虽然地球是个水星,但是淡水资源并不算丰富。就地球上庞大的人群和用水量而言,地球上可以说是严重缺水的。"达西老师严肃地说。

地球上的水资源分布

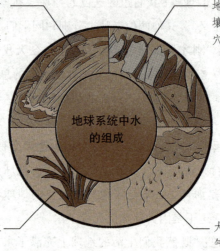

地表水：指存储于海洋、湖泊、河流、冰川、沼泽等水体中的水

地下水：指赋存于土壤和岩石孔隙、洞穴、溶穴中的水

生物水：指含在生物体内的水

大气水：指悬浮于大气中的水汽，包括以液态和固态形式悬浮于大气中的水

地球当中的水主要有四种表现形式，分别是地表水、地下水、生物水和大气水。

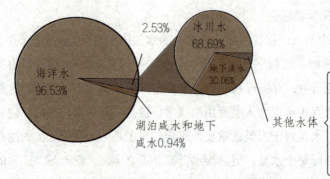

海洋水 96.53%

2.53%

冰川水 68.69%

地下淡水 30.06%

湖泊咸水和地下咸水 0.94%

其他水体：
永冻土底冰 0.86%
土壤水 0.05%
湖泊淡水 0.26%
沼泽水 0.03%
河流水 0.006%
生物水 0.003%
大气水 0.04%

地球上虽然有七成的地方都被水覆盖，但是在这些水当中有将近97%都是海洋水，真正能让人类利用的淡水资源只占到所有水的体积的不到1%。所以说地球上是非常缺少淡水资源的。

地球上的淡水资源是非常缺乏的，但是人类对于水资源的使用是非常迫切和必要的。

🌐 地球动脉——水循环系统

佩罗老师听达西老师讲完继续说："我们在了解了地球上基本的水的状况之后，就应该继续了解水循环系统了。首先大家应该明白，水循环指的是自然界的水在水圈、大气圈、岩石圈、生物圈这四大圈层当中通过各个环节进行连续运动的过程。"

同学们听到老师这样说，不禁提问道："这些环节是什么呢？水的运动方式又是什么呢？"

佩罗老师说："大家不要着急，听我给你们慢慢讲来。地球上的水循环，主要包括三种类型，第一种是海陆间的水循环，第二种是陆地水循环，第三种是海洋水循环。"

"海陆间的水循环一定是发生在既有海洋也有陆地的地方，在这样的地方，海洋中的水汽会经过蒸发升到空中,经过空气的运输到达陆地的上空,在陆地上空的水汽聚集到一定程度之后,就会形成降水,降水达到陆地之后,再经过地表径流和地下径流的方式进入海洋。这就是完成了一次海陆间的水循环。总体来说,海陆间的水循环是最为复杂的。

"陆地上的水循环相对较为简单,陆地上的水汽主要是来自于**植物的蒸腾作用**和江河湖的蒸发作用,这些作用使得空气中有水汽聚集。在空气中的水蒸气凝结到一定程度之后,就会形成降水,降水又会重新回到江河湖和植物的内部,这就完成了在陆地上的水循环。

"海洋上的水循环更为简单。海洋上的水以水蒸气的形式进入到空中,当空中的水聚集较多时再形成降水回到海洋当中,总体来说是相对简单的。"

赵业婷老师评注

蒸腾作用指的是水分从活的植物体表面以水蒸气状态散失到大气中的过程,与物理学的蒸发过程不同,蒸腾作用不仅受外界环境条件的影响,还受植物本身的调节和控制,是一种复杂的生理过程。

这时有同学说:"原来水循环就是这么简单啊,我以为多么复杂呢。"

佩罗老师说:"你们觉得水循环简单,是因为这些都是研究者们在研究了复杂的水循环之后,得出的一种相对具有结论性和概括性的模型。真实世界当中的水循环,要比这个复杂得多。下面我们分析一些水循环的成因。第一个原因是水有三态变化,这很好理解,大家都知道有固态、液态和气态的水,正是因为水有这些不同的状态,才会使得空气中的水汽能够以各种形式进行转换和移动。有三态变化的水,就好像是在天地间能够活泼跳跃的精灵,想要去哪里就可以去哪里,因为这三种状态几乎能够存在于任何地方。第二个原因就是太阳辐射。太阳辐射能够提供能量,这样水汽才有了各种状态的变化,才有了四处跑的力量。第三个原因是水的质量提供了重力,我们平常总是说'水往低处流',还有水汽凝结之后形成降雨,这些都是因为水的重力作用带来的结果。"

同学们听着老师的讲解,说:"没想到地球上的水循环还是一件挺复杂的事情。看来我们还需要对这些进行深入了解啊。"

佩罗老师继续说:"其实也就是这些知识了。不过接下来,想要带领大家一起分析一下水循环的意义,我非常想听到同学们的想法,大家能踊跃发言吗?先给大家一些思考的时间。"

于是同学们顺着老师的提问开始思考。三位老师还走到教室的中间,和同学们一起讨论,或解答同学们的疑问。

一位同学问道:"老师,在这些水循环当中,哪个循环最为重要呢?"

纳什老师回答说:"当然是海陆间的循环。因为海陆间的循环实际上是跨度

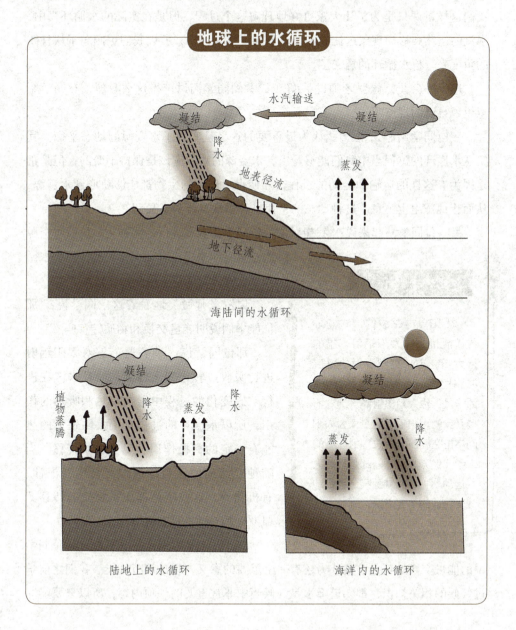

最大的循环,连接了海洋和陆地,实现了水循环的宏观流动。"

还有一位同学问道:"老师,看起来三种循环都是非常具有意义的,我们在分析的过程中,应该分开分析还是整体分析呢?"

达西老师说:"这两种思路当然都可以了,但是我认为还是从整体分析比较好。因为地球上的水循环实际上是非常复杂的,并没有我们讲课分得那么清楚。我们这样讲课只是为了让大家更好地理解这个过程,但是在实际的水循环当中,水汽的运输和移动现象远比我们了解到的要复杂得多,所以我们更倾向于从整体的角度来分析水循环的意义。"

过了一会儿,佩罗老师说:"好了,看到同学们讨论得这么激烈,有同学愿意说说自己的观点吗?"

一位同学站起来说:"我认为最重要的意义是实现了水资源的动态平衡。其实从水循环的过程当中我们能够看出,水资源的总量应该是保持不变的,但是正是因为有这样的运输和运动的过程,才使得地球上的生物都能够获取到水资源,从而让地球生生不息。这种动态的平衡具有非常重要的意义。"

另一位同学站起来说:"我想对前一位同学的观点进行一些补充。虽然水资源的总量看起来是没有发生变化的,但是水循环也能够进行能量交换和物质转移。"

佩罗老师微笑地看着这位同学说:"那你能举例说明能量交换和物质转移吗?"

那位同学说:"水汽是能够对**太阳辐射**进行吸收、转化和运输的,而且水汽在进行三态变化的过程中存在放热和吸热的作用,所以水循环的过程对于太阳辐射的热能有一定的交换作用。至于物质转移,当陆地径流向海洋流的时候,会输送泥沙、有机物等,这些应该都属于物质的转移。"

佩罗老师对他的回答非常满意。

张小凡也站起来说:"按照刚才这位同学说的能量交换的观点,我认为还有一个重要的意义,就是调节气候。我们之前学过气候的相关知识,都知道降水是气候当中非常重要的一项内容,所以只要能够

赵业婷老师评注

太阳以电磁波的形式向外传递能量,称太阳辐射,指的是太阳向宇宙空间发射的电磁波和粒子流。太阳辐射所传递的能量,称太阳辐射能。地球所接受到的太阳辐射能量仅为太阳向宇宙空间放射的总辐射能量的二十二亿分之一,但却是地球大气运动的主要能量源泉,也是地球光热能的主要来源。

产生降水,就一定会对气候产生影响。刚才讲到的能量转换其实就涉及温度的变化,这也是气候当中非常重要的因素。"

达西老师说:"非常好!你这样还结合了之前学习的地理知识,可以说是触类旁通啊!"

林安受到了张小凡的启发,想到了之前学的地形的知识,他站起来说:"老师,我又想到水循环对于地表形态也有着非常重要的作用。之前在讲地表形态的时候,我们讲到了很多外力因素,比如说侵蚀、搬运和堆积等,在这些因素当中都有流水的作用。所以说水循环对于地表形态也有一定的塑造作用。"

佩罗老师说:"同学们的思考都非常到位,所以我来做一下总结。在下图中,我罗列了同学们的这些想法。你们想得很全面!"

塑造文明的大河

达西老师接着讲下一个内容。他说:"接下来我们要讲的是河流对人类文明的影响。我们都知道,有水资源的地方就适宜人类的生存,而且对于农业、经济的发展都有很大的促进作用。所以,有河流的地方自然而然就很容易形成城市。从古代开始,在大江大河附近就有各种各样的文明诞生,直到今天,这种影响仍然延续了下来。"

同学们都觉得大河文明是个非常有趣的话题,表现出了浓厚的兴趣。达西老师说："我们可以从古代的大河文明开始介绍。在五千年以前，中国、古印度、古巴比伦和古埃及几乎同时步入文明社会当中，这四个文明古国都是源自大江大河地区。其中，中国的文明发源于黄河流域，古印度文明发源于印度河和恒河流域，古埃及发源于尼罗河流域，古巴比伦发源于幼发拉底河和底格里斯河。从地图上我们能够清楚看到，这几个古代文明古国的发展和河流、地形是分不开的。同学们能够归纳出一些原因吗？"

林安站起来说："有河流的地方，最丰富的一定是水资源。河流中的淡水能够满足人们正常生活所需要的水资源。而且在这些地方，因为上游有高山积雪的融化，所以河水会定期增长，这对当地的农业也一定能够起到促进的作用。在古代社会当中，农业可以说是最重要的命脉。"

一位同学说："有河流的地方，气候条件肯定是比较优越的，光热条件都非常充足，一定比较适宜人类的居住和生存。"

另一位同学说："之前我们讲过河流对于地形的影响，从地图上能够看出，这些文明古国大多位于大江大河的中下游地区，因此这些地区一定都是地势比较平坦的冲积平原，而且交通也相对比较便利，这些条件都非常有利于人类生存。"

达西老师开心地说："你们都分析得太好了，把一些重要的因素都归纳出来了。正是由于河流为这些地方带来丰富的淡水资源，形成了优越的气候条件和地形条件，才使得这些地区能够诞生非常先进的文明古国。接下来，请佩罗老师为大家做一些更加详细的关于大河文明的介绍吧。"

佩罗老师接着讲："这些大河文明大家都应该有所听闻，今天我们就不一一具体讲解了，主要是概括地说一下总体特征和共同特点。在这些地区当中，经济大多是以农业为主，因为这些地区的气候和地形对于农业发展都是非常有利的，农业发展对文明的促进作用也是最大的。政治方面实行君主专制制度，社会结构呈现出金字塔形的等级制度。这些都是由于处在河流地区而产生的各种社会现象。"

"同时，河流对于人们的文化心理也产生很大的影响。这些大河流域的文明具有一些共同的文化特点。首先这些地区的集体主义意识非常强烈，这和最初的农耕经济有很大的关系，因为在农耕经济当中，个人的利益就是建立在集体利益的基础上的，所以整个社会文化对个人主义十分淡化，对集体主义十分重视，在这种趋势的发展下逐渐形成了君主专制制度。其次是内心封闭，缺乏创新意识。因为这些处于大河文明地域的人们始终都在河流流域附近生活，可能一生都不会

草原文明、大河文明和海洋文明

草原文明

由于生存环境很差，因此人类只能逐水草而居，过着漂泊的生活。这种文明具有很强的侵略性，生存能力很强。

大河文明

生活在大河和大江附近的人们，创造了辉煌的文明。农业文明使得人口增加，收入稳定，人们可以用更多的人力和财力去发展文化。

海洋文明

海洋文明介于草原文明与大河文明之间，由于所处地域狭小，因此海洋文明的国家都有着很强的开拓精神和危机意识。

搬家，所以他们对自己的家园有非常深厚的感情，也不愿意再去认识和了解其他的新鲜事物，所以这种文化是相对内向和保守的。大河文明还有一种文化思想是讲求秩序、维护和谐，这是因为在农耕经济发展的背景下，人们一年四季都是根据农作物的生长来安排自己的生活，久而久之，就形成很多与农业相关的生活习惯。这些习惯正是最早的秩序。一直到今天，这些秩序都有着非常重要的影响。"

纳什老师看到佩罗老师讲完了，接着说："我还想做一点补充。刚才佩罗老师讲的是河流对于文明古国的影响，其实河流对于现代的城市也有着非常重要的影响，在此我简单做一下介绍。第一方面，河流影响着城市用水。因为城市是人口密集的地区，所以城市是离不开水源的，很多城市都是利用河流解决人们的用水问题的。第二方面，河流影响着城市交通。城市交通分为陆路交通和水路交通，如果一个城市紧靠河流，就可以达到这两方面交通的便利，能够极大程度地缓解城市的交通压力。第三方面是河流对城市环境的影响。世界上有很多著名的城市都有河流穿过，例如巴黎、伦敦等，这些河流成为城市当中最美的风景，同时能够改善大气的质量，使人们的生存环境更加美好。第四方面是河流对居民日常生活的影响。因为城市用地非常紧张，文化娱乐的场所非常稀少，所以河流能够为居民提供一个非常好的娱乐场所，有效提高人们的生活质量。此外，河流还可以调节气候、形成绿色植被带等，这些都对城市有重要的影响。"

可控的洪水

达西老师看两位老师讲了半天，他也想与大家分享一些知识："下面我想要讲的是一个关于水文的自然灾害现象。说起洪水，大家应该都不感到陌生吧！同学们能聊聊你们对于洪水的印象吗？"

同学们纷纷点头。一位同学说："在电视上经常能够看到我国的一些南方城市发生洪水，这些灾害会给那里的百姓的生活带来灾难。非常可怕！"

还有一位同学站起来说："我家就在南方，虽然我没有见过很大的洪水，但是我曾经听家里人讲过洪水的事情。在农村很容易发生洪水,尤其是在雨季的时候。一到这个时候,老百姓可能举家都要迁移,等回来之后可能整个村庄都消失了。"

同学们听着这样的叙述,都觉得有些悲伤。达西老师说:"中国有一个成语是'洪水猛兽',这大概就能够说明洪水的破坏性吧。今天我们从地理的角度全方面地了解了洪水。首先我们要说的是洪水的定义。洪水指的是由于暴雨、风暴潮、突然的融冰化雪等因素形成的江河湖海水量迅速增加、水位迅猛上涨的水流现象。当流域内发生暴雨或融雪现象的时候,河流的径流会明显增加,经过很多河流的汇集,使得河流的水位上升非常明显,在这种情况下就会发生洪水。"

有同学说:"这个过程听起来好像也并不复杂,但是怎么就能够造成那么大的伤害啊?"

另一位同学说:"南方的雨实在是想象不到的大,有时候可能连续下好久,一刻都不停,在那种情况下,当然就非常容易发生洪水了。"

达西老师继续讲:"洪水的产生过程大致可以分为几个步骤。首先是因为暴雨或融雪,导致河流的流量变大,在这种情况下,水位上涨,这就是洪水起涨。当河水的流量增到最大值的时候,这时的河水流量被称为洪峰流量,相对应的最高水位为洪峰水位。暴雨停止后,地表的水量逐渐流出,河水的流量和水位都回到原来的状态。在这个过程当中,洪水先是起涨然后再回落,整个过程都是一个具有连接性的曲线,称为洪水过程线。因为我们在进行理性分析,所以将整个洪水发生的过程都有所简略,但是实际上一场洪水的发生,有时候可能是因累计两三个月的暴雨,在这种情况下,危害是非常大的。"

同学们听到老师讲的这些,都有些不敢相信:"真的会有两三个月不停的暴雨吗?"

达西老师说:"当然,这是非常极端的例子,但是在历史上是肯定有的。**1998年发生在中国的特大洪水就是这样**。下面我们来分析洪水产生的原因。我们要承认,

赵业婷老师评注

　　1998年,中国气候异常,6月12日到8月27日,整整77天里,汛期主雨带一直在长江流域南北拉锯及上下摆动。长江流域在经历了冬春多雨和6月梅雨季节之后,7月下旬迎来了历史上少见的高强度"二度梅",水位长期居高不下,8月,长江上游的强降雨进一步加剧了长江中下游地区的洪涝灾害。一次又一次冲击大江堤坝的洪峰,给沿江各省市的工农业生产及人民群众生命、财产带来巨大威胁和损失。

森林的调洪作用

森林林冠	通过它巨大的叶面截滞暴雨的一成到三成
枯枝落叶	具有储存雨水的功能
地表	增强了地表的伏渗能力,使大量急速的地表径流变成了缓慢的地下径流
土壤	森林可以改变土壤的地表结构,增强储存降水的能力
根系	森林根系庞大,有固土作用,调节洪水注入江河的泥沙

在人类的总数不断增长的过程当中,洪水的频率才开始不断增多,所以说洪水的产生和人类的行为有着非常密切的联系。在人口迅速增长的背景下,出现了扩大耕地、围湖造田、乱砍滥伐等各种破坏自然环境的行为,这些行为都会不断改变河流的条件、地表的形态,不断加剧洪灾的程度。"

张小凡迫不及待地提问说:"在这些原因当中,哪个原因是最关键的呢?"

达西老师说:"这个问题问得非常好!在这些原因当中,最为严重的一个原因就是森林破坏。人们其实是无法真正控制降水的,但是降水由天、调水由人,洪水的发生往往并不是因为降水太多,而是因为地表对水流的调节作用太弱。这就不得不说到森林。森林是陆地生态系统当中尤为关键的一部分,具有涵养水源、保持水土、调节气候等多种功能和作用,尤其是对削减洪水的影响有很大的作用。对森林的砍伐,可以说是对河流影响最大的一种行为,因为这会间接引发洪水。所以说,洪水现象的频发其实都是源自于人类自身的行为,所以人类始终应该注意保护环境,保护植被和河流,这样才能够有效控制洪水。"

最后,还是由佩罗老师对这次峰会进行总结。佩罗老师说:"这次我们的峰会主要讨论的主题是水文,我们讨论了地球上的水的认识,水对文明的影响,以及水带来的灾害,相信这些问题会对大家有一定的启发。在这次峰会中,我看到同学们的参与性非常高,很多问题回答得都非常出色,希望大家能够继续保持对地理学习的热情,我们有机会再见!"说完,三位老师一起鞠躬,离开了教室。

推荐参考书

《泉水之源》 佩罗著。这本书是佩罗的代表作品。在这本书中,他将他之前在进行降水勘测过程中遇到的问题记录了下来,书中的结论得到了精密观测的证实。因此,这本书被公认为科学水文学的开端。

第七堂课

莫里、福布斯、埃克曼讨论"海洋"

> 浩瀚的海洋，是人类未知的旅程。

莫里/福布斯/埃克曼

马修·方丹·莫里（1806—1873），美国著名水文学家、海洋学家，海洋学创始人之一。他曾在美国海军天文台和水道测量处任职，绘制大西洋、太平洋、印度洋的海风和海流图。他绘制的大西洋海床图为铺设横贯大西洋的海底电缆提供了根据。他的作品《海洋自然地理》一书是海洋学的经典著作。

爱德华·福布斯（1815—1854），英国海洋生物学家，海洋生态学的开拓者。他先后在爱尔兰、法国、瑞士、德国、阿尔及利亚等国海域和地中海，从事海洋探险和生物学考察，发现了海洋生物垂直分布的分带现象，按深度将爱琴海的生物划分为八个带，开创了海洋生物地理学的研究领域。他曾经和R.戈德温-奥斯汀合著的《欧洲海的自然史》，被公认为海洋生态学的第一部论著。

沃恩·华费特·埃克曼（1874—1954），瑞典物理海洋学家，以研究海流动力学著称，是发展物理海洋学的先驱。他设计制造了能同时测量流速和流向的"埃克曼海流计"，建立了海洋中的风生漂流和梯度流理论。

林安这次一个人往地理峰会的现场走去。因为张小凡说他去海边度假旅行了，不一定能够赶上这次的峰会，所以他就一个人前往峰会了。

但是没想到他一进教室就看见张小凡坐在前排冲着他招手，于是林安兴奋地走过去。林安顺势坐下来，说："张小凡，你不是去海边度假旅行了吗？怎么赶回来参加地理峰会了？"

张小凡说："我太喜欢地理了，就赶回来听老师讲课了。"

林安说："哈哈，其实你比刚开始进步多了，竟然放弃度假来学习，真是让我刮目相看啊！"

解密海洋

他们聊着聊着，看见三位外国老师已经落座，于是赶快安静下来。

第一位老师穿的竟然是美国海军的军装，身姿非常挺拔，一进来就向同学们敬礼，同学们都有些不知如何应对了。他自我介绍说："大家好，我是莫里，曾经在美国海军天文台和水道测量处任职，对海洋有所研究，非常高兴能够受邀参加这次的地理峰会，我会和大家一起讨论海洋知识的。"莫里老师说完，教室响起了非常热烈的掌声。

另两位老师依次自我介绍。第二位老师叫福布斯，第三位老师叫埃克曼。福布斯老师显然是三位老师当中最有资历的一位，他说："诚如莫里老师所说，今天我们地理峰会的主题是海洋，同学们对这个主题感兴趣吗？"

张小凡激动地说："老师，我对这个主题特别感兴趣。我刚从马尔代夫度假回来，在那里我感受到阳光、沙滩和水，觉得生活非常闲适，我还体验了潜水，到海里摸了海底生物。没想到我刚从海边度假回来就赶上这次地理峰会，讨论的话题竟然就是海洋，太巧了！"

同学们听了都向张小凡投去了非常羡慕的目光，老师们也觉得这真是一件非常有意思的事情。埃克曼老师说："这说明你和海洋的缘分不浅。所以今天的峰会你一定要认真听,这样还能让你加深马尔代夫之行的感受。"

张小凡连连点头。

福布斯老师开始讲:"我先来讲一些最基本的概念。海洋指的是地球上最广阔的水体。其实海洋是一个合成词,'海'指的是海洋的边缘部分,'洋'指的是海洋的中心部分,合起来成为是海洋。地球上海洋的总面积大约有3.6亿平方千米,占地球表面面积的71%,海洋中所占的水量占地球总水量的97%。"

听到这几个数据,同学们纷纷发出惊叹的声音。

福布斯老师说:"刚才介绍的知识只是我们已知知识的一小部分,人类对海洋的探索其实还远远不够。就海底世界来说,人类目前探索到的海底世界其实只有全部海底的5%,还有95%的海底对人类来讲是完全未知的。"

听到福布斯老师这么讲,同学们对海洋更加好奇了。

福布斯老师接着说:"下面,我来阐述一些与海洋有关的基本知识。首先要讲的就是海和洋的区分。洋是海洋的中心部分,是海洋的主体,占海洋面积的89%,一般来讲,大洋离陆地是比较远的,所以很少受到陆地的影响,它的水温和盐度都没有太大的变化。但是每个大洋又被大陆隔开,所以大洋之间又是相对独立的,有各自的洋流和潮汐系统。现在世界上一共有五个大洋,分别是太平洋、印度洋、大西洋、北冰洋、**南冰洋**。"

一位同学听了福布斯老师的讲解,说:"这么说我们平常看到的都不是洋,而是海了?"

福布斯老师说:"的确是这样的。下面要讲的就是海。海在我们平常来看就是海水、沙滩,也就是我们到海边旅游时看到的地方,大家应该是非常熟悉的。海在洋的边缘,是大洋的附属部分。海的面积占海洋的11%,海的水深比较浅。但是海水离大陆比较近,所以会经常受到大陆、河流、气候的影响,而且海水本身的温度、

赵业婷老师评注

南冰洋也叫南极海、南大洋,是世界第五个被确定的大洋,是世界上唯一完全环绕地球却没有被大陆分割的大洋。南冰洋是围绕南极洲的海洋,是太平洋、大西洋和印度洋南部的海域。很长一段时间人们认为太平洋、大西洋和印度洋一直延伸到南极洲,南冰洋的水域被视为南极海。但因为海洋学上发现南冰洋有重要的不同洋流,所以国际水文地理组织于2000年确定其为一个独立的大洋。

盐度、颜色等都会受到陆地的影响。而且海没有自己独立的潮汐和河流，只是受到很大的外界影响。例如在夏天的时候，海水会变暖，冬季的时候，海可能也会结冰；在多雨的季节，海水会变淡，少雨的季节，海水相对较浓；河流可能会夹着泥沙流向海水当中，影响海水的透明度。海可以分为边缘海、内陆海和地中海。"

"其实对于海洋，还有其他的分类方法，但是在这里我们就只讲最为常见的一种分类类型。下面要讲的是海洋的形成，大家对这个问题一定非常好奇。请埃克曼老师为我们来讲解吧。"

听到老师说起海洋的形成，同学们的确都非常感兴趣，纷纷讨论起来。

埃克曼老师说："请同学们安静。有研究证明，地球形成之后，首先在地球周围形成一层气水合一的圈层，然后地球经过不断的运动，表面形成各种不同的形状，从而形成了各种凹凸不平的地形类型。但是在很长一段时间当中，这些地形中并没有水存在，因为地球中的水汽和大气一起存在于大气当中。后来地壳冷却，大气的温度也慢慢降低，于是水汽和天空中飘浮的尘埃与火山灰凝结，形成了水滴，最终越积越多，形成狂风暴雨的天气。据相关科学研究表明，当时的雨一直下了几百年，使地面形成千沟万壑的形态，也形成了最原始的海洋。"

一位同学站起来提问："原始的海洋和现在的海洋是一样的吗？"

埃克曼老师回答说："最原始的海洋和现在的海洋肯定是不一样的。原始的海洋是酸性的，而且缺氧，经过亿万年的过程，海水不断蒸发、成云致雨落到

海的分类

类型定义	举例
边缘海既是海洋的边缘，又临近大陆前沿，一般由一群海岛把它与大洋分开	中国的东海、南海是太平洋的边缘海
内陆海，即位于大陆内部的海	如欧洲的波罗的海等
地中海是几个大陆之间的海，水深一般比内陆海深一些	如欧洲的地中海等

地面，在这个过程中将陆地和海底当中的盐分溶解，再汇集到海洋当中，最终才形成了像今天这样比较均匀的海洋水。在原始的自然环境当中是没有氧气的，太阳中的紫外线可以直接到达地面，所以当时的原始海洋就成为最先诞生生物的地方。在38亿年前，海洋中首先产生了单细胞生物，然后又有了海藻类，之后随着海藻类不断进行光合作用，才逐渐产生氧气，形成**臭氧层**。在这种情况下，生物才开始走上陆地。"

莫里老师问："大家还觉得海洋有什么特殊的性质呢？"

"咸！"好多同学异口同声地说出这样的一个特点，大家都笑了。

莫里老师也笑着说："哈哈，你说的这个性质的确非常显著。海水所含的盐分是不同的，平均的量是3.5%。这主要是因为在海水当中有大量的无机盐，最常见的就是氯化钠，也就是我们日常食用的食盐。"

有一位同学提问说："海水当中为什么会有这么多盐类呢？"

"海水当中的一部分盐类来自海底火山，另一部分盐类来自地壳当中的岩石。岩石风化之后崩解，释出盐类，再由河水带到海里去。同时因为海水不断地产生蒸发和凝结的作用，所以海水在蒸发之后，就留下了水中的盐，这些盐分不断积累，就形成了现在这样的浓度。"

同学们听完老师的这部分讲解，都觉得关于海洋的知识增长了不少。张小凡对身边的林安说："我即便是去马尔代夫玩了一段时间，也完全没有这样的知识储备，根本领略不到那种自然风光的神奇。我相信我要是听完这次峰会再去马尔代夫，一定会有不一样的感受。"

林安看他兴奋的样子，说："你这么说确实也挺有道理的，那下次我们一起结伴去海边玩儿吧，顺便可以看看老师讲的这些是不是真的！"

赵业婷老师评注

臭氧层指的是大气层的平流层中臭氧浓度相对较高的部分，主要作用是吸收短波紫外线。大气层的臭氧主要是紫外线打击双原子的氧气分子，把它分为两个原子，然后每个原子和没有分裂的氧气分子合并形成的。臭氧分子不稳定，紫外线照射之后又分为氧气分子和氧原子，形成一个持续的臭氧—氧气循环，如此产生臭氧层。

海洋运动

莫里老师开始讲下一部分的内容:"我们都知道,海洋对于人类的生存发展有非常重要的意义,在海洋环境当中,最重要的就是海洋的运动。海洋有多种运动形式,大家可以说一下你们了解的海洋运动有哪些吗?"

同学们纷纷回答,有的说"洋流",有的说"潮汐"。

莫里老师说:"非常好。首先我们要讲的就是洋流。洋流是海洋运动当中最重要的一种形式,又称为海流。洋流指的是大洋表层的海水常年大规模地沿着一定方向进行的比较稳定的流动。洋流是由于海洋表面的风力和热盐效应造成的海水密度不均匀引起的海洋内部的运动变化,这两种形式的动力分别表现为海水表面的风应力和海水中的水平气压梯度力。同时由于地转偏向力的作用,使得海水既有水平的流动,也有垂直的流动,这就使得海水因为时间变化产生各种不同的洋流变化。"

"洋流按照温度的高低,可以分为暖流和寒流。暖流指的是洋流的水温比到达的水域的水温高,一般是从低纬度流向高纬度的洋流。寒流指的是洋流的水温比到达的水域的水温低,一般是从高纬度流向低纬度的洋流。如果寒流和暖流相遇,可能就会在海面上形成海雾。因为洋流会携带温度和降水,所以洋流系统

洋流分布特点

区域	特点
赤道以北的北印度洋	冬季吹东北季风,表层海水向西流,洋流呈逆时针方向流动;夏季吹西南季风,表层海水向东流,洋流呈顺时针方向流动
赤道至南北纬40°或60°之间	形成低纬度环流,其流向在北半球呈顺时针方向,南半球成逆时针方向
北纬40°或60°以北	形成高纬度环流,环流方向为逆时针方向

对于沿海地区的气候也有着很重要的调节作用，对经过地带的降水和温度都有重要的影响。暖流则对沿途气候有增温、增湿的作用，寒流对流经的地区气候有降温、减湿的影响。

"按照洋流的成因，可以将洋流分为三种主要的类型，分别是风海流、密度流和补偿流。风海流也被称为吹送流，指的是受风力作用影响产生的洋流。我们之前曾经了解过地球上的气候，了解在地球上有不同的风带，所以盛行风在吹拂海面的时候，就会使得海水随着风漂流，这不仅仅是海水表面的流动，上层的海水还会带着下层的海水一起流动，形成大规模的洋流。世界上的洋流大多属于风海流，风海流还会随着陆地形状和地转偏向力产生一定程度的变化。第二种类型是密度流，密度流指的是在密度差异的条件下引起的海水流动。"

有同学问："海水的密度怎么会变化呢？"

"海水的密度会随着海水的温度和盐度而变化，在不同的海域当中，由于海水的密度不同，就会造成水位的差异，产生海面的倾斜，在这种情况下形成的海水流动就是密度流。"

又有同学提问说："还会有其他原因造成海水密度的变化吗？"

"在海洋上发生的降水、蒸发、结冰、融冰等效应，都会造成海水密度在很大范围内分布不均匀，这些都是产生密度流的原因。"

莫里老师看大家没有别的疑问了，继续讲道："第三种洋流的类型是补偿流。补偿流指的是因为海水的挤压或分散，会造成某个海区的海水比较少，这个时候，相邻海区的海水就会过来补充，这样就形成了补偿流。补偿流既可以是水平的流动，也可以是垂直的流动。"

有同学问："刚才我们提到过洋流对于气候会有一定的调节作用，除此之外，洋流还有什么作用呢？"

莫里老师答道："首先，洋流会对海洋中的生物分布产生影响，主要是影响渔场的形成。全球的大渔场主要就是分布在寒暖流交汇的地方，或者是有上升补偿流的地方。这两种洋流都能够将海底的营养物质和盐类带到海洋的表层，这样就能够使生物大量繁殖，所以很多鱼类都在这些海域觅食，最终就形成了**渔场**。其次，洋流对于航海也有很大的影响，如果顺着洋流行走，船只的航行速度就会很快；如果逆着洋流行走，船只的航行速度就会很慢。最后一个方面是洋流的负面影响，洋流会造成非常严重的海洋污染。如果一个地方的海洋受到污染，随

赵业婷老师评注

世界四大渔场分别是日本的北海道渔场、英国的北海渔场、加拿大的纽芬兰渔场，以及秘鲁渔场。其中前三个渔场都是在寒暖流的交汇处，秘鲁渔场位于上升补偿流的海域。

着洋流的运动，会把这些污染物质带到其他的海域当中，海洋的污染范围就会快速扩大，当出现石油泄漏之类的事故的时候，很多海洋地区都会受到影响，会严重破坏整个海洋环境。"

莫里老师继续讲下一部分，他说："之前就有同学提到了另一种海洋的运动方式——潮汐。潮汐指的是地球上不同的海域范围之内，因为距离地球和太阳的相对位置是不同的，所以受到的引力存在一定的差异，导致海洋产生的一种相对运动。广义的潮汐指的是地球的岩石圈、水圈和大气圈都会因为日月的吸引力产生周期性的运动和变化。但是狭义的潮汐指的就是海洋的变化。潮汐被称为海洋的呼吸。我们把海面周期性的涨落称为潮汐，海水周期性的水平流动称为潮流，潮流与海流不同之处就在于，潮流具有严格的周期性。"

张小凡举手提问说："潮汐有什么规律呢？我怎么从来没有发现过？"

马修老师说："在很早以前，人们就意识到海水的涨落是很有规律的，初一和十五的时候会涨大潮。有的地方每天都会出现两次高潮和两次低潮，可将其称为半日潮；有的地方一天只有一次高潮和一次低潮，被称为全日潮；还有些地方的潮起潮落的时间是不等的，被称为混合潮。这些不同的潮汐规律对于海边的人们的生活具有非常重要的意义。"

张小凡继续提问："是什么原因造成了这种潮汐变化呢？"

莫里老师说："月球和地球之间的距离比较近，所以地球上的潮汐受月球引力的影响比较大。每逢农历的初一和十五，地球上的潮汐受到太阳和月亮的共同作用力，一定会出现涨潮和落潮的现象。"

莫里老师接着讲："其实波浪运动也是海洋当中一种非常常见的运动方式，波浪的运动是因为受到海风的作用和气压的变化，这样的影响使得海洋中的水可能会离开之前的平衡位置，产生向上、向下、向前、向后的各种运动的方向，于是就形成了波浪。我相信每个去过海边的人都见过波浪的运动。"

张小凡又说："是的，我在马尔代夫的时候，很喜欢坐在沙滩上看海浪。看

潮汐的作用

海底潮汐发电站

观潮成为一项旅游资源

着海浪一点点从远方打过来,觉得海洋好像是个非常调皮的孩子,特别可爱!但是这种波浪究竟是怎么形成的呢?"

莫里老师说:"波浪是海水的一种有规律且有起伏的运动形式。当波浪朝着岸边涌来的时候,水的深度越来越浅,所以下层水的上下运动就会受到阻碍。但是由于物体的运动具有惯性,因此海水的波浪就一浪高过一浪,此时下层的水也具有越来越大的惯性,最终这种惯性会使得海浪成为不断向海滩上击打的浪花,就形成我们都见过的海浪。"

海洋资源

福布斯老师说:"最后我们要讲的就是海洋对人们生活的重要意义。我们已经知道,海洋在地球上占的比重非常大,但是我们对于海洋的了解实际上却非常少,对海洋的利用也是极其微弱的。再加上现在世界上的人越来越多,资源越来越紧张,所以人们对于资源的需求与日俱增。为了能够解决好这些问题,对于海洋资源的利用也显得尤为重要。而且经过很多海洋学家的研究表明,海洋在人类社会的发展过程当中将会起到非常重要的作用。"

"第一方面,海洋具有非常重要的生物意义。首先是要发展海洋牧业,即将各种科学技术应用到海洋渔业当中,注重科学合理地使用海洋中的资源做天然饵料,这样就能够使鱼类很好地生长,然后再进行科学捕捞。这种新型的海洋渔业与之前比较粗放的渔业比较起来,更加合理和环保。其次是要使海洋成为人类的第二粮仓。我们都知道,目前人类对于海藻的食用越来越多了,海藻中含有大量的蛋白质,在一定程度上相当于我们粮食当中大豆的作用。此外,海洋当中的各种动物、植物和微生物具有**很高的医学价值**。海洋生物种类特别多,而且很多生物具有非常奇特的结构,这些生物可能会在抗癌、抗病毒、抗放射性和抗衰老等方面有特殊的功效。

"第二方面是海洋矿物资源的价值。海洋中有丰富的矿产资源,石油、天然气的含量都比较高,海洋中的油气资源具有高速和高效的特点。除此之外,海洋中的砂矿资源也非常丰富,砂矿主要有金刚石、金、铂、锡等金属、非金属、稀有和稀土矿物等数十种,这些资源都有很高的利用价值。

赵业婷老师评注

海参是一种含有高蛋白的名贵海味,有几种海参会从肛门释放出一种毒素,这种毒素具有抑制肿瘤的作用。牡蛎鲜美可口,不过,它更大的价值却是它所含的一种抗生素,这种抗生素具有抗肿瘤的作用。鲨鱼是一种古老的海洋性鱼类,在全世界分布较广,1985年,上海水产学院和上海肿瘤研究所的专家们首次发现鲨鱼血清在体外对人类红细胞性白血病肿瘤细胞具有杀伤作用。

海底空间资源的利用

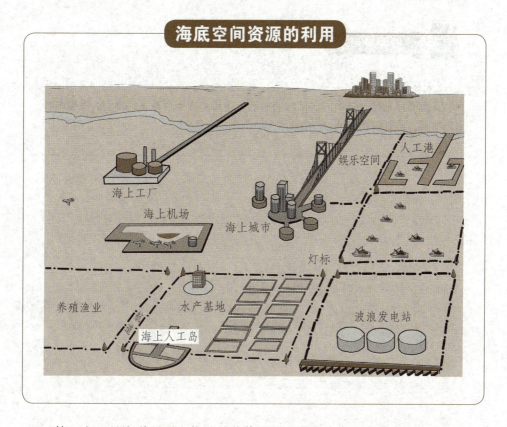

"第三方面是海洋可再生能源的价值。因为海洋中蕴含各种各样的能量,比如潮汐能、温差能、盐差能、海流能和波能,这些能源都是来自于海洋本身的,具有可再生性、永恒性、无污染、分布广、数量大等强大优点,很多国家已经建立起潮汐能电站、波能发电站,这些都具有非常先进的意义。"

旁边的莫里老师说:"不过请大家想一想,如果对海洋资源进行开发,是不是最终有一天会使得海洋的资源变得匮乏?"

福布斯老师不紧不慢地说:"是的,因此我们对任何资源的开发利用都应该有一定的原则,首先是在使用的过程中要采用科学合理的方法,其次是开发要有一定限度。只有把握好这两项原则,在保护的基础上加以利用,才能真正达到理想的效果。"

同学们都觉得受益匪浅。今天的峰会就这样结束了。

推荐参考书

《无尽深蓝》 西尔维亚·厄尔著。本书用图片的形式记录了从珊瑚海到太平洋，从大西洋到印度洋的辽阔海域的自然风貌和海洋生物景观，其中有一百多幅摄影作品，具有很高的研究价值。

第八堂课

盖奥特、麦金德、詹茨讨论"冰川"

冰川占到地表淡水资源的69%左右,是地球上重要的水体之一。

盖奥特/麦金德/詹茨

阿诺德·亨利·盖奥特(1807—1884),著名的冰川研究者,在冰川结构、冰川运动,特别是快速冰流领域享誉盛名。

哈尔福德·麦金德(1861—1947),伦敦政治经济学院的联合创办人,并协助创立了英国地理协会、雷丁大学,担任英国地理协会会长。

威廉·詹茨(1570—1630),荷兰航海家,首位发现澳大利亚的欧洲人。

今天天气终于放晴,林安和张小凡两个人早早就到了地理峰会的教室。

张小凡说:"不知不觉,咱们已经参加了七次地理峰会了。"

林安笑着说:"是啊,我也没有想到你竟然能够坚持来七次!"

"我对地理越来越感兴趣了,真的!"张小凡认真地说。

"看来地理峰会对你的影响真的不小啊,希望我们以后都能一起来参加,等峰会结束之后你肯定会更有收获的。"林安对着张小凡说,张小凡也激动地点了点头。

冰川的基本概念

"亲爱的同学们,大家好!今天峰会的主题是冰川。我是本次峰会的老师盖奥特。"第一位老师徐徐站起身来跟大家打招呼,并依次向大家介绍另两位老师:麦金德、詹茨。

张小凡听到这些,对林安讲:"今天的主题竟然是冰川,我觉得我们的生活好像和冰川的联系并不大,我从来没有见过冰川。"

林安说:"我好像也只在电影当中见过,之前风靡全球的电影《泰坦尼克号》不就是因为撞上冰山所以沉船的吗?所以说冰川应该还算是一项非常重要的地理知识。"

盖奥特老师听到林安的话,说:"这位同学说得不错。不过,冰山和冰川还是有不一样的地方。冰山是一块很大的冰,但是已经脱离了冰川和冰架,在海洋当中四处漂流。我们都知道,冰的密度是小于海水的密度的,**根据阿基米德定律**我们就能够知道,自由漂浮的冰山实际上有90%的

赵业婷老师评注

阿基米德定律是流体静力学的一个重要原理,它指出,浸入静止流体中的物体会受到浮力,其大小等于该物体所排开的流体的重量,方向垂直向上并通过所排开流体的形心。这个结论是阿基米德首先提出的,故称阿基米德定律。

体积都沉在海面以下，因此若仅依据漂浮在海面上的形状并不能够猜出冰山的形状。"

麦金德老师补充说："所以有这样的说法，叫作'冰山一角'，指的是事物只露出来表面的一部分，实际上有更多东西被掩藏在水面之下。冰山是非常结实的，在低温的环境当中特别容易对金属造成毁坏，所以在海洋运输当中是非常危险的因素。"

同学们听着，好像感受到《泰坦尼克号》当中的那种悲情和混乱，不禁伤感起来。阿诺德老师说："同学们，所以我们才要了解冰川，了解了冰川和分布，我们就能够更好地避免这些灾祸。"

同学们觉得确实如此，于是纷纷打起精神来听课。

詹茨老师继续讲道："首先由我来为大家介绍冰川的基本概念。冰川指的是极地或高山地区的地表上存在多年的、并且沿着地面进行运动的天然冰体。冰川一般是多年的积雪经过压力、结晶、冰冻之后形成的。它通常具有可塑性，具有

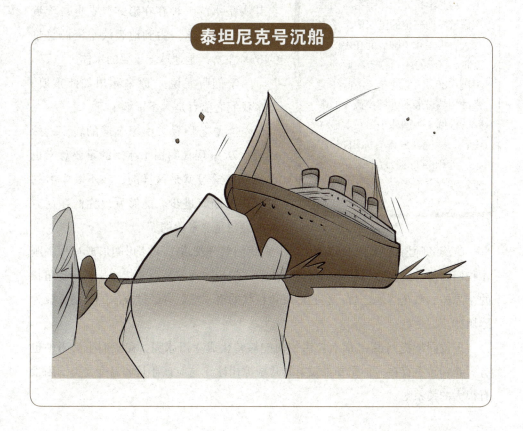

泰坦尼克号沉船

一定的层次和形态。在重力的作用下，可能会产生流动或滑动。"

一位同学说："可是我们依然觉得冰川离我们很遥远啊！应该在世界上的分布也很少吧！"

詹茨老师说："并不是这样的，现代冰川覆盖的总面积占到所有陆地面积的11%左右，是很大的比重。我们之所以对冰川不熟悉，是因为它一般都分布在高纬度的地区或者是中低纬度的高山地区。在南北两极，冰川几乎覆盖了整个极地，因此又被称为大陆冰川或冰盖冰川。在中低纬度高山地区分布的冰川被称为山岳冰川或高山冰川。地球上的冰川面积的97%、冰量的99%都分布在南极冰盖和格陵兰冰盖。山岳冰川最发达的地区就是亚洲中部的山地，**中国也分布着不少山岳冰川**。"

"冰川还有一个非常重要的意义，就是它其实是水的一种存在形式，它也是珍贵的淡水资源。冰川占到地表淡水资源总量的69%左右，是地球上重要的水体之一。"

同学们听完说："原来冰川如此重要，看来我们之前真是太不了解了。"

麦金德老师看着大家态度的转变，然后说："大家现在明白了冰川的重要意义也不晚啊！学习就是这样的，在不断学习的过程中不断有进步。能够看出你们在这方面的表现是非常棒的。"

詹茨老师清清嗓子继续说："接下来我们就仔细讲一下冰川的形成过程。刚才我们已经讲到，冰川是由积雪转化成的。最初的降雪是羽毛状、片状或多角状的结晶体。雪花落地之后，会先形成颗粒状的雪，然后再经过成冰的作用，成为冰川冰。"

一位同学提问说："那么粒雪如何能够转化成冰川冰呢？在我们生活当中也有雪花和粒雪存在，但是却都没有转化成冰川冰，这应该还是和温度之类的因素有很大的关系吧？"

赵业婷老师评注

中国是中低纬度带上的冰川第一大国。除了南北两极，其他地区的冰川只能发育在高山上，称为山岳冰川。山岳冰川面积居世界前三位的国家依次是加拿大、美国和中国。而在中低纬度带，66%的冰川分布在亚洲，中国占30%，是世界上中低纬度带冰川数量最多、规模最大的国家。根据《中国冰川目录》最终统计，中国共发育有冰川46377条，面积59425平方千米，冰储量5590立方千米。

詹茨老师笑笑说："当然和温度有一定的关系，下面我就主要介绍粒雪转化成冰川冰的过程。这个过程主要有两种形式，分别是冷型成冰作用和暖型成冰作用。其中冷型成冰指的是在低温干燥的环境当中，积雪不断架构，下层的雪会受到上层的雪的重压，然后发生塑性变形的过程。在变形的过程当中会排出其中的空气，增大密度，使粒雪变得紧密起来，形成重结晶的冰川冰。因为这种冰川冰的形成都是依靠重力作用，当中有很多气泡，所以形成的冰川冰的密度比较小。南极大陆的冰川冰就是这样形成的，形成过程需要千年左右，最终冰会从白色逐渐变为蓝色。"

"第二种作用是暖型成冰作用。这种作用指的是粒雪层在太阳的照射下，表面的冰雪会有一部分消融。这些消融的水分子一部分会由于升华作用附着在冰粒上，还有一部分会融成水下渗，附着在粒雪的表面，再次冰冻。在这样反复进行的过程当中，冰粒的体积会不断增大，粒雪冰逐渐增厚，下部受到水的下渗和压缩，不断排出空气，从而使得冰川冰的空隙很少、密度很大，最终会形成完全透明的天蓝色的冰川冰。"

"哇！"张小凡听了老师的描述，不禁陶醉在其中："老师您的描述太浪漫了，平常看到的白色的雪已经很美了，您说的这种天蓝色的冰川一定更美。可能像钻石，或者像宝石一样吧！"

林安看着身边的张小凡说："文科生果然浪漫啊！"

詹茨老师点点头说："各学科之间都是相通的啊，这位同学的想象力非常强。如果是文学院的学生，可以试着将这种感受写出来，一定能够吸引更多具有文学想象力的人去了解冰川。"

冰川的地貌

盖奥特老师接着说："相信经过詹茨老师的讲解，大家已经对冰川有了一定程度的了解了。但是因为冰川距离大家还是相对遥远的，几乎所有同学都没有见过冰川，所以我们还是要对冰川进行具体的描述。我们通过讲述一些非常基本的概念，加深大家对冰川的了解。"

同学们都显得特别有兴趣。盖奥特老师看着大家兴致勃勃的样子，讲课也特别有动力，他走到同学们的中间讲："首先要讲的一个概念就是雪线。雪线指的是常年积雪带的下界，也就是年降雪量和年消融量相等的平衡线。在雪线以上的部分，年降雪量大于年消融量，表示降雪量是逐年增加的，会形成常年积雪，并最终发育成冰川。在雪线以下的部分，则是年降雪量小于年消融量，无法形成积雪。但是一个地方的雪线的位置并不是固定不变的，而是会由于纬度、季节等原因产生各种各样的变化。例如在全球范围内，雪线从赤道向两极地区逐渐递减，在珠穆朗玛峰北坡上，雪线的高度是6000米左右，但是在南北极地区，雪线在海平面上。纬度原因其实也就是气温的原因，也就是说雪线的高度与气温是成正比的，温度越高的地方雪线越高，温度越低的地方雪线也就越低。气温从赤道向两极递减，所以雪线的高度也是从赤道向两极递减。就季节原因来讲，在冬季和夏季，由于气温不同对于雪线一定会有影响。但是一般习惯在夏季对雪线进行测定。"

"雪线受到地形的影响主要分为两个方面。第一个方面是坡度，第二个方面是坡向。坡度的影响指的是在陡坡上不容易积存降雪，所以雪线会比较高；在相对平缓的坡上降雪容易聚集，所以雪线会比较低。坡向指的是阴坡和阳坡，一般来讲阳坡是日照比较强的一面，阴坡是日照比较弱的一面。**阳坡受到的光照比较强，融雪比较多，所以雪线比较高；阴坡受到的光照比较弱，融雪比较少，所以雪线比较低。**

"接下来将为大家讲解冰川地貌。冰川地貌指的是在冰川地带由于冰川作用塑造的各种地貌类型，属于气候地貌。说起冰川地貌，不知道大家有没有多少了解一点儿呢？比如说冰碛、冰面湖、冰斗等概念，大家都听说过吗？"

同学们纷纷摇头说："没听说过！"

盖奥特老师说："没有关系，那我就

赵业婷老师评注

在喜马拉雅山上，南坡的雪线在4000米左右，北坡的雪线高达5800米。南坡是北半球的阳坡，由于高大的山脉对气流产生阻挡作用，使得南坡的降水特别多，所以影响了雪线的高度。雪线最终的高度会受到诸多因素的影响。

——为大家讲解吧。首先要讲的是冰碛。冰碛指的是冰川沉积的物质，基本上都是由碎屑的物质组成，大小混杂，既有巨大的石块，也有细微的泥状物质，它的特点是没有成层的现象，在有的地方，含有适应寒冷气候的生物化石。"

同学们问："冰碛是如何形成的呢？"

盖奥特老师说："这就是一个相对复杂的过程了。大家都知道，水结成冰的时候，体积是要有所增加的，所以当已经融化的冰雪水在晚上的岩石裂缝当中重新结冻的时候，对周围的岩体有着很大的侧压力，这种压力会使很多岩石冻裂。冰碛的形成过程大概就是这样。值得一提的是，冰碛形成的这种反应在很多地方都容易发生，比如说在山坡裸露的地方，或冰川底部，或者是岩石缝隙中，都有可能形成这样强大的冻胀力。"

张小凡也听得非常认真，于是他说："这么说来，冰碛的分布应该非常广泛了？"

"是的！"盖奥特老师点点头说，"一般来讲，分布在冰川表面的岩石碎块是表碛，冰川内部的是内碛，冰川底部的是底碛，冰川两侧的是侧碛。侧碛都特别

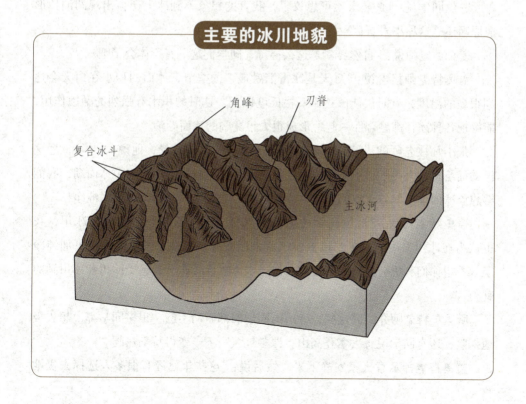

高大，就好像城墙一样，两条侧碛大多交汇在一起，就形成连环形的终碛。对于攀登冰川的人来说，必须首先登临终碛，才能接近冰川。但是也并不是所有的冰川都有终碛，只有冰川长期在这里停顿，才可能形成高大的终碛。"

"要讲的第二种冰川地貌是冰面湖。也许大家很难想象，但是在冰川的表面，确实会出现各种大大小小的湖泊，在一些大的冰川上，冰面湖泊是非常常见的。"

同学们都感到非常惊异："没有想到还会有冰上的湖泊，那些湖泊又是怎么形成的呢？"

盖奥特老师讲："在冰川的周围，有各种各样形状奇怪的角峰，从这些地方常常会掉落岩石的碎屑，冰面湖泊的形成和这些石块有着非常重要的联系。如果这些石块比较小，在阳光的照射下会特别容易受热增温，就会促进周围的冰川融化。在融化的过程当中，小岩块可能会陷入冰川当中，从而在冰川的表面形成圆筒状的冰杯，冰杯的形成速度非常快，所以很快在冰面上就会有大大小小的积水潭。"

一位同学说："真是太不可思议了，我真的想象不到冰上还会出现湖泊！形成原因还是这种小岩石！"

麦金德老师说："自然界就是这么神奇，同学们这下有所体会了吧？"

盖奥特老师接着说："夏天是冰雪消融最多的季节，冰面的积水在白天会达到很高的温度，有时候能够达到 5 摄氏度以上。这时的积水有强烈的融蚀作用，能够把各种冰杯都融合在一起，形成很大很宽阔的冰面湖泊。"

张小凡在老师的讲解下，好像看到了美丽的冰川风景，他说："老师，您这样的描绘真是太美了，本来冰川已经很美了，这下画面当中又多了冰面湖，我能够想象冰面湖反射着天空的蔚蓝，或者是映照着霞光，显得冰川更加纯净！"

盖奥特老师说："这位同学的想象力真是令人叹服。我一生研究冰川，我也认为在冰川当中，最美的风景应该就是冰面湖了，整个画面都显得更加纯净了。希望你们有机会能够去极地地区做一些考察或者旅行，感受冰川和冰川湖的魅力！"

听盖奥特老师介绍完这些，旁边的同学们都激动不已，很多同学都说想去极地探险，还有同学说想去攀登高山，课堂气氛一下子变得特别热闹。

盖奥特老师示意大家安静下来，然后说："**这些年已经有很多人选择去极地**

探险了，相信在今后，这种方式会越来越普遍，很庆幸你们生活的时代这样便利，很多技术条件都能够支持你们的想法，所以你们只要有这样的想法，就一定会有机会实现的。"

同学们都点点头，表示同意。

盖奥特老师继续讲："下面还有几种冰川地貌要讲。冰蘑菇是一种与冰川湖泊相对应的地貌。刚刚讲到在冰川周围会有很多岩石碎块掉落，如果是小的碎块就会形成冰面湖，如果是大的岩石碎块就会引起差别性的消融，因为周围的冰块都化了之后，只有被大石块遮住的地方阻挡了太阳照射，下面的冰没有融化，从而形成了大小不等的冰蘑菇。"

赵业婷老师评注

最早进行南极探险的是英国海军上将詹姆斯·库克，他受英国女王的指派，率领"果断号"和"探险号"两艘船，在1772年至1775年驾船驶入南极，开拓了人类对南极的探险。

"再讲一下粒雪盆。在雪线以上的区域，会有很多从天而降或是从山坡上滑下来的雪，这些雪特别容易在地形低洼的地方聚集，我们都习惯将低洼的地形称为盆地，所以就把这种地形称为粒雪盆。粒雪盆可以说是冰川的摇篮，在粒雪盆当中，会发生雪花的一系列变质作用，并最终形成冰川。在粒雪盆当中形成的冰叫作粒雪冰，进一步受压之后就会形成冰川冰。

"还有其他的地貌，比如说冰洞、冰钟乳、冰塔等，这些形式都是在冰川当中非常常见的地貌类型。同学们可以根据自己的兴趣多去了解一点儿！"

同学们显然兴趣很大，都纷纷在笔记本上记下刚才老师说的各种地貌。

冰川的运动

麦金德老师看到大家这么有兴趣，也开始讲他负责的部分了，他说："同学们，你们知道吗？冰川其实是会运动的。"

同学们都将信将疑，说："冰川怎么会运动呢？"

麦金德老师跟大家说："我给大家讲几个真实的案例。19世纪初，在阿尔卑斯山，有几个登山者被雪崩掩埋在冰川粒雪盆里。43年后，这几个遇难者的尸体在冰舌前出现了，他们生前的同伴根据尸体辨认了他们的身份。其实在他们遇难时，就有冰川工作者推测说，这几个人的尸体将在冰舌前出现，果然不出所料。"

同学们听到这个故事之后都大吃一惊。

麦金德老师继续说："还有一个故事是，一位地质工作者在阿尔卑斯山的老鹰冰川上修了一座小石屋，但是在十三年之后，发现这座小屋向下游移动了1428米。小屋本身肯定是不会移动的，所以一定是因为老鹰冰川在向下移动，所以才使得在冰川上的小屋也一起进行了移动。"

有的同学问："这些事情都是真的吗？冰川真的会产生这样的移动吗？"

麦金德老师说："这些现象当然是真的了，正是因为有这些现象，很多冰川学家才开始研究冰川的运动现象。从冰川的存在形式上就能够推断，冰川应该是存在运动现象的，只不过这种运动现象并不明显，至少是人们用肉眼看不出来的。"

赵业婷老师评注

物体在受力情况下，为了适应或消除外力，可作三种变形，分别是弹性变形、塑性变形和脆性变形。一般物体在受力时都有这三个变形阶段。例如一根弹簧在一般情况下，做弹性变形；当受力超过弹性强度时，做塑性变形，弹簧回不到原来的位置；当受力特大超过破裂强度时，弹簧拉断，做脆性变形。材料本身的性质决定物体究竟会产生怎样的变形。

"首先，冰川具有两层结构，一层是表面容易断裂的这一层，叫作脆性带；另一层是下部相对比较柔软的一层，叫作**塑性**带，塑性带是冰川流动的根本原因。

"从冰本身的性质来讲，它很容易通过晶体的内部滑动实现塑性变形，但是如果外力突然增大，超过冰能够承受的强度范围，就会产生脆性变形，也就是破裂。但是在缓慢和长期受力过程当中，冰是一定会产生塑性变形的。在冰川的下部，总是处于受力的状态，所以下部冰层就会有塑性的特征，整个冰川就会变得容易流动。"

林安想了想说："老师，您讲的是冰川会运动的内因，还应该会有外界的因素吧？"

麦金德老师说:"是的,冰川的运动当然是有外因的。现代的冰川主要包括积雪区和消融区两个部分。一般来说,积雪区指的是冰川的上游部分,在积雪区当中,降雪量是大于消融量的,所以会有冰雪的积累和冰川冰的形成。消融区一般在冰川的下游部分,冬季会有雪和粒雪冰,夏季会出现消融现象。冰川的运动正是因为冰川的补给和消融这二者之间的关系。当冰川的年补给量大于年消融量的时候,冰川的厚度会增加,流速变大,冰川会呈现出前进的状态;当冰川的年补给量小于年消融量的时候,冰川的厚度会变薄,流速也会减慢。在年补给量和消融量差不多的时候,就出现暂时的稳定平衡状态。"

"比如说在一个畅通的山谷当中,冰川流动的时候,最大流速出现在冰川的表面,越近谷底速度越慢,这种运动方式就是重力流。如果冰川运动过程中,在前方遇到突起的基岩或运动变缓的冰块的阻塞,就在那里形成前挤后压的剪应力,这种流动方式叫作阻塞重力流。在发生阻塞重力流的地方,冰中常有许多逆断层,还有复杂的褶皱出现。也就是说,冰川的运动并不是一个简单的现象,它可能还会带来进一步的冰川地貌的变化。"

🌐 冰川的意义

詹茨老师始终比较严肃,他说:"我认为很多知识还是应该具有严肃性的,最后我还是想跟大家讲解一下冰川的意义。虽然我们的生活好像距离冰川比较遥远,但是冰川在温度较低的地方分布是比较广泛的,所以在地理上还是具有非常重要的意义的。"

同学们听了詹茨老师说的话,都安静下来。

詹茨老师讲:"第一个意义是,冰川是构成两极地区和中低纬度地区自然地理环境的一个重要因素,形成一种非常独特的冰川地理景观。之前已经讲过,陆地总面积的11%都是由冰川覆盖的,而且刚才老师在讲解冰川地貌的时候,很多同学都非常兴奋,所以说在地理景观上,冰川有着非常重要的意义。"

"第二个意义是，冰川是一种非常重要的储水方式。曾经有研究者做过研究，如果地球上的所有冰川都融化了，那么海平面将会升高六十多米，也就是说陆地面积的1%将会被淹没，更不用说很多小岛，一定都没有了踪影。所以冰川在保持地球的生态平衡方面起到了非常重要的作用。"

林安突然想起来："现在的温室效应对冰川就有很大的影响吧，如果冰川真的融化，就会让很多海岛国家全部消失，所以我们还是应该保护冰川的。"

詹茨老师说："非常对，保护冰川，其实也就是在保护我们生存的环境。第三个意义是，冰川对垂直地带的结构起到了重要的影响作用。因为在很多山岳冰川当中，山坡上的植被或生物的分布都和冰川分布有着非常密切的联系。"

"第四个意义是，冰川能够调节河川的径流。我们都知道，冰川会随着季节的变化产生消融现象，这个过程非常积极地参与了地球的水循环。冰川消融之后，融化的水能够从消融区流入河流，这对于很多地区的河流都有一定的调节作用。"

同学们纷纷点头。

最后，盖奥特老师代表三位老师做了峰会的总结："总体来讲，这次地理峰会既有非常有趣的内容，也有非常严肃的内容，相信大家对冰川有了更多的了解。当然，这些了解肯定是不够的，希望大家以后更加关注冰川方面的内容。感谢大家的参与。"

推荐参考书

《冰川》 沈永平编写。这本书以认识气候系统的基本规律为基本目标，研究了一系列与人类社会可持续发展密切相关的生存环境实际问题，对冰川的相关知识和概念进行了系统的讲解。内容涵盖冰川系统、冰川的形成与演化、雪冰与气候的关系、冰川融水与全球水循环系统、冰川在全球的功能和作用等，对冰川的学习有非常重要的意义。

第九堂课

李特尔、拉采尔、白兰士讨论"环境地理"

地理环境就是我们赖以生存的家园。

李特尔/拉采尔/白兰士

卡尔·李特尔(1779—1859),德国地理学家,近代地理学创建人之一。他最早阐述了人地关系和地理学的综合性、统一性,奠定了人文地理学的基础。他主张地理学和历史学结合,坚持目的论的哲学观点。其主要地理学著作有《欧洲地理》《地学通论》等。

费里德里希·拉采尔(1844—1904),德国人文地理学家和人类学家,近代人文地理学奠基人之一。他一生都致力于研究人类迁移、文化借鉴和人地关系,对人文地理学有系统论述,曾经提出"国家有机体说"和"生存空间说",以及"文化景观"的概念。

维达尔·白兰士(1845—1918),法国地理学家,法国近代地理学奠基人。他致力于人文地理学和区域地理学的研究,并长期任教,培养了许多地理学人才,如加卢瓦、白吕纳、马东、德芒戎和布朗夏尔等。在他的倡导下,法国地理学从19世纪后半叶起走向新的发展阶段,形成了一个有影响的法国地理学派。

张小凡看着一本名为《忧郁的热带》的书入了迷。他边看边想，世界上之所以有人愿意为了地理付出这么多，是因为地理实在是太美了。在这本书里面，作者通过自己亲身的经历和观察，向人们展示了一个热带的世界。张小凡完全被书中的情节吸引住了。

林安从外面走进来说："看什么呢，小凡？"

张小凡从思考中回过神来："我看的这本书叫《忧郁的热带》，我觉得这本书中讲述的一些对于地理的感受就像我现在对于地理的感受，我觉得自己已经陷在地理当中无法自拔了！"

林安不自觉地翻了个白眼说："文艺青年，就不要再矫情啦！再矫情我们就赶不上今天的地理峰会啦！"

张小凡这时才想起原来今天有地理峰会，赶快和林安一起出门了。

地理环境决定论

李特尔老师在讲台上说："我们今天峰会的主题是环境地理，首先我们要对这个学科进行一定的了解。"

"对啊，我们好像并没有听到过'环境地理'这样的说法！"同学们也纷纷这样说。

拉采尔老师说："所以我这就给大家介绍一下环境地理。其实环境地理学是地理学的一个分支，这个分支学科主要研究的是以人类为核心的各种地理系统，其中包括气象气候、水文、植被、土壤、地貌等方面的知识，还包括自然环境的可持续发展和环境系统的结构功能和动态变化。这门学科的最终目的就是要揭示自然地理的规律，研究人与自然之间的关系，并为人类的生存和发展服务。迄今为止，环境地理学的研究成果已经应用于城市规划建设、农业生产、海洋生产、水利等各种各样的生产活动当中，与人类的生活环境息息相关。"

同学们听完拉采尔老师的叙述，还是有些困惑。拉采尔老师看着大家的反应,说:"简单来说,环境地理与人文地理有很大的相关性,环境地理的研究内容是与人类生活息息相关的各种地理环境。换成这样的说法,大家是否容易理解了呢?"

同学们这次才点点头,表示有些了解。

李特尔老师继续讲:"所以我们首先要讲的就是环境地理当中非常重要的一个理论,地理环境决定论。这个理论认为,人类社会发展的决定性因素是自然条件,所以社会发展的所有进程都能够用自然变化的过程来解释。"

"这个理论最早的萌芽可以追溯到古希腊时期。当时的学者希波克拉底认为人类的特性都产生于气候,而柏拉图则认为人类精神生活与海洋影响有关,后来亚里士多德又提出地理位置、气候、土壤等因素能够影响民族特性与社会性质,因为希腊半岛处于炎热与寒冷气候之间,所以希腊人有着优良品性,能统治其他民族。这些古代的思想在当时有着非常深刻的影响,对以后环境地理的研究有很大的帮助。"

"这些思想在后来也不断地深化。16世纪的法国社会学家**让·博丹**曾经在他的著作当中提出,因为自然条件的差异能够引起民族的差异,所以不同的民族类型需要不同形式的政府。后来孟德斯鸠也提出,气候因素是最为重要的一方面,对民族的生理、心理、宗教等方面都有着决定性作用。"

赵业婷老师评注

让·博丹(1530—1596),法国政治思想家、法学家,近代资产阶级主权学说的创始人。博丹一生除致力于政治学和法学的研究外,在古希腊哲学、占星学、地理学及物理、医学方面均有较深造诣。

张小凡说:"看来在历史上,这种观点还是非常盛行的。其实从某种程度上来讲,确实是非常合理的。"

李特尔老师接着说:"英国历史学家巴克尔曾经在《英国文明的历史》当中阐述了他的观点,他认为个人和民族的特征是服从于自然法则的。德国地理学家拉采尔在《人类地理学》当中提出,地理环境能够从多个方面控制人类,对人类的生理机能、心理状态和社会组织状况产生影响,能够影响人类的迁移和分布,甚至可以说是地理支配着人类的命运,这种思想在很长一段时间成为地理学的理论基石。"

林安听着说:"不过,自然地理决定论还是有一定的局限性的,并不是所有的社会因素都会受到地理因素的影响,很多时候地理因素也并不是决定性的。"

李特尔老师说:"对!对于自然地理决定论,后来有了更多的解读,也有很多地理学家认为它是错误的。但是自然地理决定论还是有着非常重要的意义,因为在一定的历史条件下,它对人类社会的发展做出了相对正确的阐述,对当时的地理学发展具有很重要的指导作用。首先要肯定的是,自然地理对于人类社会的发展一定是有影响的,但是这并不能成为客观发展的决定性因素。在古老的社会发展阶段,人类对于地理环境的依赖巨大,而在人类社会不断发展的进程当中,和地理环境的关系始终处于一种互相制约和互相影响的状态当中。所以这个观点确实是有一些不太合理的地方。"

旁边的白兰士老师补充说:"但是保护地理环境是我们在任何条件下都应该做的事情。很多人认为可以无视地理环境,可以随心所欲地破坏地理环境,这种思想是错误的。这种思想与客观的规律违背,是永远都站不住脚的。"

同学们也都听明白了,虽然这个理论有一些落后的历史特征,但是其中还是包含了很多具有指导意义的思想,值得大家不断思考和理解。

● 地理环境的基本特征

拉采尔老师说:"下面我们首先要介绍的就是自然地理环境的基本特征。之前你们应该已经了解了各种自然地理环境的要素,因此今天我们的讨论主要是从整体的角度进行分析。自然地理环境的范围包括地球的表层,包括大气圈、水圈、生物圈和岩石圈。自然地理环境的主要因素有气候、地貌、水文、生物、土壤等。"

张小凡说:"这些我们之前都已经讲过了啊!难道又要重新说一遍吗?"

拉采尔老师说:"不,我们要从整体的角度进行分析,这样才能真正了解自然地理环境的特征。从整体上来讲,地理环境具有三个特征,第一是整体性,第二是差异性，第三是演化的不可逆性。下面我们就一一进行讲解。"

"地理环境的整体性指的是构成自然地理环境的各个要素共同构成地理环境的整体，各个地理要素之间互相联系、互相作用、互相制约。可以从很多个方面来解释这种整体性。首先是各种地理环境要素共同处在地理环境的整体当中，共同构成了地理环境的整体。其次，地理环境的各个要素并不是孤立发展的，一个要素的变化，能够导致其他要素的变化，甚至会导致整个地理环境发生变化，有这种'牵一发而动全身'的整体性。"

同学们说："这样解释好像有些苍白，可以用实际的例子来说明吗？"

拉采尔老师说："好的，我们来谈谈热带雨林被破坏后会对环境的影响。我们都知道热带雨林是非常宝贵的自然资源，但是现在世界上的热带雨林被破坏得非常严重，我们应该对这个问题重视起来。如果热带雨林的面积减少了，光合作用就会减弱，对大气中二氧化碳的消耗会减少，从而加剧全球变暖现象。而且地表的森林减少之后，水土流失的现象也会加剧，河流中的含沙量会不断增加，有可能会造成各种水旱灾害。**热带雨林**减少之后，森林中的很多生物也会失去栖息和居住的地方，直接影响生物的多样性。我们从以上能够看出，热带雨林本身在地理环境当中有着非常重要的意义。其实地理环境当中有很多因素都是这样的，地理环境就是一个分不开的整体。"

> **赵业婷老师评注**
>
> 热带雨林是地球上一种常见于赤道附近热带地区的森林生态系统，主要分布于东南亚、澳大利亚北部、南美洲亚马孙河流域、非洲刚果河流域、中美洲和众多太平洋岛屿。热带雨林是地球上抵抗力稳定性最高的生物群落，长年气候炎热，雨量充沛，季节差异极不明显，生物群落演替速度极快，是世界上超过一半的动植物物种的栖息地。

同学们听了之后纷纷点头。林安说："想想我们现实当中确实都是这样，比如说这几年的气候变化非常剧烈，与此相关的地理要素就一定会发生变化，甚至连人的生活也会受到某种因素的影响，这都是整体性的体现。"

拉采尔老师接着说："非常正确，正是因为这样，我们保护地理环境的意义才显得尤为重大。我们无论是对于地理环境的个别因素还是整体，都应该提高保护意识。下面我们要讲的就是地理环境的差异性。地理环境的差异性指的是在不

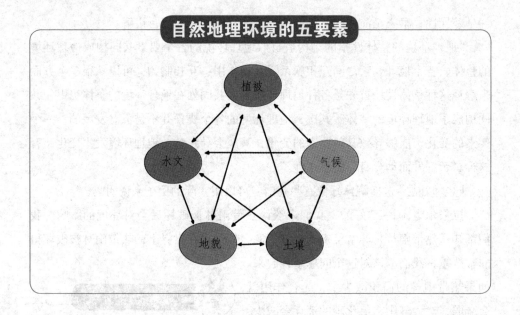

同的地区,自然地理环境的各个要素的状态是不同的,因此各个地区呈现出来的整体地理境也是不同的,存在很大的地区差异。这一点我们应该都有所体会。中国是一个地大物博的国家,所以在中国,各个地方的地理环境都是不同的。我想同学们一定来自不同的城市和地区,大家不妨讲一下自己家乡的地理环境,我们来听听有什么不同。"

同学们听了老师的这个建议,都觉得很有意思。纷纷开始说自己的家乡。

"我的家乡在东北,那里最明显的特征就是冬天又长又寒冷,十一月到次年四月都像冬天。冬天在室外特别冷,风特别大。不过我们那边冬天可以滑雪,可以看冰雕,也算比较有特色。"

"我的家乡在新疆,全年的气候都特别干燥,夏天尤其干燥,冬天风雪也特别多。我的家乡有沙漠,也有非常甜的水果。"

"我的家乡在云南,一年四季的气候都比较温和,而且云南有很多原始森林和少数民族的聚集地,有很高的旅游价值。"

"我的家乡在北京,冬冷夏热,一年四季的变化非常明显。但是最近几年雾霾比较严重。"

拉采尔老师看大家说得差不多了,说道:"非常好!同学们说了不少,大家应该能够听出来,在不同的城市,地理环境的差异是非常大的,而且每个地方都会因为地理环境的差异产生不同的人文现象,这些都很正常。但是这种差异其实也是有一定规律的,我们能够总结出三点比较普遍的规律。首先是纬度地带性的规律,因为纬度不同,受到的太阳辐射也是不同的,不同纬度之间的差异主要表现为热量条件的不同。赤道地区的热量最大,两极地区的热量最小,由赤道到两

中国各地的不同气候

哈尔滨　　　　新疆

西藏　　　　云南

海南　　　　北京

极,热量逐渐递减。其次是从沿海到内陆的地带性,海陆地带影响的是水分的条件,一般来讲,沿海地区的水分比较充足,降水比较多,内陆地区的水汽比较缺乏,降水较少,气候非常干旱。第三种差异表现为垂直的地带性。因为随着海拔的变化,水热状况会发生变化,同时垂直方向上的自然带也会发生变化,这种变化是非常明显的。"

又有同学提问:"不一定所有的差异都是规律性的吧?"

拉采尔老师说:"是的,并不是所有的差异都呈现出规律性的特征。地理环境的差异还会受到地貌、岩石、洋流、海陆分布等非地带性因素的影响,这些因素对于地理环境的差异都有一定的影响。"

人与环境的关系

"下面我要向大家讲解的就是人与环境之间的关系。"白兰士老师开讲。

"人与环境之间的关系之前不是已经讲过了吗?地理环境决定论不就是人与环境的关系吗?"有的同学不禁提问。

白兰士老师说:"地理环境决定论只是在特定历史阶段的一个学说,我们之前的讲解也是为了让大家对环境地理有个基本的概念。但是接下来我要讲的,是人和地理环境之间的一种互动关系,在互动过程当中,人和地理环境共同构成了人类的生活环境。总体来讲,这个过程就是人类社会置身于地理环境当中,使用自然资源,同时也会产生一定的废弃物,这些废弃物也会被投放于地理环境当中。"

有的同学说:"在这个过程中,人类仍然是讨论的主体!"

白兰士老师说:"没错,因为人类在这个过程当中扮演着非常重要的角色,是任何事物都不能替代的。而且人类会出于自己的欲望做出很多事,这些事有的是在对地理环境进行利用,有的是在对地理环境造成破坏。我们必须承认,人类对于地理环境的影响是非常大的。"

同学们都同意地点点头。

白兰士老师继续讲："首先就让我们了解一下地理环境对人类的影响吧。我们都应该知道，地理环境是人类赖以生存和发展的物质基础，也是人类的意识和精神产生的物质基础，地理环境对人类有非常重要的意义。虽然我们之前讲过地理环境决定论，但是地理环境对人类的影响绝对不是决定或不决定那么简单的，我们要对它有全面的认识才行。"

这时又有同学提问了："什么才算是全面的认识呢？"

白兰士老师说："要从根本到表面，不断挖掘地理环境对人类的影响。下面我就用完整的思路告诉大家如何来理解。"

"首先要讲的是，人类的生存、生产、发展和消亡都离不开地理环境，地理环境是人类的物质基础。从根本上来讲，人类本身就是自然的产物，所以人类的生存本身就是由自然环境影响的。人类的所有活动都是在特定的自然环境当中进行的，人类离不开地理环境。

"其次，地理环境决定了人类社会一切的物质和物质产生的能量。我们都知道，自然环境当中的能量是始终不变的，既不会增加，也不会减少，而是以各种各样的形式在地理环境当中进行转化或传递。人类置身于这样的地理环境当中，首先就会接收到能量的来源，并且在一定程度上也会受到这种能量守恒的制约和

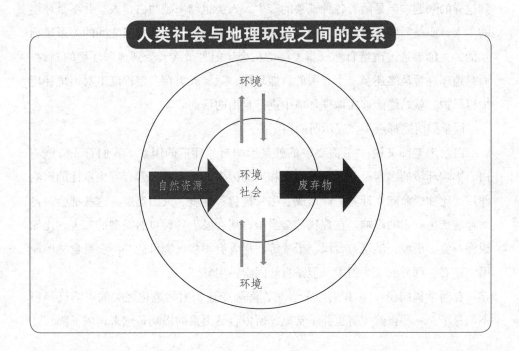

控制。

"第三，人类社会的一切活动都一定要顺应地理环境的内在规律。因为地理环境始终会有自己的变化和发展，尤其是在人类社会对地理环境造成一定的改变之后，这种变化会更加明显。只有顺应地理环境的内在规律，从而更好地利用和开发地理环境，从而使人类不断朝着有利于自身的方向发展。

"最后要讲的是，地理环境对于人类的影响通常是有限的，只能作用在一定的方向或者是时空的范围内，但是在具体的人和事物上，地理环境一般都只会起到非常缓慢的作用，而不是决定性的作用。这是因为人类对于地理环境的开发和利用并没有达到充分的程度，所以人类社会的发展还是拥有相对的自由的。但是如果我们想要持续拥有这样的自由，就一定要做到对地理环境进行合理的开发和利用，否则一旦人类对地理环境的利用达到无法挽救的地步，地理环境就会对人类的行为和活动产生各种制约。"

同学们边听边说："这么说来，保护地理环境很重要！"

白兰士老师说："这是当然的！其实在原始的自然环境当中，自然环境不仅为人类提供时间和空间，还提供了人类进行创造的各种源泉。但是随着时代的发展和工业化的加深，人类对于自然的攫取越来越严重。刚开始可能人类还意识不到这样的问题，但是随着各种现象的产生，人类也越来越明白，人类并不是环境的主人，而是需要适应环境。所以在某种程度上来讲，人和自然之间的关系是相互的，人能够通过改造自然获得发展的机会，但是最终会受到地理环境的制约。而且地理环境最终还是一个有限的自然环境，只要人类在一定程度上对地理环境加以保护，就始终能够在地理环境中进行自由的活动。"

同学们听完都点头，表示听明白了。

白兰士老师又说："下面要讲的就是影响自然环境的因素。我们首先应该明白，影响环境的因素是分为自然因素和人为因素的。自然因素有着根本性的影响作用。比如说海陆变迁、矿产形成、生物进化、地震、火山爆发，这些都会对自然环境产生一定的影响。在现代社会当中，还会发生各种自然类型的灾害，比如说泥石流、滑坡、洪涝、台风、干旱等。尽管有很多灾害可能并不全是自然的原因，还有一部分的人为因素，但是自然因素占主导。"

有同学提问说："在我们今天看来，海陆变迁、生物进化之类的影响已经很不明显了，一些自然灾害也并不常见，所以自然因素的影响是越来越弱了吗？"

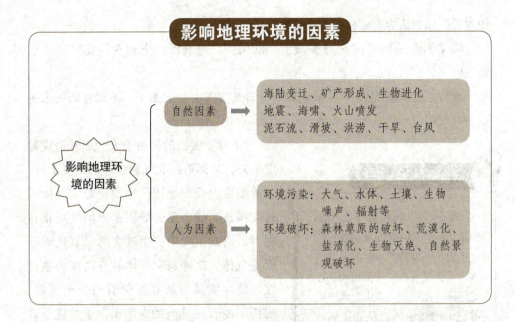

白兰士老师回答说:"这并不能说是自然因素的影响变弱了,因为我们只生活在一段很短的历史阶段当中,对很多自然因素无法产生深刻的体会,但是从历史发展的长远来看,自然因素的影响还是具有根本性作用的。"

"下面我们要讲的是人类对于地理环境的影响。在今天看来,人类对于地理环境的影响最值得关注的方面就是环境污染和生态环境的破坏。环境污染指的是人类对于大气、水体、生物和土壤的污染,同时还包括人类通过噪声、热电和辐射对于环境的干扰。人类对于生态环境的破坏就更加不胜枚举,包括水土流失、荒漠化、酸雨等,这些问题都给人类社会本身带来了非常严重的影响。下面就请李特尔老师为同学们解读一下人类面临的环境问题!"

环境问题

李特尔老师说:"下面我们就挑选一些相对严重的环境问题来解读吧。大家说说看，你们认为有哪些较为严重的环境问题呢？"

同学们纷纷回答："全球变暖！""酸雨！""雾霾！""土地荒漠化！""水土流失！"

李特尔老师听完说："看来地球上的自然灾害实在太多了，下面我们先来讲讲全球变暖。"

"全球变暖指的是由于人为因素造成温度上升，从而造成大气和海洋的温度上升。造成温度上升的原因，主要是温室气体的过度排放。最主要的原因是人们焚烧化石燃料，造成空气中产生过多的二氧化碳等**温室气体**，这些温室气体具有高度的透过性，使地面反射的长波辐射被大气吸收，阻碍了地表热量向太空散出，于是就形成了温室效应。总体来讲，在近几十年当中，全球的气温上升是较明显的。大家能说说全球变暖会造成什么样的危害和后果吗？"

林安站起来说："全球变暖不仅会导致地面温度上升和海平面的上升，还会导致全球的降水进行重新分配，进一步可能就会危害到生态系统的平衡，威胁人类的生存环境。"

李特尔老师表扬林安说："很全面！所以，我们一定要减少向空气中排放温室气体，这样才能有效控制全球变暖。国际能源机构的调查结果表明，美国、中国、俄罗斯和日本的二氧化碳排放量几乎占全球总量的一半。所以我们的责任是非常艰巨的。"

听完李特尔老师的话，同学们都感到非常吃惊，纷纷表示要好好保护地球。

李特尔老师接着说："下面我们要介绍的就是大气污染。刚才有的同学提到了雾霾，其实这就是大气污染的一种表现形式。在正常的大气当中，含有大约78%的氮气和21%的氧气，其他就是少量的稀有气体。但是随着人类社会的进

赵业婷老师评注

地球大气层和地表这一系统就如同一个巨大的玻璃温室，使地表始终维持着一定的温度，构成了适于人类和其他生物生存的环境。在这一系统中，大气既能让太阳辐射透过从而达到地面，又能阻止地面辐射的散失，我们把大气对地面的这种保护作用称为大气的温室效应。造成温室效应的气体称为温室气体，它们可以让太阳短波辐射自由通过，同时又能吸收地表发出的长波辐射。二氧化碳、甲烷、氯氟化碳、臭氧、氮氧化物和水蒸气等都属于温室气体，其中最主要的是二氧化碳。

大气污染的危害

- 大气污染对人体的危害主要表现为呼吸道疾病，而且会影响太阳辐射，导致城市中佝偻发病率的增加

- 大气污染可以使植物的生理机制受压抑，成长不良，抗病虫能力减弱，甚至死亡

- 大气污染会对气候产生不良影响，降低能见度，减少太阳辐射，还会造成酸雨，使河湖、土壤酸化，鱼类减少甚至灭绝，森林发育受影响

步和发展，大气当中混杂了很多根本不属于大气的物质，比如说硫化物、氮氧化物、粉尘、有机物等，这些物质通过人类的各种活动进入到大气当中，比如，工厂排放、汽车尾气、农垦烧荒、森林失火、炊烟、尘土等，污染了大气。我们都应该知道，大气污染对于整个地理环境的危害都是非常巨大的，涉及我们生活的方方面面，所以我们一定要提高保护大气的意识。"

"下面我们要继续介绍的是水体污染。水体是水中的悬浮物、溶解物质和水生生物构成的相对完整的生态系统或自然综合体。水体的形式非常多，既可以是海洋当中的水也可以是陆地当中的水，既可以是地表水也可以是地下水。水体污染指的是由于人类活动产生的各种污水、废水和各种废弃物进入到水体当中，这种程度可能会超过**水体的自净**和纳污能力，使得水体当中发生各种各样的不良化学反应，产生有害的物质，破坏水中固有的生态系统，降低水的利用价值。大家能说一说你们认为水体污染是如何形成的吗？"

一位同学站起来说："我认为很多城市的水污染是因为城市的污水没有经过处理

赵业婷老师评注

水体本身有一定的净化污水的能力，即经过水体的物理、化学与生物的作用，对污染物进行分解转化，使污水中污染物的浓度得以降低，经过一段时间后，水体往往能恢复到受污染前的状态，从而使水体保持清洁，这一过程称为水体的自净过程。

就排向水体当中,这种不经过处理的方式一定会造成水体的污染的。"

另一位同学说:"我认为施用化肥和农药的过程中,也会产生各种各样的化学物质,这些物质一旦经过雨水的冲刷,就很容易进入到水体当中。"

张小凡也站起来说:"刚才我们提到的大气污染,使得空气中充满了各种各样的有毒物质,这些有毒物质一定会经过重力的作用或降水的过程进入到水体当中。"

李特尔老师说:"同学们说的都很好,其中第一位同学提到的是最主要的一个原因。这绝对是我们人类的责任。我们都知道,水资源是人类赖以生存的一个关键因素,所以应该通过各种各样的方式保护水体,这会直接关系到我们人类的身体健康和生存方式。"

最后,三位老师一起说:"今天的地理峰会到此结束,谢谢大家!"

推荐参考书

《中国环境地理学》 分上下两册,是一部集地理学基础理论、操作技术、历史源流、重要经典于一体的经、史、理、术齐备的专著,从构建传统地理学新范式入手,对传统地理学的学科体系首次做出系统阐述,对于学习环境地理学的人有很大的帮助。

第十堂课

德堪多、达尔文、林奈讨论"植物地理"

植物的学说应该受到地理学的重视。

德堪多/达尔文/林奈

奥古斯丁·彼拉姆斯·德堪多（1778—1841），瑞士植物学家。他编写了一部植物百科全书巨著，全书篇幅极为宏大，以致他生前未能全部完成，只出版了七卷。德堪多的主要贡献在于使用深层类似分类法，并在自己的后半生致力于扩充和完善这个系统。

查尔斯·罗伯特·达尔文（1809—1882），英国博物学家，进化论的奠基人，1859年出版《物种起源》一书，全面提出以自然选择为基础的进化学说。该书出版后震动当时的学术界，成为生物学史上的一个转折点，使当时各领域已经形成的概念和观念发生根本性的改变。

卡尔·冯·林奈（1707—1778），瑞典生物学家，动植物双名命名法的创立者。曾发表作品《自然系统》《植物属志》《植物种志》，在动植物研究领域有很大的影响。他首先提出界、门、纲、目、科、属、种的物种分类法，至今仍被人们采用。

这一天的峰会之前，张小凡来到林安的宿舍找他，发现林安并不在宿舍里，于是张小凡就在林安的宿舍里等他。他看到林安的桌子上放了不少小小的植物，有多肉植物，有薄荷，还有一株不知道是什么植物，张小凡用手碰了一下叶子竟然合上了。

林安这时正好回来了，见状连忙喊道："你别玩我的含羞草！"

张小凡说："这真的是含羞草啊，我刚还在想什么植物会有这样的反应啊，没想到真的是含羞草。"

林安说："你这是第一次来我的宿舍吧，每个来我宿舍的朋友都要看我的植物。这个含羞草每次都难以逃脱众人的魔爪。"

张小凡说："没想到你除了爱地理，还挺爱植物的。这些多肉植物也挺漂亮的啊！"

"那当然了，凡是自然界的东西，我都是热爱的，我觉得属于自然的东西都是美的。"林安认真地说。

张小凡看着林安说："没想到你真是个有情怀的少年啊！"

林安笑着说："情怀什么啊！咱们赶快去地理峰会吧！"

植物地理学的历史渊源

他们到了教室之后，发现老师已经到了，于是赶快坐在座位上等待峰会开始。首先三位老师进行了自我介绍。

第一位老师说："大家好，我的名字叫德堪多，是来自瑞士的植物学家，我对植物有一些研究。今天受邀来到地理峰会的现场，希望和大家共同学习进步。"

第二位老师说："大家好，我的名字叫林奈，我来自瑞典，我对于植物的分类有一定的研究，曾经在法国做过很多关于植物的实地考察，我可以和大家共同探讨关于植物地理的问题。"

两位老师介绍完之后，同学们都热烈鼓掌。大家都觉得第三位老师非常眼熟。一个学生问第三位老师:"您是不是达尔文老师啊?"

第三位老师说:"是的,我的确是达尔文,在我提出的进化论当中,说的其实就是自然地理和生物之间的关系。今天来到地理峰会和大家一起讨论植物地理,我非常开心。我也希望通过今天的峰会,向大家学习一些知识。"

同学们不禁为这三位老师鼓掌。张小凡也说:"今天的这三位老师真是太谦虚了,明明已经是非常了不起的学者,但是还说要与我们共同学习。这样的老师真是太难得了!"

林安也说:"是啊,这三位老师都很厉害的。其实越是有学识的老师,越是谦虚,我们应该向老师们好好学习才对。"

德堪多老师率先开讲,他说:"我想先向大家阐述一些关于植物地理学的知识。植物地理学是一门地理学和植物学的边缘学科。在地理学的范畴当中,将植被看成是自然地理环境当中的一个重要组成部分进行研究,尤其是将其放在自然区划当中研究,是一项非常重要的内容。在植物学当中,除了对植物本身进行研究,也会对植物的分布和群落等地理性质进行研究。所以说地理学和植物学有着非常重要的联系,因此产生了植物地理学这样的学科。除了这两门学科之外,植物地理学与生态学、地质学、生物学、气候学、土壤学等学科也有着非常密切的联系。你们知道最早的植物地理学是来自哪里吗?"

同学们纷纷摇头,都说从未听说过这门学科。

德堪多老师笑着说:"其实最早的植物地理学正是来自于你们中国!而且你们一定都曾了解过。"

同学们更加疑惑:"怎么会来自中国呢?好像从来没有听说过啊。"

张小凡这时候说:"我倒是在学习中国古代汉语的时候学到过很多古文,这些古文有一些是描写地理环境的,比如说河流、山川,对植物的描写应该也是有的,但是我也记不太清楚了。"

德堪多老师终于不卖关子了,他说:"我说的来源其实就是《诗经》,《诗经》中记载了很多植物的分布,提到很多植物都分布在山与隰,还有一些对不同地区同一植物的记载,这些细致入微的描写不仅具

> **赵业婷老师评注**
>
> "隰"在古文当中指的是低湿的地方,古代有很多诗句写"隰":"山有榛,隰有苓。""山有扶苏,隰有荷华。""淇则有岸,隰则有泮。"

《诗经》中的植物

《诗经》一共有305篇，其中有144篇涉及植物，涉及的植物有135种。能够看出植物对于古人而言具有非常重要的意义，这些文字对于今天的植物地理学研究也有非常重要的意义。

"蒹葭苍苍，白露为霜，所谓伊人，在水一方。"
蒹葭就是芦苇，是禾本科植物。芦苇是湿地环境当中最常见的一种植物，多生长于沼泽、河岸、溪边水浅的地方，对于净化污水能够起到一定的作用。

"参差荇菜，左右流之。窈窕淑女，寤寐求之。"
荇菜的别名是水荷叶、野睡莲，龙胆科植物，是多年生水生草本。诗人们认为，荇是最为高洁的，不强求、不索取，具有洁身自好的情趣。

"桃之夭夭，灼灼其华。之子于归，宜其室家。"
桃属于蔷薇科，分为观赏类和食果类两种。在中国的传统文化当中，桃具有图腾崇拜和生殖崇拜的意义，有着生育、长寿的意义，同时也象征着春天、爱情、美颜与理想世界。

"有女同车，颜如舜华。将翱将翔，佩玉琼琚。"
舜华，即木槿花。木槿是锦葵科植物，花朵的寿命极短，也被称为"朝开暮落花"。木槿花是一种可以食用的花卉，也可做药材。古人曾经用木槿花和面做面食，或者用木槿花煮豆腐，都是非常鲜美的食物。后来又因为木槿花的朝开暮落，用来形容人心易变。

有文学价值，更重要的是具有地理学的研究价值，这其实就是最早的植物地理学的来源。"

同学们听完都表示认同。张小凡也说："其实我们在古代文学的课堂上还曾经学习过《诗经》当中的植物，竟然一下子没有想起来。"

德堪多老师继续讲："除了《诗经》之外，中国古代还有很多关于植物地理学的作品。春秋战国时期的《考工记》当中，就提出了由于地形和气候的差异，中国的植物在南北分布上存在着差异。在《管子·地员》中，叙述了山地植物的垂直分布现象，阴、阳坡的差异，还记载了随地形变化的植物分布，列举了从水中到陆地依次更替的十二种植物，具有非常重要的地理意义。《尚书·禹贡》中已经有了植被水平地带分布的记载。东晋时期的《南方草木状》中，则提出南岭为中国植物分布的一条界线，对于现代中国的地理研究也有着非常重要的意义。"

同学们都觉得不可思议，没想到那些平常熟读的古典文字当中竟然包含了这么重要的地理意义。

德堪多老师继续说："在古代西方，学者们也早早地关注了这个现象，古希腊学者泰奥弗拉斯托，曾随着亚历山大大帝东征，他将自己在沿途当中观察到的植被变化都记述在自己的作品《植被历史》和《关于植被的论文》当中。"

🌐 植物地理学的学科基础

林奈老师接着德堪多老师的话说："说完植物地理学的历史渊源，我们再来了解一下植物地理学的建立。18 世纪末到 19 世纪初，很多欧洲国家，为了寻找工业原料和开拓海外市场，多次派出包含自然科学家在内的考察队，在全球范围开展大规模考察。在考察的过程当中，自然科学家观察记录了各种植物的种类和分布的情况，为植物地理学的建立和发展奠定了基础。"

有同学问道："这样的考察真的能有这么重要的意义吗？"

林奈老师说："当然了，当时德国的很多科学家做了大量的野外考察，对南美、中美的考察尤其多，而且他们注重将植物地理的知识系统化，为植物地理学的建立奠定了一定的基础。当时，德国著名地理学家洪堡德在其发表的著作当中，首次提出了'植物地理学'的概念，并认为植被的分布和气候有着非常密切的联系，山地上的垂直带与平原上植被带的分布有一定的相似性。他还确定了垂直带的存在，确认了垂直带的植被系统在不同的地区具有不同的结构。他还首次提出了'植被外貌'的概念，认为植被的外貌能够最集中地反映植物生活的地方的自然地理特征。在洪堡德的影响下，很多学者都对植物地理学有所探究，在很长一段时间，学者们对全球的植物都充满了兴趣，这些研究直到今天也有非常重要的借鉴意义。"

这时林安好像突然想起什么："如果没有记错，达尔文老师在德堪多老师的著作《植物地理学》的影响下，提出了物种起源的理论。"

三位老师都微笑着点点头。林奈老师继续说："是的，当时的主要作品有德堪多的《植物地理学》，格里泽巴赫的《地球植被》，席姆佩尔的《生理学基础上的植物地理学》，这些作品都对当时的植物学和地理学有很大的影响。在这之后，达尔文老师也提出了自然选择学说。我们请达尔文老师来讲讲吧！"

达尔文老师不紧不慢地捋捋胡子，然后说："大家应该都知道物种起源的进化理论，也许大家更加熟悉的是关于'物竞天择，适者生存'的理解，其实我在我的作品《论借助自然选择（即在生存斗争中保存优良族）的方法的物种起源》当中，还提出了生物的变异和承续性，其中就有关于植物的论述。我相信这给当时的植物地理学也带来了非常深刻的影响，因为正是这种生物的分布规律说明了有机体和环境之间的相互关系，这对于研究植物与地理之间的关系有着非常重要的借鉴和参考意义。"

林奈老师说："非常感谢达尔文老师的补充，接下来我们就要讲讲其他的理论基础。20世纪初，柯本提出了气候的分类，其中有一个非常重要的基础就是植被的分布。这个观点是非常重要的，并且完全符合植被主要类型之间的边界参数。可以这么说，植被是用来划分气候的重要依据，气候也是反映植被变化的方式。当时俄国的土壤学家道库恰耶夫建立了关于自然地带的学说，促进了植被地带性规律的研究，这些研究都有非常重要的意义。"

"尤其是魏格纳在之后又提出了大陆漂移的学说，对当时的植物的分布现象有着革命性的认知，这些都促使当时的学者们对植物分布的类型有着更加完善的思考和研究。20世纪60年代后期，麦克阿瑟和威尔逊提出了岛屿生物地理理论,他们认为岛屿上的生物种的数目,代表了定居和消失的相反速率之间的平衡,与它们的系统发生的亲和性无关,而与该岛屿距离大陆的远近和岛屿面积的大小相关。岛屿生物地理理论产生了广泛影响,成为植物地理学进一步发展的重要理论基础之一。20世纪70年代以来,出现了不少以生物地理学命名的著作,其中都有植物地理的内容。德国地理植物学家瓦尔特的三卷《地球植被》,总结了他在世界各地考察以及同时代人和前人的工作,内容丰富、阐述精辟。在这些学者研究的基础上,形成了植物地理学。"

有的同学说:"这样说来,植物地理学的产生还真是个复杂的过程啊!"

林奈老师说:"那当然,**一直到今天,植物地理学的发展还一直在前进,所以当然有着非常复杂的过程。**一般来讲,现代的植物地理学被分为陆地和海洋两个部分,人们对于陆地上的植物研究得更多,因为研究条件更加便利。地球上已知的植物大约有三十多万种,有很多类型还没有被发现,再加上很多生活在过去但现在已经消失的植物,这些植物都有一个非常重要的特征,就是它们有各自独特的地理分布。每种植物在地球表面的分布都不是没

赵业婷老师评注

植物地理学的派生学科有:生态地球植物学(ecological geobotany)、实验地植物学(experimental geobotany)、森林地植物学(forest geobotany)和指示地植物学(indicative geobotany)等。

有章法的,也不是经常变化的,它们都有一定的规律和范围,这是一个非常普遍的认知。除此之外,植物的存在方式往往和自然界中的其他因素呈群落出现,在此基础上,植物也有着自己独特的格局分布,这就是植物地理学的研究对象。"

🌐 植物种群和群落

达尔文老师听完两位老师对于植物地理学的介绍,气定神闲地说:"接下来

就由我为大家介绍一下植物的种群和群落吧！这是植物存在的两种最基本的形式，它们对大家认识植物起到了非常关键的作用。"

同学们连连称好。

达尔文老师说："首先为大家介绍的是植物种群，植物种群指的是占据着一定环境空间的同一种植物的个体集群，是植物种群在自然界中生存的基本单位。简单来讲，植物种群就是在特定的空间当中同种植物的集合体。"

同学们听完之后似乎还有些不懂。

达尔文老师看看大家的神情，继续补充说："大家都知道，地球上任何一种植物都是由许多个体组成的，这些个体都会在地表占据一定的空间和区域。比如说热带地区分布着很多椰树，温带地区分布着很多杨树、柳树，寒带地区则分布着松柏、桦树，这些都是植物个体在不同地区的分布。但是在一个特定的空间当中，一定会有某些同种的植物，这些同种植物就是一个植物种群。"

经过这一番解释之后，同学们都理解了一些。有同学提问："划分种群有什么意义呢？"

达尔文老师笑笑说："当个体的植物进入到种群的水平时，这种植物就已经成为该区域内比较复杂的生物体系的一部分了。以植物种群的形式进行研究，能够研究很多个体不具备的属性，比如种群数量、年龄结构、分布格局等，这些分析研究能够摆脱个体的局限，能够让人认识到整体的一种性质，所以具有重要的意义。现在，种群已经成为生态学当中的重要研究对象，也有着自己的独特特征。同时，植物种群也是大自然中植物物种存在的基本单位，有非常重要的意义。"

还有同学提问："老师，您能简单介绍一下刚才说的植物种群的属性吗？"

达尔文老师说："当然可以。首先为大家介绍一个重要的概念——种群密度。种群密度指的是在单位面积或单位容积内个体的数目，这就叫作种群密度。一般来讲，植物的种群密度会受到几个方面的影响。第一是植物本身的生物学特征，比如繁殖能力、种子的传播特性等。第二是环境条件，比如资源的丰富程度和空间允许的限度，这些都需要生物种群经过内部的自我调节，保持相对稳定，才能形成合理的、稳定的种群密度。"

"接下来要讲的是种群的年龄结构。种群的年龄结构指的是不同年龄组的个体在种群内的比例或者配置情况。一般来讲，可以分为三种形式，分别是均匀分布、随机分布和集群分布。其中随机分布的比较少见,均匀分布的极其罕见,最为常见的是**集群分布**。"

同学们听完种群分布之后,都从一种新的角度对植物产生了认识,都在讨论种群的话题。

达尔文老师接着说:"下面我们要了解的是植物群落。植物群落指的是生活在一定区域内的所有植物的集合,比如说一片森林、一个池塘,或者整个地球表面,都可以看成是一定的植物群落。在植物群落当中,每个植物个体之间会通过互惠或竞争的形式共同生活,共同适应生存环境,从而形成一个非常巧妙的组合,也会形成相对稳定的生态结构。植物种群和群落一样,都是植物在自然界当中必然存在的一种发展形式,这种形式能够帮助我们对一个区域内的地理环境有更加深刻的认识。"

赵业婷老师评注

集群分布指的是植物种群个体的分布极不均匀,经常成群、成簇、成块或斑点地密集分布。集群分布是最广泛的一种分布格局。集群分布的形成主要有两个原因,一是因为植物的种子会落在该植物的附近,当种子生长时就产生了一簇幼小的植物。二是因为环境的差异,林地中由于透过的光照形成小斑点的镶嵌,光照的不同可以影响草本植物的发展,致使植物成簇生长。

张小凡问老师:"这样说来,植物群落应该有很大的差异性吧?不同的群落有什么重要的指标对其进行衡量吗?"

达尔文老师回答说:"植物群落当然是有一定的差异性的,因为任何两个地方都不可能有完全一样的地理环境,所以植被在不同的地理环境中一定也有不同的存在状态。一般来讲,在环境优越的地方,植物群落的物种比较丰富,层次结构也相对复杂,比如说在茂密的热带雨林当中,常见的植物有望天树、坡垒、大果榕、青梅、小叶白蜡树、九丁树、香须树、厚皮树、鹧鸪麻、木棉等,我们能够看出那里有非常复杂的结构和丰富的物种。但是在一些比较严酷或寒冷的自然条件当中,可能只有少数植物能够适应,因此那里的植物群落就会相对简单。不同地区的植物群落的差别很大,相似的地理环境当中,也可能会有相似结构的植物群落,这个问题还是应该根据不同的地理环境进行分析。"

同学们纷纷点头,表示明白了老师讲的内容。

达尔文老师继续讲:"下面我们就来具体分析一下植物群落的基本特征。植物群落的基本特征主要包括植物群落的种类组成、植物种类的数量特征、植物群落的外貌和结构。其中，种类的构成指的是群落当中含有的一切植物，这是形成群落结构的基础，但是常常因为研究对象和目的的不同有不一样的侧重。数量特征指的是植物在群落当中呈现的数量的特征，比如说群落中个体数的多少，它对于研究群落中特定的植物有着非常重要的意义。植物群落的外貌特征指的是群落的外表形态或相貌，这是植物群落与环境长期适应的结果，主要能够表现植物种类的形态、周期性等。群落的结构指的是群落当中所有种类和个体在空间当中的配置状态，主要包括层片结构、垂直结构、水平结构和时间结构等。"

"在这部分知识的讲解中，我们最后还要讲的就是植物群落的重要性。植物群落的重要性主要体现在三方面。第一，植物群落是物种的载体，能够汇集各种各样的植物资源，其实植物的多样性主要就是在群落当中产生的，不同的植物之间可以互相促进、互相利用资源。同时，植物群落也可以为其他生物提供食物的来源和栖息地，所以植物群落其实也是开发利用和保护其他生物资源的基础。第二，植物群落是提供生态系统功能的主体，在全球的生物总量当中，植物的数量占到了很大的组成部分，能够吸收空气中的二氧化碳，还能减缓温室效应、控制水土流失、减轻大气污染和水污染等，所以我们要保护植物资源。第三，植物群落是土地基本属性的各种综合指标，因为不同的气候、土壤和地形能够发育不同的植物群落，所以不同的植物群落实际上也能够反映气候、土壤、地形的各种条件，通过植物群落的特征，就能够推断出这个区域内地理环境的特征，这对于土

植物群落的数量特征

数量特征	具体含义
种的多度	表示某一种在群落中个体数的多少或丰富程度，通常多度为某一种类的个体数与同一生活型植物种类个体数的总和之比
密度	单位面积上的植物个体数，它由某种植物的个体数与样方面积之比求得
盖度	指植物在地面上覆盖的面积比例，表示植物实际占据的水平空间的面积，它可分为投影盖度和基部盖度

地的保护和治理有非常关键的作用。"

同学们仔细倾听达尔文老师的讲课，慢慢体会其中包含的丰富内容。

🌍 植物生活与环境

"接下来我来讲一下这次峰会的最后一项内容——植物生长与环境之间的关系。"德堪多老师开始讲解，"大家应该都知道，植物在生长的过程当中，与地理环境之间有着非常重要的关系。植物的生长会受到环境的影响，同时植物也能够带给环境一定的反作用。因此，植物的生长与环境之间的关系是植物地理当中最为核心的知识内容。首先大家来看一下我提前制作的表格，希望大家能够区分一下这两组概念。"

同学们都仔细地看着老师准备的表格，点点头表示自己看明白了。

德堪多老师继续讲："下面我们主要要讲的就是生态因子对于植物的各方面影响。生态因子主要分为两个部分，一部分是非生物因子，另一部分是生物因子。非生物因子包括气候、土壤、地形等。其中气候指的是光、温度、降水、风等；土壤指的是土壤的物理性质和化学性质；地形指的是海拔高度、坡度和坡向等。生物因子主要包括植物因子、动物因子和人为因子三部分。植物因子指的是植物之间的机械作用，比如**共生**、**寄生**、**附生**等关系。

赵业婷老师评注

共生指的是两种不同生物之间所形成的紧密互利关系。在共生关系中，一方为另一方提供有利于生存的帮助，同时也获得对方的帮助。动物、植物、菌类之间都存在共生关系。

寄生指的是两种生物在一起生活，一方受益，另一方受害，后者给前者提供营养物质和居住场所，主要的寄生物有细菌、病毒、真菌和原生动物。

附生指的是有些植物不和土壤接触，根群附着在其他树的枝干上生长，利用雨露、空气中的水汽及有限的腐殖质为生，不会掠夺它所附着植物的营养与水分，如蕨类、兰科、苔藓的许多种类。

区分概念

环境：某个特定主体周围一切事物的总和。对于植物来讲，环境指的就是植物周围的一切事物的总和

生境：植物具体的居住环境，或植物栖息的小环境

生态因子：对植物的生命过程和分布有着直接或间接影响的环境因子

生态环境：环境中全部生态因子综合组成的部分

动物因子指的是动物的传粉、食用或践踏等。人为因子指的是人类对植物的垦殖、放牧和采伐等。从以上的叙述中能够看出，在植物的生长过程当中，其实是受到了各种生态因子的影响，所以说这些生态因子都是非常重要的。"

张小凡听完不禁说："经过老师这样仔细的分析，能够看出植物的生长环境真的是挺复杂的！"

林安也说："那是当然的。不过我们在学习研究植物地理的过程中，应该重点重视的是一些非生物因子吧？"

德堪多老师向林安点了点头，说："没错，我们接下来就分析一些主要的非生物因子。首先要分析的是光照。光照是植物光合作用的基础，能够影响植物在进行光合作用的过程中形成同化力，使酶活化，同时使得气孔开放，如果光照不足，就会影响光合作用的进行。光照也是影响蒸腾作用的重要条件，光照能够促使植物的毛孔放开，提高气温和叶子的温度，从而加快蒸腾的速率。"

"温度对植物的生长也有着非常重要的影响。植物大部分都是生活在有一定温度的环境当中，因为植物的各种生理活动和生化反应都必须在一定的温度条件下才能进行。一般来说，温度越高，植物的各种反应速率越快；温度越低，植物的各种反应速率越慢。温度对于种子发芽来讲是尤为重要的一个条件，只有温度达到一定的条件，植物才会生长和发芽。温度的变化对其他环境因子也有着非常

第十堂课
德堪多、达尔文、林奈讨论"植物地理"

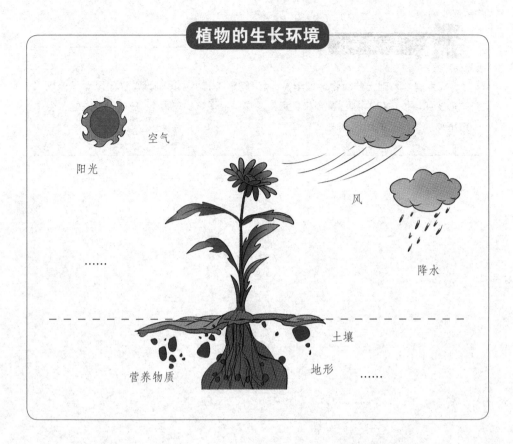

植物的生长环境

重要的作用。

"水对于植物来说，意义非常重大。植物的各个部分都含有大量水分，尤其是叶子的水分达到80%以上，吸入水分之后，植物的呼吸作用会立刻加强，因此水是植物生长的催发剂。水还能保证植物光合作用的正常进行。对于植物生长来讲，水分是绝对不能够缺少的。

"最后要介绍的就是土壤，土壤是植物生长和发育的基础，能够为植物提供其生长所需要的各种营养物质，因此土壤是具有肥力的。土壤的这些条件能够互相影响和互相制约，会对植物的生长产生不同的作用。同时，在不同的土壤当中，适合生长的植物也是不同的。"

同学们听完都觉如获至宝，不住点头。

最后三位老师一起向大家致谢，结束了这次地理峰会。

《生理学基础上的植物地理学》 席姆佩尔著。书中详细地总结了全世界植物的形式和习性,多次再版,至今仍具意义。在类似学者的努力下,形成了传统的"生态植物地理学"的研究方向。

第十一堂课

廷伯根、华莱士、艾尔顿讨论"动物地理"

动物是人类的朋友。

廷伯根/华莱士/艾尔顿

尼古拉斯·廷伯根（1907—1988），英籍荷兰动物行为学家。曾经多次去动物生长和栖息地探寻，并对鸥类动物的社会行为有着深入的研究。他的主要著作有《动物的群居行为》《鲱鸥的世界》《鸟类生活》等。1973年，与K·劳伦兹和K·冯·符瑞西同获诺贝尔生理学医学奖。

阿尔弗雷德·拉塞尔·华莱士（1823—1913），英国博物学家、探险家、地理学家、人类学家、进化论者、动物地理学的奠基人。他对动物地理的分布有很重要的贡献，他将全世界的动物分布划分为若干区域，并发现了华莱士线。

查尔斯·萨瑟兰·艾尔顿（1900—1991），英国动物生态学家。曾经在北极进行过考察，并在牛津大学城里开设了动物种群研究所，后来发展成为国际性的动物数量和生态学的研究和情报中心。他的主要著作有《动物生态学》《动物生态学与进化》《动植物的入侵生态学》等。

又到了地理峰会的时间,林安和张小凡两个人走在去现场的路上。

张小凡看着校园里的风景,不禁赞叹:"这个季节的校园真美啊!我发现自从了解了许多地理知识之后,对生活当中的这些自然现象越来越敏感了,我看到天空、树木、花鸟的时候都觉得这些自然物充满了美。"

林安看着他,笑笑说:"这不是很好吗?我觉得这样的眼光应该更利于你们文科生进行文学创作吧!"

张小凡说:"确实是!只有发现了生活中的美,才能够创造出文学中的美啊。"

林安说:"我看你最近越来越爱生活了,看来地理对你的影响真是太大了!"

张小凡听着林安的话,突然看到眼前有一只小猫咪跑过,说:"看!那只小猫多漂亮啊,我发现我对于这些动物们也越来越喜爱了!"

林安说:"这样多好,其实动物也是地理研究的一部分呢,我听说这次地理峰会的主题就是动物地理。"

张小凡说着,赶紧拽着林安走:"那我们赶快走,别迟到了。"

动物地理

地理峰会上,三位老师已就位,逐一走上讲台做自我介绍。

第一位老师说:"大家好,我是廷伯根老师,很开心来参加今天的地理峰会。其实我的研究大多是关于动物的,主要研究动物的行为。但是今天地理峰会的主题是动物地理学,我很开心受邀来此。我在进行动物研究的过程中就已经发现,动物和地理是分不开的,这两者之间的关系我将在稍后为大家阐述。"

第二位老师自我介绍说:"同学们好,我是华莱士老师。我从小就对动物和植物有很浓厚的兴趣,后来也从事了相关方面的研究。很高兴能和大家一起讨论动物地理学。"

林安突然想起什么,问老师说:"老师,我知道有一个非常著名的'**华莱士**

线',就是老师您发现的吗?"

华莱士老师笑笑说:"的确是我发现的,看来大家在地理学方面下了不少功夫啊。"

第三位老师自我介绍说:"大家好,我是来自英国的动物学家艾尔顿,希望今天和大家度过一段有意义的时光。"

三位老师介绍完,同学们都非常开心。张小凡兴奋地说:"看来今天真的是要研究动物地理学啊,听起来就很有意思。"

廷伯根老师说:"当然,动物地理学是非常有意思的。首先我就为大家介绍一下动物地理学的一些基本知识。动物地理是一门研究地球表面动物的分布和规律的学科,可以说它是生物地理学的一个分支,也可以说是动物学和地理学的交叉结合学科。一般来讲,动物地理学可以分为三个方向,第一个方向是生态动物地理方向,第二个方向是历史动物地理方向,第三个方向是景观地理方向。其中生态动物地理方向研究的主要是与现代的自然地理条件相适应的动物生态;历史动物地理学研究的是动物的分布区和动物的区系;景观地理方向主要研究地球上不同景观带、景观区和景观中动物群的种类组成和数量状况,阐明数量上占优势的常见的和稀有种中有前途的动物种,研究它们彼此间以及与地理环境各要素之间的相互联系。这些研究的内容虽然有所不同,但是都是为了阐明地球上各种动物的基本分布规律,以此作为对动物资源进行合理保护和利用的正确依据。"

一位同学听完说:"这样说起来,动物地理学还真是一门复杂的学科!"

廷伯根老师点点头说:"那是当然了,虽然这门学科的名字听起来都是关于动物或地理的,但是在实际研究的过程中,我们不仅要了解动物的生态、生理和行为特征,还要了解动物的起源、扩展和历史发展。而且在研究过程中,还会运用到动物学、古生物学、地质学和地理学等各种学科的知识。在生态动物地理方向,比较重要的知识是关于各种地理分布的规律,这些规律能够帮助人们了解某些动物的分布规律,并且依此将地球上的动物划分为各种动物生态地理群落。在历史动物地理方向的研究当中,重要的学说就是**板块学说和大陆漂移**

赵业婷老师评注

华莱士线是生物地理学中,区分中东洋区和澳洲区的分界线,在1860年由英国动物地理学者华莱士最先提出。该线从位于爪哇岛以东的巴厘岛和龙目岛间起,向北经加里曼丹岛和苏拉威西岛间,止于菲律宾群岛以南的海面。

学说。"

听完老师的叙述,同学们都很惊讶。张小凡说:"这样说来,真正想要了解动物地理,就一定要了解这些知识吗?这样说来实在是太难了!"

廷伯根老师摆摆手说:"我刚才给大家介绍的这些基本知识是作为一门学科要学习的东西,这些知识虽然很多,但是大家并不用觉得难。因为有很多关于地理方面的知识大家应该已经有所了解,至于其他与动物相关的知识,大家也并不需要完全知道,主要还是要在今天的峰会中把握住动物地理的主题,这样就不会将简单的问题复杂化了。"

赵业婷老师评注

板块构造学说是在大陆漂移学说和海底扩张学说的基础上提出的。这一新学说指出,地球表面覆盖着不变形且坚固的板块,这些板块以每年1厘米到10厘米的速度移动。其中六大板块分别是:太平洋板块、亚欧板块、非洲板块、美洲板块、印度洋板块和南极洲板块。

同学们听完纷纷点头。

廷伯根老师继续说:"所以同学们只要有丰富的地理知识做基础,以及一定的动物学常识,在今天的峰会过程中就一定能有所收获。"

● 动物的地理分布

华莱士老师接着说:"既然搞清楚了这个学科的主要内容,下面我们就进入这个学科的关键部分吧。大家觉得我们最先应该学习的是什么呢?"

"应该是动物的相关知识吧?"

"应该还是总结地理的一些知识。"

林安听了两位同学的发言之后说:"我认为应该是学习一部分能够将动物学和地理学联系在一起的知识。"

华莱士老师看着林安说:"没错,就是要将动物和地理联系在一起,所以我们接下来要了解的是一些关于动物的地理分布的基本知识。大家都知道,世界上现存的动物种类有很多,这些动物在地理分布上有着各自的特点,有的注重温度,有的注重湿度,还有的要与一些植物生存在一起,这就决定了动物有着不同的分布特点。"

"根据动物的分布区的范围和特点,可以将动物的分布方式分为四种,分别是连续分布、隔离分布、局限分布和偶然分布。连续分布指的是一个种群或一个属、一个科的分布区都是连在一起的。隔离分布也被称为间断分布或不连续分布,一个物种的分布可能不是连续的,而是间断的,是由两个或几个相距很远的地区组成的,在这些区域的中间完全没有该种群的分布。局限分布指的是某种物种的分类只分布在一个特定的区域当中,在其他的区域完全没有分布,例如我国的大熊猫就是局限分布。偶然分布的现象则主要存在于鸟类当中,比如说白脸鹭是一种在澳洲非常常见的鸟类,但是在中国的厦门偶尔也能够见到,这可能是偶然漂泊到此的迷鸟。"

听完之后同学们都觉得有意思。张小凡说:"没想到鸟儿也会迷路啊,而且竟然还会因为迷路创造一个分类出来。"

华莱士老师一本正经地说:"科学研究的态度都是严谨的,所以会把能够考虑到的状况都考虑进来。下面继续讲,根据动物分布区的局限性和起源情况,还可以将动物划分成四个种类,分别是固有种、特有种、移入种和引入种。固有种指的是某一种动物物种一定是只能够起源于地球上的某一个地区的,因此这个地区就是该动物物种的发源地,这种动物便是该地区的固有种。特有种指的是只局限分布在某一个地区,而不会分布在其他地区当中的某种生物,这种生物就是该地区的特有种。移入种指的是由邻近地区扩散或迁移而到一个新地区的物种。引入种指的是被人类有意识引入并生存在新地区的某个物种。"

同学们听了这么多分类之后,都表示有些复杂,纷纷开始讨论。

华莱士老师看到同学们的反应之后说:"其实这些分类并不是死板的,大家只要记住分类的标准和表现出来的特性,了解这种分类的意义就可以了。接下来,我们要讲的就是影响动物分布的因素。你们之前应该已经讨论过影响植物分布的因素,其实和动物相比,这些影响因素都是类似的,只不过具体的因素会对动物产生不同的影响。下面我们挑选其中几个比较重要的因素来分析。"

张小凡悄悄和旁边的林安说:"这种讲课方式和上次峰会当中对植物的讲解

动物的栖息地和分布区

动物的栖息地指的是动物都生活在一些一定能够供给某些动物生存所需条件的地方,在这个栖息地当中,动物是其中不能够分割的一部分。动物的栖息地可以是海洋、河流、森林、草原、荒漠等,范围可大可小。

很相似呢!"

华莱士老师清了清嗓子说:"请同学们好好听课。首先要讲的是温度。温度对动物的生长有非常重要的作用,会影响到动物的新陈代谢、脏器功能、生殖功能和抵抗力。一般来讲,普通的动物都适宜生长在相对适中的温度当中,当气温出现过冷或者过热的时候,就会产生一些抵御温度变化的行为,比如说有的动物会进行冬眠。这都是温度对于动物的影响。"

"其次对动物分布影响较大的就是生物因子了。因为动物是非常活泼的,总

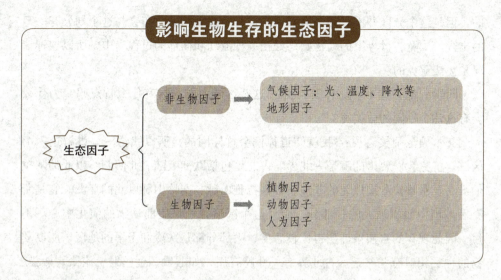

是处在行动当中，所以它们会对周围的生物产生很大的影响，周围的生物也会对它们产生很大的影响。比如说很多动物是食草的动物，因此在它们的生活环境周围，就一定要有草类植物的分布。人类对于动物的分布也有着很大的影响，人类会对有些动物进行抓捕或食用，这是对动物最大的迫害。"

同学们听完都感到非常生气，说："一定要保护动物，尤其是对于野生动物，一定要设立适当的保护机制，这样才能让它们的种族好好繁衍和生存下去。"

华莱士老师开心地说："这才是对待动物的正确态度。"

世界动物地理分区

艾尔顿老师看到华莱士老师讲得那么开心，也要开始讲自己擅长的知识了。他对同学们说："同学们可能不知道，其实研究动物的学者们已经对世界上的动物分布做了分类，比较传统的分类方法是将世界动物分为六个地理区，分别是古北界、新北界、新热带界、埃塞俄比亚界、东洋界和澳洲界。最初这六大动物地理的分区是在鸟类学的研究基础上形成的，而且对于陆生脊椎动物是非常实用的，但是这个分区并不是完全准确的，也有一些动物的分布会与这个划分有一定的出入。毕竟，世界上的动物始终处在一种流动和循环的过程当中，所以这种情况是无法避免的。"

同学们都有些不解。林安问道："这些区域内的动物有什么特点吗？为什么会有这几个不同的分类呢？"

艾尔顿老师笑着说："我就知道你们会这样问的，所以我将一一讲解这六个区域。首先我们要讲的就是古北界。古北界包括欧洲大陆、北回归线以北的阿拉伯半岛及撒哈拉沙漠以北的非洲、喜马拉雅山脉与秦岭山脉以北的亚洲。它是所有区域当中面积最大的一部分，而且这个区域曾经是史前动物的演化中心。不过，因此现在的自然条件变得比较恶劣，大部分都是寒冷和干旱的地区，所以动物的种类相对有些贫乏。古北界有一些特有属，如鼹鼠、金丝猴、旅鼠、熊猫、狐、貉、獾、骆驼、獐、羚羊、山鹑、鸨、毛腿沙鸡、百灵、岩鹨等。"

"第二个要讲的是新北界，新北界包括墨西哥南部以北的美洲、格陵兰、加拿大、美国、墨西哥高地、中美洲及部分加纳比海群岛。新北界气候条件与古北界相似，但是物种的总数比较少，是物种最少的一个动物地理区。新北界的著名特有种有棕熊、麝牛、驼鹿、头海雕等。"

赵业婷老师评注

变温动物又称冷血动物，除了哺乳类和鸟类的动物，地球上的动物大部分都是变温动物。变温动物并不是需要寒冷，而是因为动物的体内没有自身调节体温的机制，仅能靠自身行为来调节体热的散发或从外界环境中吸收热量来提高自身的体温。

恒温动物是指鸟类和哺乳类动物，因为体温调节机制比较完善，所以能在环境温度变化的情况下保持体温的相对稳定。

"总体来讲，在六个动物地理区当中，古北界与新北界的联系是最为密切的，它们的气候条件非常类似，而且在历史上曾经有陆桥相连，有很多类似的动物分布，所以合称为全北界，这两者代表的就是北温带和北寒带的动物区系，物种不是很丰富，**变温动物**少，但是**恒温动物**分布相对较多，而且还盛产大型的种类。在全北界的动物分类当中，候鸟占到很大的比例，很多两栖动物、爬行动物都有冬眠的习惯。"

同学们看看地图，再听老师讲的，对应着地图理解老师讲的内容，不住地点头。

艾尔顿老师继续讲解道："下面要讲的

另外两个动物地理区，就是热带界和新热带界。热带界就是埃塞俄比亚界，包括撒哈拉沙漠以南的非洲大陆、北回归线以南的阿拉伯群岛、马达加斯加及附近岛屿，这个区域内的景观主要是沙漠、草地和热带草原，主要的植被类型是热带稀树草原，气候相对比较稳定，所以动物物种非常丰富。这里分布着很多大型哺乳类动物。该界的特产有鱼类中的非洲肺鱼、多鳍鱼，两栖类的爪蟾，爬行类的变色龙，鸟类中的非洲鸵鸟、鼠鸟等。"

"新热带界则包括南美大陆、中美、墨西哥南部和西印度群岛，基本就是拉丁美洲的范围。这个地区属于热带气候，有大面积的热带雨林和草原，还有全球最大的热带雨林——亚马孙热带雨林。这里的动物物种同样是丰富且繁多，鸟类的种类和数量是最丰富的地区之一，鱼类、两栖类、爬行类种类非常丰富，有很多特有种，例如，美洲肺鱼、电鳗、电鲶、负子蟾、美洲鬣蜥等。"

听完老师讲的这部分知识，林安说："这两个地理区虽然都是热带的，但是景观和动物分布还真是不一样啊，估计主要还是因为一个比较干旱，一个比较湿润吧！"

艾尔顿老师说："你这样分析非常好！接下来我们还有两个地理分区要讲。首先要说的就是东洋界。东洋界主要包括亚洲南部喜马拉雅山脉和秦岭以南地区、印度半岛、中印半岛、斯里兰卡、马来半岛、菲律宾群岛、苏门答腊岛、爪哇岛及加里曼丹岛等。东洋界的大部分地区处于热带和亚热带地区，降水丰富，植被类型比较多样，有季雨林、干旱热带森林、灌丛、热带草原及沙漠等多种差异的地理环境，所以这里的动物物种也非常丰富。爬行类包括平胸龟科、鳄蜥科、婆罗蜥科、异盾盲蛇科、食鱼鳄科等五个特有科。这个地区是很多鸟类的分布中心，如雉科、阔嘴鸟科、黄鹂科、卷尾科、椋鸟科、画眉科等。"

同学们兴奋地说："这个区域包括了我国的南方地区，像云南、海南、广西这些省份的景观就是这样的！"

艾尔顿老师接着说："没错，东洋界与澳洲界之间的分界处，形成较大的过渡带，这个区域就是著名的华莱士区，在生物地理上具有重要意义。最后我们要讲的一个区域就是澳洲界，澳洲界包括澳洲大陆、新西兰、塔斯马尼亚，以及附近太平洋上的岛屿。澳洲界是最古老的一个区域，保留着中生代晚期的很多特点，动物的种类虽然比较少，但是却保留了很多比较原始的物种，是一个极具独特性的地区。这个地区的气候比较干燥，大多是草原、荒漠，热带雨林和季雨林的分布比较少。这里的代表种类有澳洲肺鱼、楔齿蜥、鸸鹋、食火鸡、几维鸟、琴鸟、园丁鸟、单孔类、有袋类等。在这个区域内，新西兰和太平洋岛屿更加与世隔绝，拥有一些独特的物种，这是因为新西兰很早以前就与大陆分离，长期孤立，是世界上最古老的动物地理区，拥有一些珍贵的活化石。"

动物与其他生物的关系

廷伯根老师继续讲："最后我们要讲的是分布之后产生的影响，各个分布区都有各种各样的生物，因此生物之间呈现的各种关系就显得非常重要。"

同学们纷纷点头，认为廷伯根老师提出的这一点是非常重要的。

廷伯根老师说："首先要说的是动物在自然界当中的作用。动物在自然界中有维持生态平衡、促进物质循环、帮助植物传播花粉和种子等作用。"

"生态平衡指的是生态系统中各种生物的数量和所占的比例总是维持在相对稳定的状态。

"为什么说动物也起到了促进生态系统的物质循环的作用呢？因为动物通过食物链从植物中获得所需的能量，并排出废物，但是这些废物又能够成为植物的美餐。同时那些细菌和真菌也能够发挥它们的作用，把这些废物分解成无机盐，供自己生存。这就构成了生态系统当中的物质循环，从而极大地提高了能量利用率，也实现了生态系统当中物质和能量的转换。

"动物还可以帮助植物传粉、传播种子，为植物的繁衍做出很大贡献。比如说花朵需要蜜蜂、鸟儿等动物的传粉帮助它们繁衍，同时这些辛勤的动物也能得到回报，那就是花蜜。正是这种有来有往的相处方式才使得两者在地球上共同生活，构成美妙的大自然。"

一位同学听了之后说："老师说的这些好像都是动物的积极作用，难道动物就没有什么消极的作用吗？"

廷伯根老师说："当然有消极的一面。万物总是这样，有好的一面也有坏的一面，动物与其他生物之间的关系也是如此。在自然界中，当某一种生物突然增多时，必然会引起另一种生物的大量减少，从而影响该区域的生态平衡。比如说当大草原上的牛羊突然增多，就会导致大草原上的草源大量减少，这样就会破坏大草原的生态平衡性了，严重的话还会导致草原的荒漠化，现代许多荒漠便是由于人类大量饲养牛羊而造成的。而且因为很多动物更具灵活性，所以它们经常会踩踏和破坏植物，有的动物会将植物作为食物，这些都是动物对于植物的破坏，但是总体来讲，这些破坏都只是局部的或者是具体的，不会对整个植物群体造成威胁。"

张小凡说："这么说来，关系又变复杂了，这种关系一会儿好一会儿坏，到底怎么回事啊？"

廷伯根说："小同学，这就不是你操心的事情了，总体来讲，只要是能够继续生活在地球上的物种，它们与外界的相处方式就是合理的。"

同学们听完纷纷点头。

廷伯根老师继续说："当然，除此之外，动物对于人类的作用也是非常重要的。首先，动物为人类生活提供了丰富的物质资源。从古到今，一直都有很多靠动物资源为生的国家和地区。比如说骆驼之所以被称为'沙漠之舟'，是因为在沙漠那样极端干旱的地理环境当中，骆驼是人们非常重要的交通工具，因此也创造了很多财富。比如说澳大利亚一直被称为'骑在羊背上的国家'，这就是说羊毛对澳大利亚来说是一项非常重要的资源。一直到今天，虽然社会在不断发展和进步，但是人类对食物的选择还是非常丰富。祖先们茹毛饮血、饥不择食，但是后来变成以植物性食物为主，今天又转向以动物性食物为主，从含脂肪较多的肉食转向含蛋白质较多的肉食。很多现代人摄取蛋白质的方式，就是通过猪肉、牛肉、羊肉、鱼肉、鸡肉等肉类食物实现的。"

"人类健康与动物也有一定的关系。人们发现很多疾病可以用动物来进行治疗，例如古人早就知道用蛭吸瘀血，治疗肿毒疔疮等顽症。明代李时珍的《**本草纲目**》

赵业婷老师评注

在中国古代的著名医药书《本草纲目》当中，将动物作为药材的一种记录在其中，作者李时珍将动物药分为六部，分别是：虫部、鳞部、介部、禽部、兽部、人部。

动物对人类的重要作用

动物为人类提供食物

动物为人类提供衣物

动物为人类提供交通工具

中记载的动物药材有461种,例如牛黄、鹿茸、麝香、龟板等。如今癌症可以说是最恐怖的一种恶疾,成千上万的科学家都在探索着治疗的方式,海洋动物资源是他们研究的热点。这就能够看出,长期以来,许多动物为人类的健康做出了无私的奉献。

"总而言之,动物为人类提供了衣、食、行、药物、观赏、实验材料,还可以作为生物反应器和仿生对象。相反,人类为动物做的就少多了,人类为了自身的发展大肆地捕杀动物、破坏环境。导致现代许多珍贵物种绝种了。在此我想呼吁自以为能征服大自然的可怜的人类,努力去爱护动物们、保护大自然吧!"

廷伯根老师说完,这次峰会的时间也差不多了,三位老师一起向同学们鞠躬,示意峰会的结束。

推荐参考书

《动物的地理分布》 华莱士著。这本书出版于1876年，是历史上动物地理学最重要的文献之一。华莱士创立了"物种的产生和变化在空间和时间上相互关联而一致"的理论，很多关于动物地理学的观点一直到今天都有用。

第十二堂课

李斯特、马尔萨斯、李嘉图讨论"人口地理"

认识人口，就是认识我们人类本身。

李斯特/马尔萨斯/李嘉图

乔治·弗里德里希·李斯特（1789—1846），德国历史学派的先驱，保护贸易论倡导者。他虽然不是人口学家，但在研究经济的时候始终关注国家的人口状况，把经济和人口联系起来进行研究。他在阐述经济与人口的关系时认为，只有发展生产力才能解决人口问题。

托马斯·罗伯特·马尔萨斯（1766—1834），英国教士、人口学家、经济学家。因提出人口理论而闻名于世。他在作品《人口论》中指出，人口按几何级数增长而生活资源只能按算术级数增长，所以不可避免地要导致饥馑、战争和疾病；呼吁采取果断措施，遏制人口出生率。

大卫·李嘉图（1772—1823）古典经济学理论的完成者，古典学派的最后一名代表，最有影响力的古典经济学家。他在研究古典政治经济的过程中也非常注重人口的问题，曾经发表《人口与经济》，他的代表作品有《政治经济学及赋税原理》等。

这一天，张小凡和林安早早就到了地理峰会的现场，现场的人非常少，于是两个人又坐在一起聊天。

张小凡说："我总觉得地理峰会的内容涵盖特别广泛，每次都以为地理峰会的内容已经讲解得差不多了，但是接下来老师们还是能够推出新的话题来展开讨论。地理还真有无穷无尽的话题啊！"

林安说："这只是因为你对地理的了解太少了，所以你在听地理峰会的过程中总觉得自己是在学习新的知识，这是非常正常的。等你参加完全部的地理峰会，一定会受益更多的！"

张小凡点点头说："那是当然了！不过我觉得之前讲的地理学内容已经差不多了，感觉自然界中的所有东西都被讲了个遍，接下来也不知道要讨论什么呢？"

林安说："是啊，自然地理确实都已经讲得差不多了，那你了解过人文地理吗？"

张小凡脸上浮现出非常佩服的表情，他拍拍林安的肩膀："好学生啊，不愧是地理学专业的，你这么一说我就明白了，原来还有一大部分的人文地理没有讨论过呢！"

两个人正在交谈着，老师进来了，一位老师听着两个同学的讨论，哈哈大笑，说："你们两个讨论的还真有点儿意思，今天我们要讨论的就是人文地理的知识。"

张小凡着急地问："那今天的主题是什么呢？"

这位老师说："留个悬念吧，一会儿认真听讲！"

人口的基本知识

过了一会儿，参加峰会的学生们陆续到齐，峰会正式开始了。

刚才和张小凡对话的那位老师先发言说："刚进教室的时候，就听到有同学在议论今天的主题，相信大家也都比较关注。正如一位同学所说的，之前地理峰会的主题都是**自然地理**，从这次开始，地理峰会的内容就开始关注**人文地理**方面的知识。我是今天的老师之一，马尔萨斯老师。这两位分别是李斯特和李嘉图老师。"

说着，其他两位老师也分别向同学们鞠躬致意。李斯特老师说："其实我和李嘉图老师主要研究的是经济，但是我们也非常关注人口问题。所以今天的峰会主要由马尔萨斯老师来主持，我们两个人做一些相应的补充。"

李嘉图老师也说："的确如此，我们两个在人口问题方面的知识，比起马尔萨斯老师还是差了许多。"

马尔萨斯老师说："两位老师都过谦了，其实人口学涉及的知识非常广泛，它研究人口的发展，注重人口与社会、经济、生态环境之间的各种关系，所以与其他学科，尤其是经济学的联系是非常紧密的。因此，这节课肯定离不开两位老师的讲解。"

赵业婷老师评注

人文地理学是一门以人地关系的理论为基础，探讨各种人文现象的地理分布、扩散和变化、人类社会活动的地域特点和发展规律的学科。人文地理学主要包括社会文化地理学、政治地理学、经济地理学等。

自然地理学是一门研究自然地理环境的组成、结构、功能、动态及其空间分布规律的学科。自然地理学的研究对象是自然地理环境，主要是指受到人类间接或轻微影响而原有自然面貌未发生明显变化的天然环境，或者是长期受到人类影响发生重大变化的人为环境。

看着三位老师在讲台上融洽的样子，学生们都觉得很和谐，对今天的这次峰会充满期待。

马尔萨斯老师接着说："首先我来为同学们介绍人口学的研究内容。人口学包括人口理论、人口统计学，主要研究人口与社会、经济、生态环境之间的相互关系等。自人类文明产生以来，人口学就在不断发展。整个时代的发展既与社会形态、社会生产力和生产关系的发展相关，也与人口的不断发展相关。而且人口的发展在整个历史进程当中发挥着非常重要的基础性的作用，因为只有在人口顺利发展的基础上，才能实现人类社会在其他方面的发展。后来，很多学者都意识到人口发展的重要性，于是就诞生了真正的人口学。"

"人们逐渐发现，人口的发展并不是杂乱无章的，而是有一定规律的。总体

来讲，人口发展最根本的推动因素是社会生产力的发展。在社会生产力和生产关系发展的复杂过程当中，人口会经历各种各样的变动，比如，出生、死亡、人口迁移等，这些人口的变动会造成社会结构的变动，甚至会影响到社会生产力的变化，最终这种社会的发展情况会反过来作用于人口的发展。所以说，对人口的研究其实涉及社会的方方面面，包括政治、经济、资源、军事等，各个方面都可以对人口发展做出不同的解读，所以人口学的理论会随着时间的推移越来越丰富。"

人口质量与经济发展

马尔萨斯老师接着讲："下面我们要讲的一个概念，是人口概念当中相对重要的一个概念，就是人口质量。大家能不能从这个词的字面对它进行一定的解读呢？"

一位同学站起来说："我认为人口质量就好像商品质量一样，我们都说商品质量是有好有坏的，有各种各样的标准和规则，所以人口质量也应该是将人口做好坏区分的一个概念吧。"

紧接着下一位同学就开始反驳："可是，怎么能够用质量的好坏来形容人呢？有的人可能天生有一定的生理缺陷，难道我们就将这种可怜的人归为不好的人吗？我觉得这样用好坏来形容人实在是一种非常令人失望的方法。"

之前的同学又站起来说："但是确实存在这样的概念啊，应该就是这样的含义吧？"

三位老师看到同学们争论的样子非常有趣，最终马尔萨斯老师说："同学们少安毋躁，听我来讲。人口质量是人口经济学当中一个非常重要的范畴，通常指的是在一定的社会生产力和社会制度的背景下，人们是否具备一定的思想道德水平、科学文化水平、身体素质水平和劳动技能水平。人口质量确实是衡量人口的一个标准，但是这种标准只是用于学者对于人口问题的研究，是对人类群体的一种研究，并不是对个别人进行价值上的具体判断，所以请同学们不要对这个概念有偏见和曲解。一般来讲，社会发展的水平越高，人口质量也就越高。"

之前的那位同学说："原来是这样啊，老师这么一说，我就理解了。那人口质量也应该有一定的指标吧？"

发展中国家和发达国家的人口质量

从发展中国家和发达国家的人口现状能够看出，发展中国家的人口质量一般来说是低于发达国家的人口质量的，在身体素质、科学文化素质方面尤其明显。

马尔萨斯老师说:"是的,判断人口质量的标准主要有三个,分别是身体素质、科学文化素质和道德素质。从宏观上来讲,人口质量是在不断提高的,因为社会总是在进步和发展,对于人口质量方面的要求也是越来越高的。但是从微观来讲,也就是从具体的个人身上分析,我们都知道,要想提高人的科学文化素质和身体素质,就需要一定的经济投入。"

同学们感到困惑不解:"本来不是在讲人口质量吗?为什么又跳到了经济问题呢?"

李斯特老师说:"这个问题其实非常简单。从微观的具体个人而言,如果一个人想要提高自己的科学文化素质或身体素质,就需要花费一定的代价和费用,尤其是想要有很高的追求的时候,就一定需要进入顶尖的学府或是利用更加优质的资源。如果一个人家庭比较贫困,他首先要做的事情一定是想怎么养家糊口,一定很难实现这样的追求。有条件支付这种优质的资源,才有可能实现更高的人口质量,这些都是很好理解的。对于整个社会来讲,我们都知道,世界上的每个国家都会在自己国民的教育、医疗、体育等方面做出一定的投入,这些都是为了保障人口的质量做出的投入。只有有了这种好的环境,才有可能实现人口质量的全面提高。"

李嘉图老师说:"我也做一点儿补充。刚才有同学指出人口质量和商品质量好像有一定的联系,其实我也是这么想的。我认为人口质量一定是一种耐用的商品,不管是在人的身体素质、科学文化素质还是在道德素质上做投资,这种投资都可以说是具有终身效应的。就像**耐用品**一样,能够使用相当长的时间。所以作为给每个学生的建议,我认为大家应该关注自身质量或素质的提升,在自我提升方面永远不要吝惜,因为你会因为这样的投资得到更多。"

赵业婷老师评注

耐用消费品是指那些使用寿命较长、一般可多次使用的消费品。耐用消费品由于购买次数少,因而消费者的购买行为和决策较慎重。耐用消费品的典型适用产品如,家用电器、家具、汽车等。

同学们听完之后直点头。于是马尔萨斯老师说:"这两位不愧都是经济学家,我刚提到经济的相关概念,他们连投资的概念都引出来了。不过这也是非常有道理的,正印证了我刚才说的人口质量与经济是有着密切关系的。"

"刚才我们讲到反映人口质量的关键因素，还有各种各样的指标。这些指标就是具体衡量人口质量因素的。反映人口身体素质状况的指标有，平均预期寿命、长寿水平、平均死亡年龄、幼儿死亡率、残疾人口所占比重等。反映人口科学文化素质的指标有，识字率、文盲率、入学率、每十万人口中各种文化程度人口数、人口的平均受教育年限、每百万人口中从事研究与开发的科学家与工程师、每万职工中技术人员所占比重等，这些指标都是非常具体的，这样才能够反映出具体的科学文化水平。思想道德素质方面不好量化，但也有一定的标准。

"除了这些直接指标之外，还有不少间接指标，这些指标能够从间接的方面反映人口的素质。比如，每万人中医生数、床位数、卫生经费在国民收入中所占的比重、每人每天的热量和蛋白质供应量、人均粮食占有量、人均住房面积、人均教育经费、教育经费在国民收入中所占的比重、图书和报刊的出版发行量、环境监测状况与污染指数等，这些指标都能够反映出一个国家的人口质量。"

同学们在老师的讲解中听到太多指标和标准了，不禁有些晕头转向。张小凡站起来问："刚才那些直接指标都是非常好理解的，但是有些间接指标就不太懂了。比如医生数和医院的床位数，怎么能够反映出国民的身体素质呢？还有图书和报刊的出版发行量，与国民的科学文化素质一定有关系吗？"

李斯特老师解答他的问题："其实在学习人文地理的过程中，不仅要从现实的角度理解，还要提高自己的社会分析能力。从表面来看，医生所占的百分比和医院的床位数好像和人口质量没有什么关系，但是仔细想想，医院本身就是一个治疗疾病的地方。如果在一个国家或地区，医生的数量和床位的数量都很多，这就说明社会对看病的需求很大，医院每天都门庭若市，说明这个地方有很多病人，这里的人口的身体素质自然不会好到哪里去。"

同学们听完都纷纷点头，觉得很有道理。

李嘉图老师也说："我再帮你们分析一下图书和报刊的出版发行量吧，这其中也涉及需求和需求被满足的关系。如果说一个地区人口的科学文化素质很高，那么他们对于知识的渴求一定是非常大的。如果一个地区人口的科学文化素质并不高，他们也根本不会去想看书或看报这类事情。可以说阅读很能反映人口素质，尤其是科学文化素质的。如果科学文化素质比较高，自然会有很多人购买书籍和报纸，这些书籍和报纸就会有广阔的市场。所以说图书和报刊的发行量能够从侧面反映一个地区人口的科学文化素质。"

张小凡不禁感叹:"真是没有想到,与人口相关的概念真是太丰富了,像这个社会一样复杂。"

马尔萨斯老师说:"其实本来就是这样,人口是一个社会概念,所以理所应当使用很多社会的相关知识进行分析。大家在学习人文地理的过程中,都应该有这样的意识才行。至于人口质量这个问题,我们还有最后一个小问题要解决,就是如何提高人口质量。第一要注重优生,从根本上改善这个问题,使人口的优质基因得到遗传和发展,让劣质基因受到抑制。第二要加大对教育、科学、医疗、卫生等事业的经济投入。刚才我们已经分析了这些因素对于人口质量具有非常重要的意义,所以不论是作为国家还是个人,都应该注意。"

人口结构

马尔萨斯老师继续讲:"接下来我们要讲的一个概念是人口结构。大家对这个概念有什么理解吗?"

同学们又开始表达自己的想法。一个同学说:"我发现学者们在研究的时候很喜欢用各种概念强加到人口上面,人口结构应该也是这样的吧。"

林安说:"我认为研究人口结构是非常有意义的,能够从不同的角度和方向去理解人口。比如说从年龄的角度理解一个地方的人口,可能会发现这个地方一些隐性的问题。"

马尔萨斯老师说:"很有道理。我们讲的人口结构,又被称为人口构成,这个概念是将人口以不同的标准划分成不同的结果,这样从划分的过程就能够反映出各种特点的人口在人口总数中所占的比例。构成这些标准的因素主要包括年龄、性别、人种、民族、宗教、教育程度、职业、收入、家庭人数等。当然,影响这些标准的因素就更多了,包括性别、年龄、居住地、民族、阶级、文化、婚姻、职业以及宗教信仰等,这些都会对人口的结构特征产生一定的影响。"

林安接着问:"那这些影响因素究竟有什么意义呢?比如说我们研究人口的年龄结构或者性别结构,对我们国家有什么样的意义?"

马尔萨斯老师说:"在人口结构的各个因素当中,年龄和性别是两个最基本也是最核心的要素。对年龄因素的研究主要表现在出生率和死亡率上面,通过这个标准可以将人口结构分为三种类型,分别是成长型、稳固型、衰老型。成长型指的是出生率大于死亡率的国家,在这种情况下,人口当中的青少年的比例特别大,在短期之内人口将会迅速增长,不用担心劳动力的问题,但是要注重提高人口质量。大部分的非洲国家、东南亚、南美洲国家,以及印度,都是这种类型。稳固型指的是人口的出生率和死亡率大约相当,保持在一个相对稳定的状态当中。在这种结构类型当中,青壮年占到了社会人口的大部分,整个社会的其他年龄人口也保持在一个相对稳定的状态当中。衰老型结构指的是人口的出生率低于人口的死亡率,这种结构下的社会人口处于一种老化和减少的状态,老年人在社会人口当中所占的比例比较大,而且会越来越大。在很多发达国家都是这样,造成整个社会都出现**人口老龄化**的状况。"

赵业婷老师评注

人口老龄化是指人口生育率降低和人均寿命延长,总人口中因年轻人口数量减少、年长人口数量增加而导致了老年人口比例相应增长的状态。国际上通常看法是,当一个国家或地区60岁以上老年人口占人口总数的10%,或65岁以上老年人口占人口总数的7%,即意味着这个国家或地区的人口处于老龄化状况。

"另外一个重要的因素就是性别因素。根据生物学的原理,人类生育后代的结果男女比例应该是一样的,各50%,但是从现实来看,我们发现在很多国家,因为特殊的传统观念或特殊的原因会造成男女比例失衡。男女比例的均衡具有非常重要的意义,能够使一个社会处在相对稳固和安定的状态当中。在中国,民族的结构也是非常重要的,据我所知,中国有五十六个民族,这些民族都有各自的生活习惯,所以对多民族的国家来讲,用民族的因素来划分人口结构,也是一种非常重要的方式。"

林安听完,说:"所以说,各种因素其实都是我们理解人口构成的一个角度,我们从不同的角度去认识人口的构成,就会产生不同的结论,对生活也具有不同的指导。"

马尔萨斯老师继续说:"人口结构是人类社会、经济、文化发展的产物,因为这些方面的繁荣,又会对人口结构产生不一样的影响。总体来说,可以将人口结构分为三种类型,分别是自然结构、社会结构和地域结构。"

同学们听完好像都没有什么头绪,一副不解的样子。

马尔萨斯老师说:"大家听我慢慢来讲。人口的自然结构指的就是根据人口的生物学特征进行划分的结构,也就是处于自然状态下的人们。在这种状态下,主要研究的就是人口的性别和年龄这两方面。可以说,人口的自然结构既是**人口再生产**的结果,也是人口再生产的基础和起点,对人口的发展、以后的人口规模,以及对社会经济都有非常大的影响。"

赵业婷老师评注

人口再生产指的是人口内部老一代陆续死亡,新一代不断出生,世代更替的过程,使人口的总体不断地延续下去。人口再生产类型的划分依据是,人口出生率、死亡率、自然增长率。人口再生产类型与一定阶段社会生产力发展水平相适应。

"然后要讲的就是人口的社会结构。根据人口的社会特征的不同,能够对人口进行一定程度的划分,其中包括阶级结构、民族结构、文化结构、语言结构、宗教结构、婚姻结构、家庭结构、职业结构、部门结构等。这些结构都是与社会的经济发展、生产方式有着密切关系的,同时这种人口的结构特征还会反作用于经济发展。

"第三种是人口的地域结构,这应该是最好理解的一个层面。因为人们居住在一定的区域当中,所以在同一区域中生活的人就一定有某种共同点,于是就产生了人口的地域研究。人口的地域结构状况和地理环境、自然资源、经济发展都有很大的关系,只有合理的人口地域结构才能构建和谐的人地关系,促进人类社会的发展。"

听老师讲完,同学们说:"这么说来,人口结构还真是有很重要的意义啊,在各个方面都与人类生活有着非常紧密的联系。"

李斯特老师也说:"在刚才马尔萨斯老师讲的各种类型的人口结构划分中,能够看到人口结构和经济有着非常紧密的联系。比如说人口的社会结构在很大程度上与经济有密不可分的关系。我们能够看出来,职业结构、文化结构、阶级结构等概念,都与经济联系紧密。在了解了这些人口的不同特征之后,就能够对人口进行预测,最终制订经济与社会发展规划,制定人口政策和社会经济政策,所以说人口结构的划分是非常重要的。"

人口分布和迁移

马尔萨斯老师接着讲:"最后我们要讲的一部分是人口的分布和迁移。世界上只要有人类存在,人口的分布就一定会呈现某种特征,这是毋庸置疑的。因为人总是需要一定的生存空间,还需要组成一定的群体,只有这样才能够保证人口发展的长期和稳定。人口分布指的就是人口在一定时间内的空间存在形式和分布状况,其中还包括一些特定人口的分布。这些分布受到了自然、政治、经济、社会等多种方面的影响。"

李嘉图老师说:"虽然人口的分布总体来说是比较稳定的。但是人还是具有一定的流动性的。现代社会,有很多人因为学习、工作、婚姻等诸多因素进行**移动或迁移**,形成了人口在空间范围的流动。"

赵业婷老师评注

人口迁移指的是人口在两个地区之间的地理流动或者空间流动,这种流动通常会涉及永久性居住地由迁出地到迁入地的变化,这种迁移也被称为永久性迁移。

人口移动虽然也有空间上的流动,但是它不涉及永久性居住地变化。

马尔萨斯老师接着说:"对!就好像哲学中认为运动和静止是一对相对的概念,在人文地理当中,人口的分布和迁移也是一对相对的概念,我们来一起讨论一下这两个方面。首先我们了解一下世界人口的分布特征。全世界的总人口已经超过70亿,其中亚洲的人口占到世界人口的50%以上。世界人口的分布是不均匀的,主要分布在纬度20度到60度的范围内,在亚洲东南部、欧洲和北美洲东部形成了世界上人口最稠密的三个区域,人口数占到了总数的70%左右。而其他地区的人口分布都比较稀疏,只有少数较小的密集区。"

同学们吃惊地说:"这样看来,地球真的是承载了太多啊!人类的人口数目实在是太大了!"

李嘉图老师也说:"不论是从地理的角度,还是经济的角度来讲,地球环境都是有一定的承载量的,就现在的人口分布来看,一定要采取一些方法,合理配置全球的资源,才能真正实现全人类的和谐生活和发展。"

马尔萨斯老师也严肃了起来:"人口问题的确是全球性的问题。接下来要讲的是人口分布和迁移的影响因素,从这个角度来看,两者之间的相似性还是很大的。大致能够分为三个方面的因素,分别是自然环境因素、社会经济因素和政治因素。这个问题应该比较容易分析,请同学们畅所欲言吧!"

同学们都非常有兴趣。

马尔萨斯老师一边写板书一边说:"首先请大家分析一下自然环境因素的影响,站起来直接说就好。"

同学们纷纷站起来回答。

"最根本的要素肯定是气候,一个地区如果温度适宜、降水丰富,适合人类生存,那么这里就一定会分布有很多的人口。如果气候条件恶劣,人们就会选择迁移或离开。"

"还有河流的分布、水资源的储量。"

"如果一个地方有矿产资源,就一定会有很多人愿意住在这个地方,开发相关的产业。"

"如果一个地方频繁发生自然灾害,人们就一定会想要离开这个地方。"

马尔萨斯老师说:"很好,接下来再请大家来分析政治和经济方面的因素。"

"在政治方面,比较重要的应该就是战争、政策、政治改革之类的事件对人口的分布或迁移造成的影响。"

"在经济方面,我认为很多人都追求高收入,更多的工作机会、学习机会,享受更好的资源配置。"

"而且随着网络的发展,城乡之间的交流越来越多,减少了各种人口迁移的困难。"

马尔萨斯老师把大家发言的内容都归纳到板书当中,然后笑着对大家说:"你们的思考能力真是不错,对这个问题分析得非常到位。不管是影响人口的分

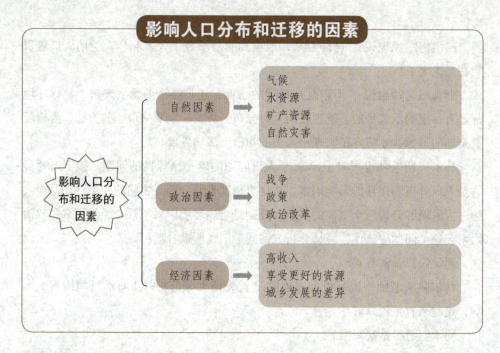

布还是迁移,其实只是在讨论一个问题,就是什么样的环境会更适合人类生存和居住。今天的地理峰会到这里就结束了,希望大家都有所收获!"说完,马尔萨斯老师、李斯特老师、李嘉图老师一起向同学们鞠躬,走出了教室。

推荐参考书

《人口论》 马尔萨斯著。书中从两个不变法则出发:食物为人类生存所必需、两性间的情欲是必然的。根据这两个观点,阐述了很多引申的结论:工人的工资水平和工人的生活随工人人口的增减而进退、极力反对当时英国实行的济贫法、财产私有制是人口自然法则作用的结果、废除财产私有制、实行婚姻自由、建立起平等的社会制度等。

第十三堂课

赫特纳、施吕特尔、克里斯塔勒讨论"城市地理"

> 地理创造了城市,城市又改变了地理。

赫特纳/施吕特尔/克里斯塔勒

阿尔弗雷德·赫特纳(1859—1941),近代地理学区域学派奠基人。他创办了《地理杂志》,强调地理学的区域特性,叙述了地理学的历史、性质、任务、研究方法、概念和思想的构成、地图和图片、文字表达以及地理学教育,系统地阐明地理学理论,是其地理学思想的代表作。

奥托·施吕特尔(1872—1959),德国人文地理学家,景观学说的提出者之一。他曾经发表《人类地理学的目的》,提出文化景观形态学和景观研究是地理学的主题。他还完成了中欧聚落地理研究,著有《早期中欧聚落区域》,论述了公元6世纪时中欧聚落,提出文化景观与自然景观的区别,并最早把人类创造景观的活动提到方法论原理上。

瓦尔特·克里斯塔勒(1893—1969),德国地理学家,专门研究城市分布规律。他于1933年创立"中心地理论",被视为地理学界的一个重要理论。

"嗨！好几天没有见你，你这段时间跑哪里去了？"张小凡一见林安，就赶快关心地问最近的状况。

林安笑着说："这都被你发现了啊？我最近和爸妈去了一趟上海。"

张小凡说："去大城市逛一圈，有什么特殊的感受吗？"

林安说："大城市确实是不一样啊！环境上的舒适、交通上的发达自然是不用说了，更重要的是，城市人的素质非常高。我几乎没有在上海的公共场所看到过不太雅观的行为。我觉得作为一个城市，上海真的不错。"

张小凡说："这么说来，对于一个城市来说，硬件设施很重要，软件设施更重要啊！"

林安一边拿出手机让张小凡看他在上海拍的照片，一边说："你看，这些都是上海的照片，是不是看起来很干净，很文明？"

张小凡说："果然是这样，要是全中国的城市都能发展成这样就好了！"

林安说："一定会有那么一天的。"

● 城市是怎么形成的

张小凡和林安到了地理峰会的现场，看着讲台上的布置，尤其是黑板上写着的"城市地理"的主题，两个人感到很兴奋。没想到刚才还在路上讨论的城市，竟然就是今天地理峰会的主题。

这时三位老师也都走了进来。同样先是三位老师进行自我介绍。

第一位老师落落大方，看着同学们微笑点头之后说："各位同学大家好，我是今天的地理老师赫特纳，非常开心能够有机会跟你们共同讨论地理的知识。我可以不加谦虚地说，我是近代**区域地理学派**的奠基人，所以我认为对地理学的研究主要应该从区域的方法着手去分析。今天我们要讨论的城市地理就是这样的思路，希望大家能够掌握好城市的区域知识和相关的方法。"

张小凡听完不禁说："这位老师真是厉害啊，自我介绍的过程中都能够穿插自己的学派知识。"

林安说:"当然了,这些地理学家都非常注重自己的学派知识。"

第二位老师接着说:"大家好,我是施吕特尔老师。我是一名地理学家,虽然我对现代的城市没有做过太多的研究,但是我研究的侧重点是中欧时期的地理聚落,我发现当时的文化景观和自然景观就出现了一些不一样的特点,希望稍后能和大家一起分享这方面的知识。"

第三位老师接着说:"前两位老师都非常厉害。我之所以也来参加今天的峰会,是因为我主要研究的就是城市地理,可以说我对城市地理做过非常详尽的研究,并提出过一些比较重要的城市地理的理论。我的名字叫克里斯塔勒,相信今天会和老师们、同学们有很好的交流。"

赵业婷老师评注

区域地理学派研究地球上不同大小的区域。区域地理学研究的侧重点是以地球表层某一特定区域为实体,研究各自然地理要素在该区域相互作用以及与人文地理各要素的关系,综合揭示区域自然环境特征、区位分析、发展变化,以及区域发展规律。区域地理学在协调人地关系、促进区域协调发展上起着重要作用。

林安突然对老师说:"请问您是不是创立中心地理论的克里斯塔勒老师呢?"

克里斯塔勒老师骄傲地说:"的确是我。看来大家的地理知识储备还是不错的。我们开始今天的讨论吧。我认为首先应该讨论的一个问题就是城市的形成。"

其他两位老师点点头,台下的同学们也非常赞同克里斯塔勒老师的这个建议。

施吕特尔老师先开始讲:"我刚才说过,我对于城市的历史有一定的了解,所以我首先跟大家分享我在这方面的知识。在原始社会的时候,人类本身是居无定所的,当时的人们随遇而安,三五成群,可以说是一个没有城市的世界。但是随着他们生活的范围逐渐扩大,他们遇到了更多的危险,在这种时候,三五个人的力量就显得非常薄弱。比如说当遇到巨大的猛兽的时候,只有和其他的群体一起联合,才能够战胜猛兽,从而保住自己的生命。于是群体的规模越来越大,更多的人聚集在一起。群体的人数变多之后,需要的物质也变多,像之前一样的移动生活就变得没有那么轻松了,于是他们就选择一个地方,在这个地方将获取的食物储藏起来,让身体不好的人在这里休息,久而久之,就在这里定居了。当然,他们在定居的时候,都会选择一些地理位置比较优越的地方,有丰富的食物资源和水资源。同时为了抵御野兽，还会在驻地的周围扎上篱笆，这样就形成了早期的村落。"

一位同学说："这样看来，早期的村落应该就是最早的城市的样子吧！"

施吕特尔老师笑着摇了摇头，继续说："早期村落仅仅是原始人的一种聚集而已，离城市的产生还有一段距离。后来，村落的规模不断扩大，在村落当中出现了新的分化。许多人开始组成小群体，进行捕猎或者种植的活动。但是因为不同的人有不同的能力，所以能够获取到的生活资源也不同。因此，在不同能力的人之间出现了物品的交换，以满足人们的各种需求。这时就形成了早期的城市。"

克里斯塔勒老师补充说："虽然当时已经有城市的雏形，但是从现代地理学

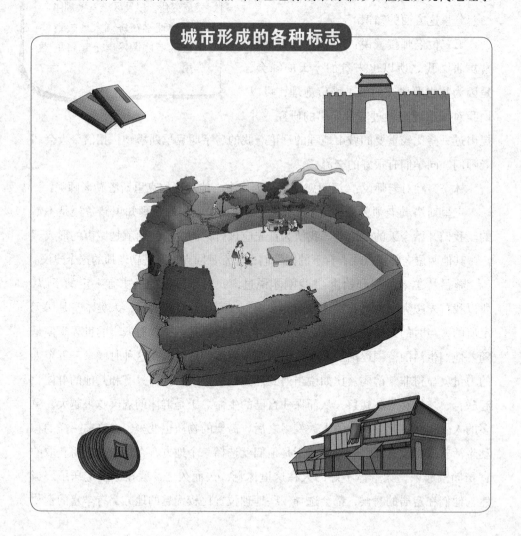

的角度来讲，对城市却有着非常严格的规定。学术界对于城市的起源有三种不同的学说。第一个学说是防御说，这个学说认为城市的起源来自于修建城墙，一个城市有了自己的城墙，就有了一定的区域范围，而且城墙能够帮助城市内的人不受外敌的侵犯。第二个学说是集市说，这个学说认为城市的产生是随着社会生产力的发展逐步形成的，尤其是有了集市这个标志之后。集市是人们进行商品交换的地方，随着社会生产力的逐步发展，人们手中逐渐有了多余的粮食和物品，也有了更多物质上的需求，于是就需要跟别人进行交换，将自己多余的东西卖给别人，再换回自己需要的东西。第三个学说是社会分工说，这个学说认为城市的产生需要有不同的社会分工。在社会生产力比较先进的阶段，有的人专门从事农业，有的人专门从事手工业或工商业，这些人都各自集中起来，才有了城市的产生和发展。"

施吕特尔老师也说："人们对城市的形成有着各种不同的说法，但是最普遍的一种认知是，城市的产生来源于工商业的发展。13世纪的地中海沿岸，兴起了很多城市，比如米兰、威尼斯、巴黎等，这些重要的商业和贸易中心，才是真正意义上的城市。尤其是在鼎盛时期，威尼斯的人口超过了二十万。工业革命之后，城市化的进程更逐渐加快，农民不断涌向新生的工业中心，城市得到了前所未有的发展。"

🌐 城市职能——城市用来做什么

克里斯塔勒老师接着说："可以说，城市的产生是一个相对漫长和复杂的过程。虽然有很多没有定论的知识，但是能够确定的是，城市在今天已经形成了巨大的规模，并发挥着非常重要的作用。所以我们接下来要探讨的问题就是，城市有什么样的职能。"

听到老师说"职能"这个词，大家都觉得有些困惑。一位同学提问说："城市的作用和职能有什么区别吗？老师您还是先为我们解释一下职能的概念吧！"

克里斯塔勒老师说:"城市的职能指的是在一定地域范围内,城市在政治、经济、社会方面发挥的作用,也有一部分城市职能指的是为城市本身服务的活动。所以说,在城市当中进行的各种生产、服务的活动,其实都属于城市职能的范畴。对现代的城市而言,每个城市都一定有职能,而且这种职能通常都不是单一的类型,而是有各种各样的丰富的职能。对不同的城市而言,职能的类型和划分也是不同的。比如说规模比较大的城市,城市的职能就会比较多,因为它本身包括的人口和地理范围比较广;而对于一些规模比较小的城市,城市的职能就相对比较单一,因为受到人口和范围的限制,只需要有一些简单的基本的职能就可以了。"

林安向老师提问:"那这些职能究竟是什么呢?我们所说的政治、经济、文化是不是都属于城市的职能?"

克里斯塔勒老师说:"是的,这些都是城市的具体职能。不过我们在了解城市具体职能的过程中,首先应该了解的是城市职能的分类。根据城市职能的作用,可以将城市的职能分为一般职能和特殊职能。一般职能指的是每个城市一定要具备的职能,是一个城市在形成和发展的过程中,对城市本身有非常重要意义的职能。对于一个城市来说,一般职能包括,为本城市居民服务的商业、服务业、建筑业、交通运输业、食品加工业、印刷出版业、城市公用事业、行政行业等。除了基本职能之外,还有一些职能是在城市本身发展和建立的基础上,能够为其他地区的人口和经济提供一些帮助的职能,就是特殊性的职能。还有一些职能在特殊的城市,根据其自身的特点发挥作用,这些职能包括,采矿业、各种加工工业、旅游业、科学研究等。"

同学们听完克里斯塔勒老师的介绍,都对城市的认知更加鲜明了。

克里斯塔勒老师继续讲:"其实在城市的发展过程中,这些不同的职能总是在发挥着作用,但是这些职能总是有一定的偏重,于是就形成了具有职能特点的城市体系,主要包括行政中心城市体系、交通中心城市体系、工业中心城市体系和旅游中心城市体系。"

同学们听到克里斯塔勒老师引入了新的概念,对新的概念难免有些陌生,于是说:"老师在讲解的过程中能不能多讲一些中国的例子,这样方便我们的理解。"

克里斯塔勒老师说:"好的,我就将这些与中国的城市状况结合起来为大家讲解。首先要讲的是行政中心城市体系,这种城市体系的形成是建立在政治中心发展的背景下,所以这样的城市体系在形成之后,会在很长一段时间内为政治服务,并且在整个国家的格局当中,政治中心城市体系始终都占据着非常重要的战略地位。在中国,最重要的行政中心城市体系就是以北京为中心的城市,北京是中国的首都,是中国的政治中心、行政管理中心和国际交往中心,很多与政治相关的会议都在北京召开。而且北京的政治地位不仅在现代很重要,在古代,北京就是著名的古都和战略要地。因为其政治职能的重要性,所以北京在文化、科技、交通等领域也有非常重要的地位。"

"第二种类型是交通中心城市体系。我们都知道,对于现代城市而言,交通职能是城市发展的一个重要职能。通过交通的发展,城市能够和外界取得物质、人口、科技等方面的交换,从而促进一个城市的成长。很多城市就是因为处在非常重要的交通路线上,所以在整个国家都有着非常重要的地位。一个城市的交通如果非常发达,就会逐渐形成以交通为中心的城市体系,其他与交通运输业有关的行业也会发展起来。重要的交通中心城市主要有公路枢纽城市、铁路枢纽城市、港口城市和航空交通城市。不同的交通方式,也会对不同的城市发展产生影响。比如在很多港口城市,就形成了主要发展外贸的经济特征;在铁路枢纽的城市,则有大量的服务业兴起。这些交通因素对城市都有着潜移默化的影响。

"第三种类型是工业中心城市体系。在各种城市职能当中,工业职能是内部构成最为复杂的一种职能系统,因为不同的工业类型,在城市发展的过程中会起到不同的作用,也会产生不同的影响和效应。当然,随着城市的发展,城市也不可能只拥有工业方面的职能,一般都会因为工业的发展,带动其他相关的运输、服务等行业,但是这类城市仍然是以工业城市为中心的城市体系,工业职能仍然是在这种城市当中占据主导的地位。我们举一些简单的例子,有能源工业城市、石油化学工业城市、冶金工业城市等。中国是世界上煤炭资源最为丰富的国家,原煤的产量位居世界的首位,中国的很多城市都是在煤炭工业的基础上发展起来的,这些城市大概可以分为三种类型,第一种是单纯的煤炭工业城市,第二种是以煤炭开采为中心的多职能的复合型城市,第三种是煤炭开采逐渐衰落,由其他职能代替的新型变异的城市。整体来讲,这些城市的工业部门都是相对复杂的,但同时这些工业部门也都是以煤炭工业为主体和中心的。

"第四种类型就是旅游中心城市体系。因为近年来旅游业在全球得到了繁荣发展,所以很多城市也因为旅游业的发展快速发展起来。中国是世界上著名的旅游大国,因为中国的地域广阔,跨经度和纬度的范围都比较广,所以有丰富的旅

四种主要的交通方式

游资源。旅游业的发展直接带动的是城市的第三产业的发展，对一个城市而言，第三产业的发展对改善经济结构有非常大的帮助。如今，北京、上海、西安、杭州等城市都是中国一级的旅游城市，吸引大量的中外游客前往。"

施吕特尔老师也补充说："可以说，掌握了城市的职能，对城市就有了宏观的把控。这样才能够真正了解城市。"

同学们听完老师的讲解，都纷纷点头。

城市内部的空间结构

赫特纳老师紧接着说："了解了城市的外部职能，我们需要了解一下城市内部空间结构的相关知识。"

一位同学提问说："内部结构指的就是城市内部的分类吗？"

赫特纳老师微笑着说："可以这样理解。分析城市内部的时候，我们首先应该了解的就是不同的土地利用类型和功能分区。城市的土地利用类型一般可以分为商业用地、工业用地、政府机关用地、住宅用地、休憩及绿化用地、交通用地和农业用地等。根据城市的功能可以对城市进行分区，比如说可划分为商业区、居住区、市政与公共服务区、工业区、交通与仓储区、风景游览区与城市绿地、特殊功能区等。"

另一位同学又问："从您讲的土地利用类型和功能分区来看，好像这两种分类方法是类似的。"

赫特纳老师说："的确是这样，这两种划分的标准基本上是一致的，都是不同的利用类型。其中土地利用类型是比较小的概念，当这种土地利用类型达到一种大规模的几种状态的时候，就形成了某种特定的功能区。这位同学的发言非常好，说明在认真听讲。"

张小凡这时候也站起来，提问道："老师，您讲的这些功能区从表面上来讲是比较容易理解的，比如说商业区应该就是有很多店铺和商业街，居住区主要就是有各种居民小区，工业区应该就是有工厂，风景游览区就是有景点和景区的地方。但是我觉得既然老师将这些空间结构拿出来讲，就一定不会只有这么简单吧？"

赫特纳老师继续说："刚才你说的这些，当然都是城市功能分区的基本知识，我们需要先理解这些基本知识，然后再讨论更深的理论。首先，我先来讲解这些功能分区的基本概念和特点。住宅区指的是为城市居民提供生活和居住场所的地方，通常是居民活动时间比较长、活动内容相对丰富的区域。住宅区可以说是城市中最为广泛的一种土地利用形式。住宅区可以分为中高级住宅区和普通住

城市的主要功能分区

区。其中高级住宅区自然是面对高收入阶层，通常位于城市外缘，风景秀丽、环境相对较好，公共设施完善，有些还有独立的庭院。而普通的住宅区则是面对普通的居民住户，质量较低，比较拥挤和密集，虽然有一定的公共设施，但是由于使用的人太多往往得不到满足，整体来讲一定会差一些。"

一位同学听完不禁说："没想到简单的住宅区还有这么多知识。"

赫特纳老师说："每种土地利用形式都有不少知识，请大家继续认真听讲。商业区是人们进行商业活动的主要场所，大多位于市中心和交通干线两侧或街角的路口，主要呈点状或者是条状分布。在特别大型的城市，往往会形成很大的中心商务区。中心商务区不仅仅是一个地区经济最为繁荣的地方，也带动了相关服务业的发展。中心商务区一般在白天有大量的人流，到夜晚反而比较安静。因为这些区域的地价高而且土地有限，所有中心商务区还有大量的高大建筑物。这些都是中心商务区的特点。"

"另外要介绍的两个区域就是工业区和文化区。工业区往往是一个城市的经济命脉，主要分布在靠近河流、铁路等交通比较便捷的地方。因为工业区会有大量的工人，所以在周边会形成以工人生活为中心的各种区域。如果是重工业区，周围的环境就会受到很大的影响。但是总体来讲，工业区为城市提供了大量的物质财富和大量的就业机会。在城市中还有一个区域受到大家的关注，那就是文化区。在文化区当中，可能分布有著名的高校、研究所和各种文化产业，所以文化教育相对发达，城市人口的素质也相对比较高。可以说是整个城市发展的动力和源泉。"

林安说："现在很多人都要买**学区房**，这就是对城市文化区的一种重视啊。"

克里斯塔勒老师听后点点头，继续补充相关的知识："我想同学们在生活当中对城市的这些功能分区有一定的理解，加上刚才赫特纳老师的讲解，你们一定认识得更深入了。接下来我要为大家介绍的一些知识，就是比较抽象和纯粹的理论——城

赵业婷老师评注

学区房是房地产市场的衍生品，是因教育资源垄断而导致阶层固化的结果。只有学生的居住地或户口必须在一定的学区内，才能够进入优质的学校。学区房的出现折射出现行教育体制的弊端，主要体现在一个城市教育资源的分配非常不均衡和不公平。也就是说，不是所有的义务教育阶段的孩子都能享受到优质教育的权利。

市系统理论。将城市的空间结构和系统理论放在一起研究，会令城市的空间结构概念更加严密。因为系统之中强调了各个因素之间的相互关系，这对城市结构的本质是有所体现的，而且系统理论具有的中性立场，对城市结构也有很大的影响。在城市的系统当中，有三个比较重要的核心概念。首先是城市形态的概念，城市形态指的是城市之间各个要素的空间分布模式。第二个是城市要素的相互作用，因为在城市之间，各个要素有一种无法分离的关系，这些关系可以进行各种组合，然后形成新的功能实体，从而促进城市的发展。第三个要素是城市的空间结构。城市的空间结构指的是城市要素的空间分布和互相作用的内在机制，空间结构要素使整个城市处在一种安然有序的状态当中。"

"此外，还有一些地理学家认为，对城市的研究应该和社会科学结合在一起。这样在研究城市的过程中也能强调社会的发展和变化，而不仅仅是只注重空间的形态。比如说哈维曾经提出进行城市研究时，要在社会学科的方法和地理学科的方法之间建立起交互的界面。这就是说，任何城市理论都必须同时研究空间形态和内在机制的社会过程。"

中心地理论

克里斯塔勒老师看着同学们认真讨论的样子，感到特别欣慰。他说："在最后一个部分的讨论中，我想要讲解的是中心地理论的相关知识。"

施吕特尔老师插了一句说："中心地理论是当代人文地理学最重要的一个贡献，而克里斯塔勒老师作为最早提出中心地理论的学者，由他来讲这个重要的理论再适合不过了。"

克里斯塔勒老师谦虚地笑笑，然后开始讲："中心地理论是对城市地理的一种深入研究。最早的时候，我对德国南部的城市和中心聚落做过大量的调查，我发现一个城市或一个区域的中心地在职能、规模和空间形态上有一定的规律性，中心地空间会受到市场、交通和行政三个方面的影响，于是我将我发现的这种规律用六边形的图形表现出来,并构建出一定的等级、规模和职能关系,形成一种有规律性的理论学说。"

这时张小凡忍不住提问道:"说了这么半天,到底什么是中心地呢?"

克里斯塔勒老师说:"介绍完我的理论背景之后,我为大家介绍几个重要的概念。首先要介绍的就是中心地的概念。中心地指的是能够向周围区域的消费者提供各种商品和服务的地点,在实际生活当中,中心地可以是一个城市,也可以是一个比较大的镇或居民的居住点,或者是城市内部的商业中心和服务中心。中心地的中心性表现了这个中心地的重要性。中心性指的是中心地对周围地区而言的重要性,也就是中心地能够发挥中心职能的程度。中心性还有一个计算公式,就是用中心地提供给中心商品的总量减去中心地自身的中心商品的数量。"

"另外需要理解的是商品服务范围的概念。商品服务范围指的是由中心地提供货物能够到达的范围,涉及的两个概念是服务范围的上限和下限两重含义。商品服务范围上限指的是对中心商品的需求所限定的,是中心地的某种商品能够到消费者手中的空间边界。而商品服务范围的下限指的是由中心商品的供给角度规

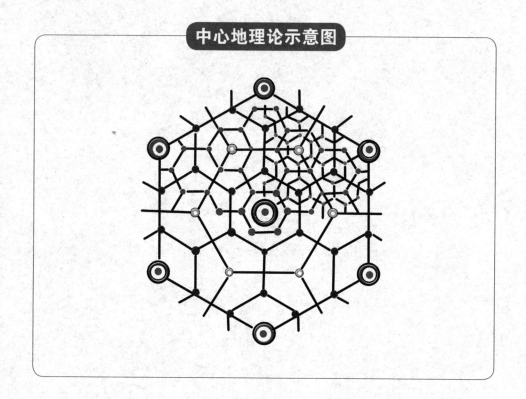

中心地理论示意图

定的边界。

"最后一个概念就是中心地的等级之分和服务半径。中心地会按照提供的货物或服务划分不同的等级,中心地的等级越高,提供的货物数量就越多,商品的等级也越高,服务的范围越大,服务的距离也越远。今天我就只做一些简单的介绍,希望大家有兴趣也可以多做一些了解。"

在峰会的最后,三位老师一起向同学们鞠躬,然后走出了教室。

推荐参考书

《区域地理学基础》 赫特纳著。他在书中强调了地理学的区域特性,认为地理学是建立在区域的基础上形成的。可以说他的区域地理的学说是所有有关地理区划的奠基思想。

第十四堂课

巴朗斯基、韦伯、勒施讨论"工业地理"

工业改变世界。

巴朗斯基/韦伯/勒施

尼古拉·尼古拉耶维奇·巴朗斯基（1881—1963），苏联地理学家，经济地理学区域学派创始人。曾任《地理学问题》杂志主编。他认为经济地理的主要研究对象是经济区域，要重视国家和地区的综合研究，提倡统计资料、野外考察与地图等文献资料相结合。他创建的国家和区域经济地理描述体系在国内外有重要影响。

阿尔弗雷德·韦伯（1868—1958），德国经济学家、社会学家和文化理论家。1909年出版《工业区位论》，创立了工业区位理论，深刻影响了现代经济地理学的发展。

奥古斯特·勒施（1906—1945）德国经济学家，毕业于波恩大学，对人口、经济、区位理论颇有研究。他曾经两次去美国考察，并且在1940年出版了《区位经济学》，进一步发展了工业区位论，从而提出市场区位理论。

林安和张小凡早早来到地理峰会的现场。张小凡说："林安,你怎么看起来那么疲惫啊!"

林安无奈地摇摇头说："这不是马上就要面临期末考试,我们已经要开始复习了。昨天把自己之前落下的笔记都补齐了,竟然一直忙到凌晨两三点!"

张小凡说："你不要着急,你这样爱学习的孩子,一定没有问题的!"

林安说："关键是要考到前十才能有奖学金啊!"

张小凡说："没有关系!你看今天我们来地理峰会也算是对你课程的复习了,我相信你一定能考好的!"

林安也说："我也是因为这样想才来的,如果是别的主题的活动,我肯定就不参加了。"

工业地理包括在经济地理当中

"各位同学好!"一位长胡子的老学者首先发言,"回到大学校园,看到大家朝气蓬勃的样子,我感受到一种学习的热情。我是你们今天的地理老师韦伯。我的全名叫阿尔弗雷德·韦伯。"

"请问您与马克思·韦伯有什么关系吗?我差点儿把您认错啊!"

"马克思·韦伯是我的哥哥,他在政治学、经济学以及组织管理学方面,都有很大的成就,可以说成就远远大于我。我的研究方向主要是地理,尤其是对于工业区位的理论有过很深的研究,所以今天能够来到这里和大家共同探讨工业地理的知识,感到非常开心!"

原来,今天地理峰会的主题是"工业地理"!

张小凡和林安窃窃私语:"真是没想到,连工业地理都能算作人文地理的一部分,人文地理涵盖的方面真广泛啊!"

林安说:"那当然,但凡是和我们生活有关系的方面,尤其是和区域有关系的知识,就都能归纳到地理当中来。你想想,工业的分布是不是有很强的区域性呢?"

张小凡若有所思地说:"你说的还真是有道理!不愧是地理学专业的高才生啊。"

两人相视一笑。

第二位老师自我介绍说:"大家好,我是尼古拉·尼古拉耶维奇·巴朗斯基,是来自苏联的地理学家。我在地理学研究中的主要方向是经济地理学的区域知识。刚才韦伯老师说到工业地理的时候,大家好像看起来比较困惑。其实想要明白工业地理,首先应该明白的就是经济地理的概念。"

第三位老师也说:"巴朗斯基老师说得太对了!要想了解工业地理,首先应该了解的就是经济地理。我想我们应该先来简单地介绍经济地理学,让同学们对这部分知识有初步的了解。"

"您还没进行自我介绍呢!"第一排的听众小声提醒着这位老师。

老师挠挠头说:"忘了自我介绍了,我的名字叫奥古斯特·勒施,大家叫我勒施老师就好了。下面我们就赶快开始讲课吧!"三位老师相视一笑。

巴朗斯基老师先说:"既然另外两位老师都同意刚才我说的,认为应该先了解一些经济地理的知识,我就先为同学们做个引路吧。经济地理是人文地理学当中的一门重要分支学科,主要研究的是由人类的各种经济活动形成的各种地域系统的知识。这样说可能有点儿学术,我用比较通俗的语言来说,从人类有文明以来,就有了各种以物易物的经济现象,古代的经济可能不是很发达,但是为后来的经济发展奠定了非常重要的基础。到9世纪的时候,阿拉伯世界已经出现了各种区域性的地志,在地志当中记载了某个地区的物产、商业、交通等情况,能够看出当时的经济发展已经有了一定的区域性的特征。**中国好像也有过类似的研究。**从14世纪以来,欧洲出现了资本主义萌芽,全世

赵业婷老师评注

中国西汉史学家司马迁编写的《史记》中的《货殖列传》,叙述了黄河流域和长江中下游等地区的人口、经济、物产、贸易和城市。东汉史学家班固主编的《汉书》中包括《地理志》和《食货志》,记述了全国各地的山川、物产、户口、城邑、田制、赋役、仓储、漕运、农业、牧业、手工业、采矿业和市场。以后历代正史编撰均承袭这一体例,积累了丰富的历史经济地理资料。

界在新航道、新大陆的发现中逐渐扩展，整个世界形成了一个广阔而完整的市场。同时随着工业革命的发展，各地的地理环境、资源分布、经济生产、交通运输、商业中心和城市发展等问题都逐渐受到大家的关注，在当时，就形成了商业地理学。1760年，俄国科学家罗蒙诺索夫首先提出了'经济地理学'这个名称，认为研究国家经济必须要结合地理条件进行。1882年，德国地理学家格茨发表《经济地理学的任务》一文，论述了经济地理学的性质及其构成。经济地理学同以前出现的商业地理学相比，研究范围更为广泛，内容也比较系统化，标志着经济地理学独立成为一门学科。当时的经济地理学已经形成了阶级性、地域性和综合性的特点，并且已经着手研究了经济活动的区位、空间组合类型和发展过程等。我们能够看出，当时人们对经济学的研究已经非常全面，为之后工业地理的产生奠定了坚实的基础。"

勒施老师接着说："其实工业地理最初是从工业革命开始的。当时西欧的各个资本主义国家都发起了工业革命，从工场手工业逐渐过渡到机器大工业的生产。众所周知，当时的资本主义生产方式逐渐成熟，为社会创造了巨大的财富。于是，工业发展就成为当时整个时代的主体，工业地理应运而生。但是直到近现代，随着第二次工业革命的推进，人们对工业地理的研究才更加深入。尤其是1909年，韦伯老师提出工业区位论，极大地丰富了经济地理学理论。"

韦伯老师说："工业地理学最早研究的是工业和制造业的地域分布和规律，是作为经济地理学的分支学科出现的，因为工业在经济发展的过程中占据了非常重要的地位，而且受到了自然环境、自然资源、技术发展、经济基础、社会制度和经济体制、人口分布和劳动力素质等多种因素的影响，所以工业分布会由于部门、地区和时间的差异形成各具特色的空间分布。不同工业组成不同的结合方式，并最终形成一个地域内部的工业生产体系。在工业地理学的内部，主要研究的是工业和制造业的地域分布和规律，并注重从区域和综合的角度去理解，从而在不同的空间尺度内分析工业。工业地理和其他相关学科也有着非常紧密的联系，比如资源地理、工业经济学、技术经济学等，所以在工业地理学的学习当中，也要进行多方面知识的学习。不仅要用传统的地理学和经济学的方法理解工业，还需要强化技术方面的论证，探讨工业的发展趋势，对不同范畴的工业进行比较和研究，并真正促进工业的发展。"

有讲究的工业区位

巴朗斯基老师听完，忍不住说："韦伯老师对于工业地理的解释真是太详尽了，下面就继续请工业区位理论的创始人，韦伯老师，来讲一讲工业区位的相关知识吧。"

韦伯老师谦虚地点点头，说："工业区位可以说是工业地理中非常重要的一个部分。工业区位是关于工业布局和厂址位置的理论，从宏观上来讲，指的是一个国家或地区的工业布局，从微观上来讲，指的是厂址的具体选择。"

一位同学站起来说："请老师为我们详细解释一下吧。"

韦伯老师说："首先我们从宏观的角度来讲解。从宏观上，我先来介绍工业区的概念。工业区指的是在一个地理范围之内，有一个或几个比较大型的企业，同时结合了一批中小企业，从而形成一个工业企业群的所在地。这些大企业和中小企业之间，大多有着非常密切的协作关系，他们共同利用市政的工程设施，所以在工业区内部，能够真正做到互相促进和互相合作，对整个工业区的发展有非常大的益处。"

有同学提问说："工业区是怎么划分和归类的呢？"

韦伯老师说："**现在我们所见的很多工业区都会以地名来命名，因为这样比较便利。**但是我们在工业地理学当中，会对工业区进行专业的分类。按形成条件和位置不同，可分为城市工业区和矿山工业区；按工业区的性质，可分为专业性工业区和综合性工业区。其中城市工业区大多是由加工工业企业群组成的，在地理条件相对优越的环境中形成。在城市工业区内，工业结构一般都比较协调，工业企业之间有比较紧密的生产联系；而矿山工业区，大

赵业婷老师评注

中国著名的工业区有很多。在城市工业区当中，著名的专业性工业区有：北京的电子工业区、上海的钢铁工业区、哈尔滨的动力机械工业区等。著名的综合性工业区有：沈阳铁西工业区、北京东郊工业区等。著名的矿山工业区有：中国淄博市的南定工业区、甘肃的金昌工业区、安徽的铜陵工业区。

多分布在自然资源比较丰富的地理环境当中，在采掘和矿产工业的基础上形成的工业企业群组合，形成部门结构比较复杂、矿业尤其发达的矿山工业区。专业性工业区指的是在某个工业类型当中有尤其领先的大企业，其余的中小企业也都是服务于这个大企业的；而综合性工业区则是各种不同类型的工业企业聚集在一起形成的，这些工业企业之间不一定有业务的联系，但却同样属于一个地域当中。"

"下面我们从微观的角度对工业区位进行解读。我认为不同的区位因子会对工业选址产生不同的影响，而企业会选择的地区，一定是能够将生产成本控制到最小并可以获得最大便利的地方。综合各种不同的区位因子，我最终认为其中的三个区位因子是最为重要的。这三个因素在各个工业部门都适用，而且一定是最关键的三个因素。"

同学们迫不及待地问："究竟是哪三个区位因子呢？"

韦伯老师说："这三个区位因子就是运费区位、劳动区位、集聚或分散区位。运费区位法则指的是某种工业对原料有大量的需要，这种原料可能又集中在某个区域当中，所以这时运费就成为工业当中最大的一个消耗，因此需要确定原料重量和制品单位重量之间的关系。一般来讲，当原料重量大于制品单位重量的时候，生产地就大多设在原料产地，比如，钢铁工业、水泥工业、葡萄酒工业、面粉工业等。当原料重量小于制品单位重量的时候，生产地大多建于消费区，比如，啤酒和酱油等工业。劳动区位法则指的是由于某个地区的劳动力价格比较低廉，而某个工业的生产又需要大量的劳动力，因此有些工业生产就会转移到劳动力费用比较低的地区。比如现在国际上，有很多加工制造业都喜欢在东南亚国家设厂，就是因为那里的劳动力价格相对比较便宜。第三个区位因子是集聚或分散区位。这一点指的是如果集聚或分散获得的利益相对较大，就会对工业选址产生比较大的影响，从而使工业直接移动到集聚或分散的地区中。"

同学们听完韦伯老师的讲解纷纷点头，随后勒施老师也发表了自己的看法。他说："其实关于工业的地理区位，我自己也有一套比较成熟的观点，也是经过我的深刻研究才得出的结论。我认为工业区位的选择，主要是以市场需求作为主要的空间变量。因为对于商品来说，最重要的一个环节其实是销售，只有销售环节处理好，才能够真正实现产品的盈利。但是由于市场与生产地之间距离的不同，又会增加产品的运输成本，同时也会影响到产品的需求。所以我认为每种工厂生产的产品都是有一定的销售范围的，这个范围以产地为圆心，以最大的销售

伊萨德区位论和行为学派区位论

劳动力

在劳动力和场地比较便宜的情况下,就可以选用先进的设备。

选取市场相对广阔的地方时,可能劳动力和工厂都没有优势,但是有广阔的市场优势,就可以选择不是特别先进的技术,来节约投资。

伊萨德区位论主张从"空间经济论"出发研究区位论,利用比较成本分析和投入产出分析等综合分析方法进行工业区位分析,把工业区位论作为"区域科学"的核心。伊萨德的最大贡献是把工业区位理论与社会实践相结合,注意地方的特点,发挥地区的优势,建立地区性的最佳生产部门,把工业区位论作为地区开发规划的基本理论。

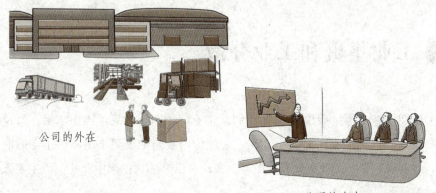

公司的外在

公司的内在

行为学派区位论研究中心是对行为因素的研究,重视信息因素对工业区位决策的影响。行为地理认为,过去区位论研究多侧重于"外部区位因素",而忽视"内部区位因素",所以强调研究区位与个人行为的空间问题,从时间与空间的连续体角度研究个人与行为的关系,并指出人类可能的行为空间要受财政、技术、制度和生物学的制约。

距离为半径，同时产品价格会随着需求量的变化而变化，所以说在不同的生产地和销售地，产品的售价都会受到很大的影响。根据这样的原则，我提出了需求圆锥体的理论，我认为要从消费地，也就是市场出发，来研究工业布局。"

听完勒施老师的讲解，同学们纷纷点头，表示很有道理。此时一个同学提问："现在两位老师对工业区位有着不同的观点，那谁的观点是正确的，谁的观点是错误的呢？"

韦伯老师和勒施老师听完这位同学的提问，显得有些为难。于是巴朗斯基老师连忙站起来说："其实这两位老师的观点没有谁对谁错之分，只是他们对于这个问题的理解有不同的方向，所以就得出了不同的结论。在工业地理研究的历史上，还有其他关于工业区位选址的理论，例如说伊萨德区位论和行为学派区位论，这些理论都有各自独到的理解。很多企业在实际的选址过程当中，都会综合参考各种不同的理论，再结合实际情况进行选择。所以大家要学习丰富的理论知识，才能真正对现实有帮助。"

● 工业集聚和工业分散

巴朗斯基老师接着说："下面我们从工业区位因素的思考当中出来，讨论工业和交通之间的关系。其实刚才在工业区位因素当中提到了很多关于交通的问题，比如说运费、工业集聚和分散等。在这一部分的讨论当中，我们就主要来研究这些问题。"

张小凡站起来说："刚才我就想问工业集聚和工业分散究竟是什么意思，现在老师终于要讲啦。"

巴朗斯基老师继续说："我们知道，在工业内部，有各种各样的工业类型，各个不同的工业之间总是或多或少地存在一些联系。一般来说，这种工业联系主要可以分为三种，分别是生产上的联系、空间上的联系，以及信息上的联系。生产上的联系指的是某个产业的生产物可能是另一个行业的原料，比如说纺织工业和服装制造业之间的关系就是这样。空间上的联系指的是有些工业处在相同的空间范围当中，因此可以使用共同的基础设施和廉价劳动力。信息上的联系则比较广泛，指的是通过计算机互联网实现的非物质联系。由于在工业当中存在各种广泛的联系，当然，尤其是前两种联系，会使得不同工业出现一种集聚的效应。"

一位同学提问说："这样看来，工业集聚指的就是工厂聚集在一起吗？"

巴朗斯基老师说："从表面上看，的确是这样。因为这些工业之间具有相对紧密的联系，所以它们在地域上就逐渐开始集聚，不同的企业在一起形成规模效应，甚至聚在一起形成一个新的工业区。工业的集聚不仅可以加强企业之间的信息交流和技术协作，而且对于生产联系比较紧密的工业而言，还可以降低

主要的工业部门

重工业 指为国民经济各部门提供物质技术基础的主要生产资料的工业	采掘工业	指对自然资源的开采，包括石油开采、煤炭开采、金属矿开采、非金属矿开采和木材采伐等工业
	材料工业	指向国民经济各部门提供基本材料、动力和燃料的工业。包括金属冶炼及加工、炼焦及焦炭、化学、化工原料、水泥、人造板以及电力、石油和煤炭加工等工业
	加工工业	指对工业原材料进行再加工制造的工业。包括装备国民经济各部门的机械设备制造工业、金属结构、水泥制品等工业，以及为农业提供的生产资料（如化肥、农药等）工业
轻工业 指主要提供生活消费品和制作手工工具的工业	以农产品为原料的轻工业	指直接或间接以农产品为基本原料的轻工业。主要包括食品制造、饮料制造、烟草加工、纺织、缝纫、皮革和毛皮制作、造纸以及印刷等工业
	以非农产品为原料的轻工业	指以工业品为原料的轻工业。主要包括文教体育用品、化学药品制造、合成纤维制造、日用化学制品、日用玻璃制品、日用金属制品、手工工具制造、医疗器械制造、文化和办公用机械制造等工业

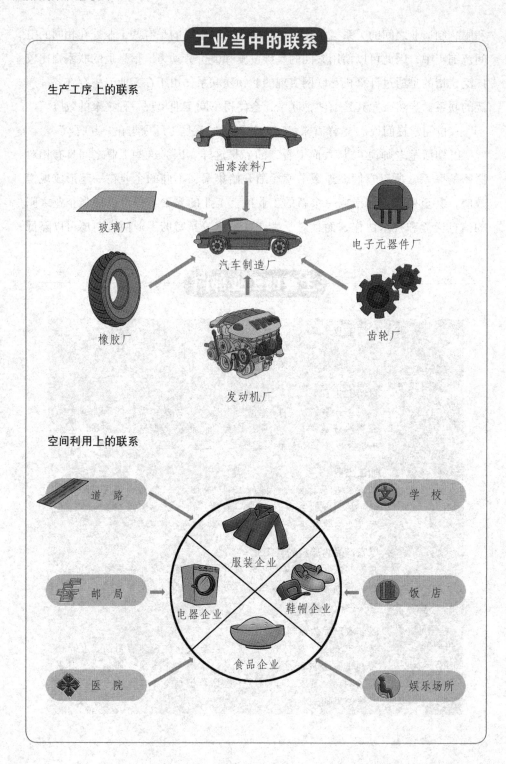

生产成本，提高企业的生产效率和利润，进而还可能获得规模效应，节约生产建设的相关投资，方便废物的回收利用和综合处理，有效减少污染。所以说工业企业集聚的主要因素，主要是利用能源、利用资源、利用交通枢纽、利用高科技人才，以及利用廉价劳动力等。"

一位同学又问道："看来工业集聚的确是一件非常有利的事情，那为什么还有工业分散呢？"

巴朗斯基老师解释说："工业分散是指工业集聚发展到一定规模之后，又产生的新的趋向和模式。当工业在一定程度上形成了非常集聚的效应，老的工业区可能就会处于一种饱和的状态，在这种情况下，新建成的企业就面临着没有空间和发展的问题，所以它们就要迁出。"

林安举手起立后说道："我认为还有一部分原因是工业集聚造成的饱和状态，不仅仅是使新的企业没有发展空间，还有一部分原因是工业集聚使得工业区的污染现象更加严重，资源供应更加紧张，交通负荷量也变得很大。"

巴朗斯基老师肯定地点点头："你说的这些也是非常重要的原因，这些原因都能归纳到工业集聚形成的饱和状态当中。"

林安又产生了新的疑问，他问老师："难道所有工业分散都是因为这种被迫的原因吗？"

巴朗斯基老师笑着说："这个问题的答案当然没有这么绝对。随着全球经济的发展，工业之间的联系越来越便利，所以之前的一些集聚的原因不那么重要了。尤其是在经济全球化的背景下，如何能够有效利用全球的资源显得尤为重要，于是跨国公司大量兴起。跨国公司的产生对工业的分散也起到了一定的作用。工业分散能够使很多工业在全球的范围内寻找到最佳的区位，对资源进行优化配置，从而降低成本，提高利润，避开贸易壁垒等等。对现代工业来讲，工业分散也是极为重要的一种促进方式。"

工业地理的新发展

韦伯老师说:"前面的知识都是相对传统的工业地理的知识,最后一个部分,我们和同学们分享一些工业地理学中的新发展和新趋势。"

勒施老师也说:"的确,对一个学科的认识一定要全面,尤其是要有发展的眼光,这样才能真正看到这个学科的发展前景。我首先为大家介绍的是工业地理学的一种全新转向,那就是文化转向和制度转向。传统的工业地理学的视角认为经济活动的过程中,主要是关注一些与工业发展本身相关的因素。但是随着社会大发展,现代的工业地理学认为,应该对文化和制度给予更多的关注。"

听到勒施老师这样的叙述,同学们不禁疑惑起来。张小凡站起来说:"刚才我们在分析工业区位的时候,运用的都是和工业有关的知识,现在您说的文化和制度,难道也会对工业发展产生影响吗?"

勒施老师说:"这是当然的,你听我慢慢道来。首先讲文化转向学派的观点。我们都知道,文化是这个社会发展不可缺少的一个重要组成部分,所以经济过程也应该被置于文化当中来理解。研究工业空间分布的过程,能够发现一个地区的文化传统、生活方式和认知对这个地区的工业发展有重要影响,不同类型的文化会形成不同的社会发展状况。文化转向的理论包含了后马克思主义、后结构主义、女性主义等多个不同的思想流派,具有很强的包容性。文化转向学派高度关注的是经济发展过程中的文化性质,非常关注经济和文化之间的内在双向关系。"

听完老师的讲解,大家纷纷点头。

勒施老师接着说:"第二种转向是制度转向的思想流派。这个思想流派认为,在经济选择空间的过程当中,各种正式和非正式的制度扮演了越来越重要的角色。比如某些制度环境会对特定的工业领域有足够的优惠措施,这些优惠会对很多企业有强大的吸引力。另外比较重要的就是区域经济管制制度,现在很多地区都有不同的制度,只有深入研究这些制度,才能真正促进工业本身的发展。"

林安听完老师讲的这些,说:"确实是这样,连文化都变成一个新的产业了,所以对于文化、制度这方面的事情,工业地理也更应该关注,这样才能显示出工业地理的与时俱进。"

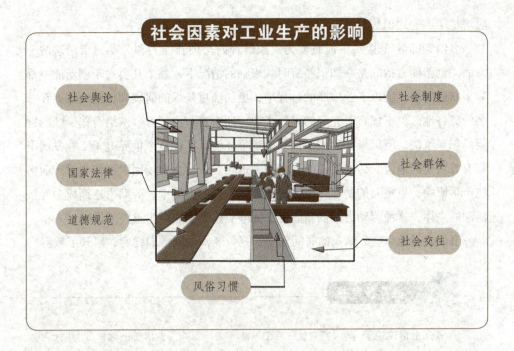

韦伯老师说:"你说的与时俱进在地理研究过程中是非常重要的。在文化和制度转向的背景下,工业地理学的实证研究也逐渐出现了新的视角。这几年来,地理学家在讨论工业空间分布的因素当中,逐渐引入了一些全新的概念,比如网络、嵌入、社会资本、创新能力、劳动力市场、信息化等多种因素。从这些新的因素中能够看出,工业地理学的确是在不断进步的。"

张小凡突然站起来说:"韦伯老师,刚才好像听到您说一个词——嵌入,请问这个词是什么意思呢?"

韦伯老师说:"嵌入最早是社会学中的一个概念,指的是经济行为和社会结构当中出现的嵌入性的问题。这个观点认为经济行为和社会制度总是受到正在运行的社会关系的压抑和控制,所以它们之间的关系是密不可分、不能分离的。在工业地理当中也是如此,工业区位的选择始终会受到各种社会因素的影响,所以要充分重视起来。比如说在工业的发展过程中,要与周围的相关企业、地方政府、中介机构和研究机构等行为主体形成一种网络,从而形成一种深深根植于区域社会当中的社会人文环境。这种当地网络的嵌入对于工业的发展尤其重要,会使企业的合作和发展更加稳固。"

张小凡听完不禁感叹说:"没想到这些概念真是非常新啊,感觉自己学完之后增长了不少知识！"

韦伯老师继续说："下面我要为大家解释的是创新能力和劳动力市场这两个方面。创新能力指的是在知识经济时代来临的情况下，整个社会对于创新能力都有了新的要求，所以工业生产的过程中，更加注重技术的研发和创新。比如在著名的硅谷地区，不仅有着充分的高校资源，还有着集体学习、网络合作、鼓励冒险的创新氛围，所以最终形成了良好的竞争环境，并在整个世界电子工业发展中都有着重要的地位。另外要说的是劳动力市场。劳动力市场因素不仅会对产业区位产生影响，更重要的是在一个需要脑力和创新的世界中，劳动力逐渐成为经济活动的主体，这种劳动力的创新能力，能够对整个工业产生重要的影响。"

韦伯老师说完后，结束的时间到了，三位老师向同学们鞠躬，离开了教室。

推荐参考书

《**工业区位论**》 阿尔弗雷德·韦伯著。韦伯将影响工业区位的因素分为两类：一类是影响工业分布于各个区域的"区域性因素"；另一类是在工业区域分布中，把工业集中于某地而不是其他地方的"集聚因素"。对于工业地理来讲，这本书具有里程碑式的意义。

第十五堂课

哈维、麦金德、赫伯森讨论"旅游地理"

读万卷书,行万里路。

哈维/麦金德/赫伯森

大卫·哈维(1935—),当代西方地理学家。他获得剑桥大学地理系学士学位和该校的哲学博士学位。后来在美国宾州大学、牛津大学、布里斯托尔大学等学校任教。

哈尔福德·约翰·麦金德(1861—1947),英国地理学家与地缘政治家,后来也介入政治与经济学理论的研究。他认为地理学是探讨人类与自然环境相互作用的科学,并因提出"大陆腹地说"的全球战略观念而闻名于世。他的代表作品有《民主的理想与现实》《历史的地理枢纽》《不列颠与不列颠的海洋》等。

安德鲁·约翰·赫伯森(1865—1915),英国地理学家。他曾任曼彻斯特大学地理教师、牛津大学地理系主任和教授,首次提出世界大自然区的划分,并主张地理学应该着重综合研究地球表面各种现象的空间联系,这一思想对区域地理学和景观学的发展有深远影响。

张小凡和林安在去地理峰会的路上，林安问张小凡："再过段时间就放假了，你有什么打算吗？"

张小凡说："应该会去旅游吧，不过还没有想好去哪里。"

林安点点头说："旅游确实是件不错的事情，看看祖国的大好河山，如果经济条件允许，还可以去国外走走开阔眼界。"

张小凡说："你还不知道吧，我听人说这次地理峰会的主题就是旅游地理。在地理课上讨论这种有趣的话题一定很好玩啊！"

林安于是说："对啊，旅游地理学一听就很有意思，真期待老师们今天的讨论。我们快点儿走吧！"

解析旅游资源

一位老师一进教室就用洪亮的嗓音说道："各位同学，大家好啊！"

同学们一听就是一位非常幽默的老师。这位老师继续说："我是今天受邀来参加地理峰会的老师，大家可以叫我哈维老师。"

与他相比，旁边两位老师就显得庄重和严肃多了。其中一位老师说："你们好，我是来自英国的麦金德老师。"

接着是第三位老师，他说："我是赫伯森老师，今天很荣幸能来到这里，与同学们共同讨论与旅游地理相关的内容。"

三位老师做完自我介绍，哈维老师说："好了，同学们，我们来开始今天的课程吧。今天我们要讨论的主题就是旅游地理。我相信如果说到旅游，大家一定都不陌生，但是如果说到旅游地理，可能同学们就觉得有些犯难了。其实在自然地理当中，有很多与旅游有关的知识，大家可以列举一些吗？"

一位同学说："我们研究地貌的时候，曾讲过很多种地貌，其中的喀斯特地貌、丹霞地貌，都是非常珍贵的旅游资源，有这些资源的城市，也都纷纷发展了旅游业。"

另一位同学说:"其实地理环境当中的很多因素都能够成为旅游资源,比如丰富的森林资源、稀有的动物、独特的地貌环境等,这就说明旅游和地理是无法分开的。"

麦金德老师点点头说:"不错,这位同学很好地阐述了旅游和地理之间的关系,而且还引出了今天峰会的第一个关键词——旅游资源。"

哈维老师接着说:"对,我们今天首先要讲的就是旅游资源。大家都知道旅游资源是旅游业发展的前提或基础,那么我想听听大家对于旅游资源有什么样的理解呢?"

"我总是在旅游的时候听到很多景点都在宣传旅游资源,或是说'开发旅游资源',或是说保护'旅游资源',所以我觉得旅游资源应该就是所谓的景点吧。"

"我觉得之前那位同学说的对于游客的吸引力是非常重要的,他说的似乎都是自然地理方面的知识,我觉得在旅游资源这方面,自然地理景观和人文地理景观一样具有吸引力,许多著名的景点,比如遗址、博物馆,都是因为有了人的痕迹才会显得吸引人。所以我认为旅游资源当中最重要的就是这种吸引力。"

"旅游资源一定是要和经济方面有关的。比如,虽然在中国很多偏远的地方,高山流水之间有非常优美的风景,但是并不能说这些有风景的地方就是有旅游资源啊。因为它们并没有经过开发,也没有受到保护,所以很少有游客去,即便游客去了也不会产生什么经济效益。所以这种没有经过开发的地方应该不能称之为旅游资源。"

"可是,如果只强调经济利益,是不是显得不够厚重呢?我认为旅游资源主要还是要真正发挥旅游的作用,旅游就应该是愉悦身心的,所以旅游资源也一定是能够带给人快乐、激情的一些东西。比如说现在很多地方建的游乐场、步行街、大商场、夜市都能够成为旅游景点,还有什么不可能的呢?"

……

赫伯森老师看同学们发言这么踊跃,不得不插话:"真没想到,大家对旅游资源有这么多的了解,再说下去,估计我们三位老师都不用讲了。"

哈维老师继续说:"其实大家说的都很好,下面我就总结一下大家对于旅游资源的理解。首先,我们应该明确了解旅游资源就是一个地方发展旅游业的前提和基础。我们常见的旅游资源主要包括自然风景旅游资源和人文景观旅游资源两部分,这些刚才大家都已经提到了。**旅游资源的定义是,在自然界和人类社会当**

中，凡是能够对旅游者有一定吸引力、能够激发旅游者的旅游动机，并且具备一定旅游功能和价值的，都可以被称为旅游资源。**旅游资源能够被开发利用，同时也能够产生一定的经济效益、社会效益和环境效益。**"

张小凡开心地说："看来把同学们所有的观点都整合一下，也基本上能够符合旅游资源的定义呢。"

麦金德老师说："的确！同学们都很不错，能够从各个方面认识到旅游资源的一些特征。我还要给大家介绍一些旅游资源的其他概念。首先要说的是旅游资源的存在形式。旅游资源有两种存在形式，一种是有形的形式，另一种是无形的形式。有形的形式指的是山川、河流等有形的物质资源；无形的形式指的是神话传说等非物质性的资源。"

一位同学有些不解了，他说："第一次听说旅游资源还有无形的形式，但是就算是神话传说也不可能单独存在呀！"

哈维老师说："没错，所以我们看到的大多数旅游资源其实都是有形的物质资源和无形的非物质资源的结合体。**在中国有很多这样的景点，比如到长城之后大家都会讲孟姜女的故事，到故宫的时候都会讲历朝皇帝和臣子的故事，这些景点和故事都有非常密切的联系**，有的人可能是听了这些传说故事之后来到这些地方的，还有的人是来到这些景点之后又听到这些故事，所以印象更加深刻。"

赵业婷老师评注

旅游资源主要包括自然风景旅游资源和人文景观旅游资源。自然风景旅游资源包括高山、峡谷、森林、火山、江河、湖泊、海滩、温泉、野生动植物、气候等，可归纳为地貌、水文、气候、生物四大类。人文景观旅游资源包括历史文化古迹、古建筑、民族风情、现代建设新成就、饮食、购物、文化艺术和体育娱乐等，可归纳为人文景物、文化传统、民情风俗、体育娱乐四大类。

赵业婷老师评注

国外也有很多因为神话传说而闻名的著名景点。比如土耳其东北部的海滨古城特洛伊，有希腊神话故事当中的特洛伊战争遗址。同样是在希腊神话当中，奥林匹斯山被尊为"神山"，那里常年云雾缭绕、高耸入云，是非常著名的景点。神话当中的尼斯水怪，使英国苏格兰高地上的尼斯湖成为人们想要看到尼斯水怪的热门景点。

哈维老师接着讲："看来同学们的旅游经验非常丰富，能够把这些旅游的现实经验都应用在知识学习当中，这非常好。下面我们要讲的一部分内容就是旅游资源的特点。我一一为大家介绍，介绍完希望大家能够结合自己的旅游体验给出相应的事例。首先我要说的第一点是旅游资源的观赏性，这一点应该非常好理解，旅游资源最为显著的特征就是这个了。很多游客去景点就是为了欣赏美景，那就不用举例了。第二个特点是具有空间地域性。这个特点是说旅游资源在不同的地区具有不同的特点和风格，分布特征也会不一样，在很大程度上能决定这个地方的旅游业会有什么样的发展。大家能举一些例子吗？"

一位同学站起来说："我认为地区差异是非常关键的。比如说在东南亚旅游，能够看到的就是热带景观，能够感受到热带的热情，整天都是在娱乐、吃喝，或是逛一些寺庙景点；但是在欧美国家旅游就不一样了，尤其是欧洲国家，那里有丰富的文化底蕴，很多博物馆、建筑艺术都非常吸引游客的眼球，人们更愿意享受一些人文的景观，甚至是去留学。这就能够看出不同地区，旅游资源是有一定的差异性的。"

另一位同学也站起来说："我认为还可以这样理解旅游资源的差异性。中国可以说是世界上非常重要的旅游大国，有一个很重要的原因就是中国的旅游资源有很大的差异性和丰富性。中国的国土辽阔，跨越了热带、亚热带、温带，还有很少一部分寒温带，所以来中国旅游，能够看到不同的自然景观。再加上中国的历史悠久，也能够看到不同的人文景观，所以中国的旅游业才会越来越繁荣。"

哈维老师又说："第三个特点是时间上的变异性，指的是因为受到时间、季节等因素呈现出的不同观赏景观。同学们继续举例来说吧。"

林安站起来说："很多景点的观赏是有最佳观赏季节的。比如说要去东北看冰雕和雾凇，当然是冬天去好。如果要去草原，一定要选草地最肥美的时候去，也就是夏天去。如果要去观水和河流的地方，最好要选择降水比较丰沛的季节，在这种季节，瀑布、溪水都非常美丽。当然，我说的只是非常简单的一些景点知识，如果大家想去一个地方看自然景观，就一定要注意季节和天气的影响因素，这一点是非常重要的。"

赫伯森老师听了之后连连点头："我认为这位同学说的既有知识价值，也有实用价值。对于出门旅游的人来讲真是非常好的建议！"

哈维老师接着讲："第四个特点是使用的永续性。"

旅游资源的内容分类

旅游资源的内容分类	游览鉴赏型	以优美的自然风光、著名古代建筑、遗址及园林、现代城镇景观、山水田园、以览胜祈福为目的的宗教寺庙等为主
	知识型	以文物古迹、博物展览、科学技术、自然奇观、精湛的文学艺术作品等为主
	体验型	以民风民俗、社会时尚、节庆活动、风味饮食、宗教仪式等为主
	康乐型	以文体活动、度假疗养、康复保健、人造乐园等为主

一位同学刚听完老师说"永续性"这个词就站起来说:"老师,我的理解是,永续性指的就是旅游资源是能够长期供游客观赏,不能够被游客带走的。这种事例太多了,我想大多数的旅游资源应该都有这样的特点,除了特别具有时效性的东西外,正常的自然景观和人文景观都是不会变化的。"

哈维老师开心地说:"这位同学都已经学会抢答啦!很好!最后要说的一点是景点的综合性或多样性。大家能对这一点谈谈理解吗?"

张小凡回答说:"大部分景点都会有这样的特点吧。景点一般都不可能是单独的,而是要有成群的景点才更有效应。比如说寺庙是主要景点,周围也一定会有景色宜人的山水亭台。"

另一位同学也说:"所以只有具有综合性和多样性的景点,才更容易吸引游客吧!"

哈维老师听完大家的答案都很满意,他说:"的确,大家对于旅游资源的理解非常到位!"

旅游的开发

麦金德老师接着哈维老师说的继续讲："了解了旅游资源之后，我们应该关注旅游资源的开发，这个问题可以说是关于旅游的一个重要问题，由我来为大家做讲解和分析。旅游开发指的是以旅游资源开发为核心，促进旅游业的全面发展，充分开展的各种社会活动。它是一个非常丰富的活动，活动范围能够涉及政治、经济、文化等不同方面。一般来讲，旅游的开发包括旅游资源的调查与评价，旅游项目开发的可行性研究，旅游景区的规划与设计，旅游目标市场的选择与营销，旅游景区的建设经营和管理，旅游景区企业文化的建设，旅游地形象的建设与推广，旅游基础设施与服务设施的建设以及旅游社会氛围的营造等方面，不仅是对于旅游资源的分析，也是对实际可行性的一种探究，是一种有益的社会活动。"

一位同学不禁惊叹："看来旅游的开发还真是一项复杂的工程，说起来也是步骤繁多、内容广泛啊。"

麦金德老师说："当然，这些可能主要和经济、规划等方面有关，我们只需要简单了解就可以了。下面我们要讨论的是旅游开发的一些具体知识，首先是旅游开发的内容。简单来讲，旅游开发包括以下几个方面的内容。第一是旅游地的可进入性，也就是旅游交通的问题。因为很多旅游资源所在的区域和地方并没有非常便利的交通，这就需要先完善交通，使旅游资源所在地能够和外界的交通联系畅通无阻，这样才能够保证旅游资源和其他资源之间有密切的联系，从而实现旅游业的繁荣。第二是要完善和建设旅游方面的基础设施和服务设施，除了交通方面比较重要之外，还需要有水、电、气、居住、医疗、银行等各种服务，这些设施都是非常重要的。因为一旦有大量游客进入景点，就一定会有各个方面的需求，这种时候就应该提前将这些旅游设施都做好准备，才能真正服务好游客。第三点也是尤其重要的一点，就是旅游景区的开发建设和管理。因为旅游景区本身是吸引游客最重要的一个因素，所以只有保证景区的质量，才能真正靠内在吸引游客。"

张小凡不禁疑问："对于景点来说，有什么建设或管理的吗？"

赵业婷老师评注

服务业指的是从事服务产品的生产部门和企业的集合。服务产品与其他产业产品相比,具有非实物性、不可储存性和生产与消费同时性等特征。服务业包括:仓储和邮政业,租赁业、水利、环境和公共设施管理业,居民服务、修理和其他服务业,教育、卫生和社会工作,交通运输、社会保障和社会组织、住宿和餐饮业等。

麦金德老师说:"当然有了,因为很多景点可能缺乏一定的保护,也可能有一些景点完全没有被开辟,这就需要开发人员对景点在一定程度上加以改造和更新,才能让旅游景点更好地发挥作用。第四点是要对相关的服务人员进行培训,要使服务人员达到一定的服务标准,使景区的**服务业**繁荣起来,才能够为游客提供更好的服务。"

此时,一位同学站起来说:"但是我也听说过很多新闻,说很多旅游的开发破坏了旅游资源。那又是怎么回事呢?"

赫伯森老师说:"这个问题让我来回答吧。其实所有事情都是有一定限度的,比如说在开发旅游业的过程中一定要牢牢把握一些原则,不能片面为了经济利益而进行开发,还要秉承着一定的保护和传承的原则。因为对旅游区进行开发,从某种程度上来讲,就是一种破坏行为,在一个原有的和谐环境中兴修道路、饭店、宾馆等,这些对原有的环境本身就是存在一定的破坏性。所以尤其是在文物古迹的周围,一定要控制一些大型建筑,尤其要避免具有破坏性的一些建筑,因为这样可能会加快文物古迹的老化、破坏,甚至是毁灭,造成完全无法挽回的损失。对于文物古迹还必须保持其完整性,不能进行随意的改造,这样会使文物失去原有的价值。"

哈维老师也说:"这个问题我也曾经关注过,如果旅游业一旦发展起来,最大的破坏将来自于游客,因为大批游客会涌进原先并没有多少人的区域当中,再加上游客的素质参差不齐,可能就会对旅游景区造成一定程度的破坏。大量的交通工具和生产生活会污染旅游区的空气、水体等自然环境,所以一定要在这些方面加以重视,才能够实现对旅游区的保护。"

麦金德老师听完两位老师的话,说:"在旅游业发展的过程中一定要注意一些事项,下面我就说一下我自己总结的内容。第一点是在旅游开发的过程中要保证突出当地的民族特色或地方特色。像中国有很多少数民族聚居地,这些少数民族的文化都非常有特色,也有丰富的韵味。像东南亚的热带文化也是如此。我们在开发这样的旅游资源的过程中，一定要展示他们的独特个性，这同样也是对当地旅游资源的一种保护。"

"第二点是在开发古老文明的过程中既要注意与现代文明相结合，也要与自然风景相协调。很多古老文明的景区当中，可能并没有一些现代设施，但是在景区开发的过程中，一定要有一些必要的现代设施。但是很重要的是，这些现代设施不能与古老的文明有冲突，有不协调的感觉，绝对不能够因为建设现代的文明而毁掉古老的文明。

"第三点是要在旅游资源开发的过程中注意环境保护和生态平衡。虽然旅游业被称为'无烟工业'，但是现代旅游业当中，生活污水、废气、噪声同样都对环境造成了严重的破坏。所以在有的国家制定了规范旅游开发的法律，还有一些景区进行了严格的控制，这些都是为了保护我们的生态环境。这其实就是要在开发旅游资源的过程中注重兼顾经济效益、生态效益和社会效益，真正使旅游业做到用很小的投资开发更多的项目，并收获到更大的经济效益，这样才是真正可持续发展的旅游业。如果破坏了环境或文物，那就是得不偿失。"

同学们都不住地点头。

旅游与地理环境的关系

赫伯森老师接着说："下面我们要讲的是最后一部分，就是旅游和地理环境之间的关系。首先我们应该明白，旅游和自然地理环境之间原本是相互独立的关系，但是由于旅游资源的开发和旅游活动的产生，使得二者之间出现了互相作用和互相促进的共生关系。在旅游发展的过程当中，二者之间不断作用，也可能产生互相矛盾的关系。所以说旅游和地理之间的关系是复杂的和不断变化的。"

同学们听完都点点头。

老师接着说："首先要解读的是自然地理和旅游之间的关系。从开发的角度来讲，自然地理环境当中有一些要素会对游客有很大的吸引力。在地形方面就是尺度比较适合，游客能够有便捷的到达方式，不能太过辛苦。第二个方面就是水的分布，因为水是自然地理环境当中最为活跃的因素，水能够影响生物的分布和各种自然景观的形成。第三个方面是气候气象方面，其中包括两个方面，一是这种气候是不是适合人类的旅游活动，二是有没有特殊的气象作用，会对游客有非常特殊的吸引作用。第四个方面是风景生物，如果存在生动、活泼的风景生物，对游客来讲一定有很大的吸引力。"

一位同学就问："那旅游活动对于地理环境又有什么样的影响呢？"

赫伯森老师说："旅游活动对自然地理环境有两方面的影响，一方面是有利的，另一方面是不利的。有利方面的影响是能够美化旅游地的环境，有利于野生动植物和其生活环境的保护，同时能够推动环境保护教育的发展，逐步提高人们环境保护的意识。但是要说起旅游对自然环境的不良影响应该有很多，同学们来一起谈谈吧。"

同学们纷纷发言。一位同学说："旅游活动会有大量的垃圾堆放和随意丢弃，如果乱扔腐蚀性垃圾可能会造成土壤营养状况发生改变，使动物和植物的生长环境都遭到损害；如果乱扔烟头可能会造成森林火灾；有大量交通工具和汽车尾气排放，会对当地的大气环境产生影响；还有的游客会直接采摘自然环境中的鲜花、树苗和真菌，从而引起物种的变化。"

另一位同学说："在有河流的地方，对水体的污染也是非常严重的。如果将一些杂物扔进水体当中，会对水体产生污染。还有很多在水上进行的娱乐活动或者游船，都会对水体产生很大的影响。"

还有一位同学有些义愤填膺地说："我认为旅游的开发真的会造成很大程度的环境破坏，我甚至都觉得看不到旅游的保护作用，只看到那些游客的破坏作用。有时候我觉得，如果再不提高游客的素质，就不要开发新的旅游景点了，根本没有任何意义。"他的回答，引发了同学们的讨论。

旁边的麦金德老师说："任何问题都有两面性，但是也不要太过于消极。旅游作为一种重要的资源，不仅需要保护，也需要被更多人认知。所以要从中找到一种协调的方式才是关键，像你这样太极端的观点也是不可取的。"

赫伯森老师继续说："好了，接下来我们讨论的就是旅游和人文地理环境之间的关系，主要研究两者互相影响和作用的关系。首先讨论的是旅游活动对人文地理环境的影响。第一个方面当然是对于地区经济发展的影响。旅游活动能够创造外汇,能够为区域的发展提供一个非常好的机会,能够改善收支的状况、促进当地的经济结构发展、扩大税收、安排就业等。但是这些方面也需要进行重视和把握,不能使当地的经济过度发展,如果旅游业超前发展,可能会使区域内的经济结构有一定的不稳定性,极有可能造成通货膨胀和土地价格飞涨,对当地居民来讲可能并不是好事情。"

林安站起来说:"但是旅游业在其他方面可能有着非常重要的作用,我认为在文化当中的作用是尤其突出的!"

赫伯森老师说:"那就请你试着给大家讲一讲旅游对文化的影响吧!"

林安说:"好的!我认为旅游可以促进文化的传播,我们经常说的一句话就是'读万卷书,行万里路'。旅游就好像是在阅读这个世界,我们在旅行的过程中,能够领略到不同地方的风土人情和文化背景,这就是一种文化的接受。尤其

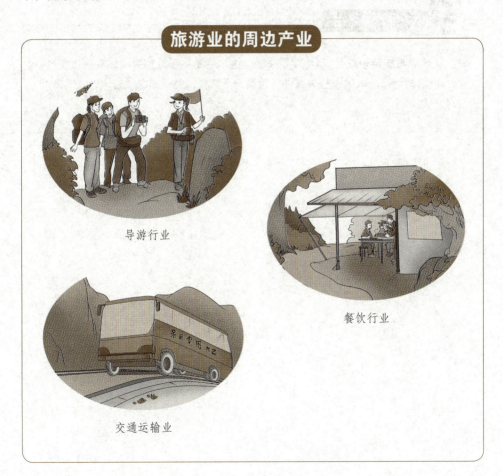

旅游业的周边产业

导游行业

餐饮行业

交通运输业

是对于传统文化来讲，中国有很多传统文化可能都要濒临灭绝了，但是旅游业的发展正好能够促进传统文化的发展，让传统文化不至于消亡，我认为这点是至关重要的。"

林安说完，好几个同学都鼓掌。连哈维老师也说："能够看出旅游和文化之间的关系的确值得探究，这位同学说得很好！"

赫伯森老师接着说："最后要讲的就是人文地理环境对旅游活动的影响。人文地理环境为旅游活动提供了游览的地方，以及游览的资源。此外，旅游资源也是旅游活动成立的一个外在条件，对旅游活动有很大的促进作用。"

同学们看着三位老师一起鞠躬离开，才意识到这一次地理峰会就这样结束了。

推荐参考书

《休憩与旅游地理》 科特梁罗夫著。这本书阐述了旅游对于休息的重要性，并且就旅游地理当中的一些普遍性问题进行了解释，对于初学旅游地理的人来说很有帮助。

第十六堂课

哈特向、斯利姆、纳尔逊讨论"军事地理"

军事和地理是分不开的。

> **哈特向/斯利姆/纳尔逊**
>
> 理查德·哈特向（1899—1992），美国地理学家。他曾经研究农业区域、运输和城市的发展、气候与工业区位、美国的种族分布及有关政治地理问题。他的代表作品是《地理学的性质》《地理学性质的透视》，他在著作中明确提出了地理学的研究对象是地域分异，对地理学性质做出全新的评价，被广泛视为权威性著作。
>
> 威廉·约瑟夫·斯利姆（1891—1970），世界十大军事统帅之一。第一次世界大战爆发前夕，斯利姆参与军事事务，1945年，斯利姆升迁东南亚战区盟军地面部队司令。1946年，斯利姆回到英国担任帝国国防学院院长。1948年，斯利姆被召回服现役，出任帝国总参谋长。
>
> 霍雷肖·纳尔逊（1758—1805），英国著名海军将领和军事家，在1798年尼罗河口海战及1801年哥本哈根战役中等重大战役中带领皇家海军胜出，他在1805年的特拉法尔加战役中击溃法国及西班牙组成的联合舰队，迫使拿破仑彻底放弃海上进攻英国本土的计划。最终，在战场上中弹阵亡。

这次的地理峰会,张小凡和林安两个人到得特别早。

正和周围的同学聊着天,三位老师进来了,同学们都看得目瞪口呆。因为在一般情况下,老师们都是穿着西装来上课的,但是今天可不得了,有两位老师穿着军装,整个教室立刻安静了下来。

张小凡有些慌张了,连忙低声问身边的林安说:"你……说……这是……为什么?怎么有两位都穿的是……军装啊!"

林安看了看张小凡说:"他们应该都是我们今天的老师吧。"

张小凡说:"军人做地理峰会的老师很少见啊!感觉整个课堂都显得庄严和肃穆起来了!"

林安笑了笑说:"如果我没有猜错,今天地理峰会要讨论的主题可能是军事地理。"

张小凡疑惑地看看讲台,再看看林安,自言自语地说:"军事地理?"

🌐 地理和军事无法分开

三位老师坐在讲台上,并没有多说话。等峰会一开始,其中唯一一位没有穿军装的老师开讲:"各位同学,大家好。我一进教室的时候,就能感觉到大家有些紧张,这一定是因为大家看到,今天的讲师除了我之外,都穿着军装来的。的确如大家所见,他们都是历史上非常著名的将军和军事家。"

听完这位老师说的这些,同学们更加好奇了,为什么地理峰会需要请将军呢?张小凡偷偷和林安说:"难道今天的地理峰会真的是要讨论跟军事有关的话题?这真是一次特别的讨论啊。"

刚才那位老师继续说:"我听到有同学在讨论了,地理峰会一般讨论的可能都是一些与自然或人文有关的话题,但是今天我们要讨论的是军事地理。正因为我们要讨论的是军事地理,所以我们请来了两位将军与我们共同来讨论。希望各位同学对这两位将军致以热烈欢迎。"

同学们听了这位老师的介绍,都非常兴奋,尤其是很多关注战争问题的男同学。

那位老师说:"说了半天都还没有进行介绍。我左边的这位是威廉·约瑟夫·斯利姆,是英国著名的军事将领,**世界著名的十大统帅之一**。右边这位是霍雷肖·纳尔逊,同样是非常著名的军事指挥家。"说着,两位将军分别向同学们致意。那位老师继续说:"都忘了介绍我自己了,我是地理学家哈特向。今天关于军事地理的峰会,主要是由我来进行讲解,但是遇到一些疑难的问题都可以向两位将军请教。"

世界十大统帅分别是:威廉·斯利姆、阿瑟·韦尔斯利、埃尔温·隆美尔、霍雷肖·纳尔逊、拿破仑·波拿巴、格奥尔基·朱可夫、保罗·冯·莱托-福尔贝克·莫尔伯勒公爵、亚历山大大帝和粟裕。

同学们都兴奋地为老师鼓掌,为今天这个不同寻常的主题,以及不同寻常的老师们。

哈特向老师开始讲:"首先,我们要了解的就是军事和地理之间的关系。首先我想问同学们两个问题,一是什么是地理?二是什么是军事?"

一位同学站起来说:"我们已经参加了十几次地理峰会,地理就是研究地球表面的环境当中的自然现象和人文现象,以及它们之间互相关系的学科。基于我们之前学习的内容,可以分为自然地理和人文地理两大部分。"

另一位同学也站起来说:"我对军事比较感兴趣。我认为军事就是与战争和军队有关的一些事情。现在虽然是处于和平年代,但是我们对于很多军事武器、军事高科技等还是有非常多的研究。"

这时林安也站起来回答:"我认为军事与战争和军队有关,它从古至今都非常重要。通过分封割据,通过无数战争,才最终形成了今天这样相对稳定和平的格局和状况。可以这么说,今天社会的稳定状况,和军事有很大的关系。"

哈特向老师笑笑说:"没想到,喜欢地理的同学们对于军事的理解也都是比较到位的。我让大家同时阐述对军事和地理的理解,就是因为我们今天要研究的是军事地理。简单来讲,军事地理就是研究军事和地理学之间的关系的学科。主要的研究内容是地理环境对于国防建设、军事活动的影响,还包括在军事上运用地理条件的规律，制定战略方针，研究武装力量的建设，最终为战争服务。军事地理学主要研究的是从大气的对流层顶端到岩石圈沉积岩底部的范围内的军事活动，有时候军事地理学也会涉及海洋底部、陆地的深处和外层的空间。所以能够看出，军事地理学既是军事学术的组成部分，同时也是地理学的分支学科。这门学科非常重要。"

斯利姆将军听着哈特向老师的讲解，突然想起什么，他说："其实我很早就听说中国古代军事是非常发达的，不知道在座的有没有对此感兴趣的同学能为我们介绍一下呢？"

纳尔逊将军也说："的确，很想了解中国古代的军事究竟是什么样子的。"

会场片刻安静之后，一位同学站起来说："中国是一个拥有五千年历史的大国，自古以来就有很多涉及军事和战争的问题，尤其在军事思想上有非常重要的成就。中国在夏商周时期，就基本形成了军事。当时主要采用的作战工具是青铜器，将士都是身披青铜盔甲，所以当时的步行作战是相对困难的，主要作战方式是车战。当时的战争方式相对比较原始，但是这一时期的人们已经认识到战争的重要性，形成了审势而动、量力而行、寡不敌众、弱不胜强的朴素的唯物主义观点。到春秋战国时期，就相对成熟，在士兵的管理、兵器的使用、军事制度和作战方式方面都有了变化和革新，并出现了著名的《孙子兵法》。在秦汉至五代时期，中国经历了大量的王朝更迭，军事思想不断进步和提高。从宋朝到鸦片战争时期，中国的封建社会逐渐没落，爆发了多次农民起义、民族起义，还涌入了大量的外来入侵者。火药的西传对当时的世界军事产生非常大的影响。但是后来因为中国统治者的闭关锁国，很多军事活动都受到了极大的限制。"

同学和老师们纷纷鼓掌，很认同这位同学的讲解。

哈特向老师说："了解了中国古代的军事情况，相信同学们也能更深刻地理解军事地理了，下面我再来详细阐述。军事地理学主要是由普通军事地理学、区

赵业婷老师评注

《孙子兵法》又称《孙武兵法》，是中国现存最早的兵书，也是世界上最早的军事著作，被誉为"兵学圣典"。书中共有六千字左右，一共十三篇，是中国古代军事文化遗产中的璀璨瑰宝，是古代军事思想精华的集中体现，在世界军事史上占有重要的地位。

中国古代军事思想的发展

军事思想指的是关于战争、军队、国防的一些理性认识,是人们长期从事军事实践的经验总结和理论概括。一般来讲,军事思想会受到不同的国家、阶级、政治集团的影响和制约。

阶段	时期	书目	思想说明
形成时期	夏商周时期	《尚书》《军志》《军政》	当时的人们有着朴素的唯物主义的战争观点,高度抽象并概括了关于作战指导的理性原则。"言不相闻,故为之金鼓;视不相见,故为之旌旗。""先人有夺人之心,后人有待其而衰。"
成熟时期	春秋战国时期	《孙子兵法》	《孙子兵法》标志着封建统治阶级军事思想的成熟,它是世界上最早的系统而全面的军事理论著作,奠定了中国军事思想的基础。书中提出了很多在战争中需要使用的权谋,认为只要做到知己知彼,就能够取得战争的胜利。
发展时期	秦汉到五代时期	《三略》《六韬》	这些兵书对于战争有了进一步的理解,分析并论述了这段时期的许多著名战争,同时对作战指挥进行了相当重要的分析和指挥,对当时的作战产生了很重要的影响。
体系化时期	宋到鸦片战争时期	《武经七书》《练兵实纪》《武备志》	这一时期的战争思想逐步深化,但是最终被统治者闭关锁国的思想所禁锢。

域军事地理学和部门军事地理学三个部分构成。其中普通军事地理学主要研究的是地理和军事的一般关系,是军事地理理论和研究方法的综合概括。区域军事地理学主要研究的是某一个国家或地区的地理环境对军事行动的综合影响,其中包括战区军事地理、国家军事地理、边疆军事地理等。部门军事地理学主要研究的是特定的地理因素的军事影响,其中包括海洋军事地理、空军军事地理、历史军事地理、交通军事地理等。"

军事地理学的发展

看着同学们仔细听讲的样子，哈特向老师愉快地继续讲："接下来我们要讲的，就是军事地理学的产生和演变的过程。这部分知识同学们可能很少接触，希望大家能够认真听讲。军事地理学的产生，显而易见是与战争和军队有关的，是在战争和军队不断发展的基础上形成的。我也了解过一些中国古代的军事思想，发现很多军事家都非常注重地理环境对于战争的影响。春秋战国时期的孙武曾经提出了'知天知地，胜乃不穷''夫地形者，兵之助也'，这就能够看出当时他对战争的地理环境是非常重视的。三国时期著名的军事家诸葛亮，曾对当时的天下局势进行分析，在《隆中对》中，深刻分析了当时的军事形势和地理条件，意义重大。"

纳尔逊将军说："自古以来，只要有战争，就不可能忽略地理的因素，这是最基本的知识。西方世界也很注重军事地理。法国的拿破仑就指出，一个好的参谋长一定要熟悉军事地理，这一点为很多军事家所继承。普鲁士军事家克劳塞维茨在《战争论》一书中，把地理要素视为决定战斗运用的五个战略要素之一，可见地理因素的重要性。"

斯利姆将军也说："18世纪中期，普鲁士国王弗里德里希二世在《给将军们的训词》中指出，对于一个将军来说，地理知识犹如步枪之对于士兵，数学之对于几何学家一样重要。他如对地理一无所知，非铸成大错不可。可见在历史上，军事地理具有非常重要的地位和作用。所以军事地理这门学科的产生具有非常重要的意义。"

哈特向老师听完两位将军的讲解，也拍手称快："这样的知识由两位将军这么一说，显得更有意义。下面我来为大家解读现代军事地理学。19世纪至20世纪，由于当时的经济和科学技术有非常大的进步，各种武器装备都有了很好的性能，所以当时战争的规模和范围逐渐扩大，发展为世界规模的战争。在这种情况下，为了适应作战的需要，军事地理学得到了迅速的发展。尤其是在俄、德、法、意、英等国，都出现了专门研究军事地理学的著作，军事地理学成为一门真正的专业学科。"

战争的一般步骤

1. 战争性质定义：战争在爆发之前，发起者们都会为战争进行定义，一般定义为侵略、保卫，或者参与别国军事冲突为自己谋划利益。

2. 进行战略配备：用具备哪些才能的指挥官，用多少部队，部队的装备选择，以及物资的数量和运输的路线。

3. 选择作战方式：每个国家因自己的军事、政治、经济等因素会选择不同的作战方式。这其中包括进攻、防守，或者两者相结合。

4 战争进行期间的舆论把控：不论是什么样的战争活动，都要进行足够的舆论把控，要让国民知道这场战争是神圣之战，团聚人心，相信其军队战无不胜。

5 进行善后：战争结束后，无论哪一方都会有损失，士兵的死亡与伤残统计，装备的损毁与损坏核算，军费的支出等问题。

"军事地理学在诞生之后，能够满足各个国家的政治和军事战略的需要，全面分析与战争关系密切的各种自然地理因素和人文地理因素，在国防建设和军事行动当中起到非常重要的作用。随后，还诞生了各种与军事地理学有关的各种学科，包括军事历史学、战争动员学、军制学、军队指挥学、国防经济学，以及军事地形学、军事工程地质学、军事气象学、军事海洋学、军事交通运输学等，这些学科基本上包括了军事地理当中涉及的所有问题。"

纳尔逊将军接着说:"尤其是在19世纪末至20世纪初,很多地理学家、政治学家、军事家都在研究军事地理,提出了很多重要的理论,比如说地理环境决定论、地缘政治说、大陆心脏说等,这些观点都成为之后战争的重要理论依据。当然,这些军事思想对于军事方面有一定的影响,对世界和平也产生了重要的影响。"

军事地理学的具体要素

哈特向老师继续讲道:"虽然军事地理学是应运而生,但是我们学习这门课并不是为了战争。相反,我们学习这门课是因为我们希望这个世界是和平的。和平有一个非常重要的因素,就是制衡。只有所有的军事力量都很强大,才不会出现倚强凌弱的战争局面,才能够真正维护世界的和平。所以同学们一定要明白,学习军事地理学,正是为了世界的和平。"

同学们听了哈特向老师的话,都觉得这门课更有意义了。

哈特向老师说:"接下来,我们要分析军事地理学具体的研究内容,也就是具体要素。这些具体要素包括,地理形势、自然条件、经济因素、社会状况、交通运输、城镇要地、历史战例等。这些方面在军事地理中有着非常重要的作用,我们接下来就来一一了解。"

"首先要了解的方面就是自然条件和地形地势,这两项是自然地理方面的条件。自然条件主要包括的是地貌、水文、气象、地形等因素。其中地貌研究的主要是对军事战争有意义的各种地貌类型,比如平原、丘陵、山地、山林地的分布状况,这些情况能够直接影响军事布局的方法、谋略和制高点的位置设置,同时还能够为各种任务和计划的实施提供有限的场地和依据。根据地形的防护功能,还能够选择最适宜使用的武器和工具。水文研究的是与水有关的各种因素,比如江河、湖泊、水库、地下水和海洋的分布特点、季节变化规律,这些情况能够反

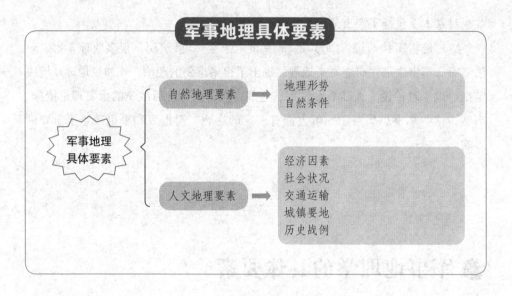

映出河流的通航能力及障碍程度,能够表现出水运对于战争的影响。气象,侧重研究各种气象要素的地区性、季节性的变化规律等,与战争发生的环境也有很大的关系。地形主要包括的是国家和战区的位置、范围、面积,陆、海疆界的长度和自然特征,及其对军事的作用和影响。这些因素看起来好像只是简单的自然因素,但是在实际发生战争的过程中,这些自然环境或许都能成为战争成败的关键。"

一位同学说:"这些自然地理的条件和战争之间的确有很重要的关系,但是我们对很多战争的细节并不了解,所以希望老师能够做一些更加具体的分析,好让我们更清楚军事的细节。"

哈特向老师说:"没问题,你们这么好学,我当然会给你们讲的。我以地形分析为例,讲一些地形对于军事的意义和影响。在军事地理学当中,地形分析就是根据实际的地理资料和实地考察掌握的信息,对作战地区的地形和对军事行动的影响进行分析。分析的角度主要有四个方面。首先要分析地形对军队的影响。因为在现代战争当中,有很多大型的武器和装备,这些重型装备在很大程度上受到地形的限制。在这种情况下,地形的起伏、土壤的性质、天然障碍物、人工障碍物的分布会对这些装备设施的使用有很大影响。第二方面就是地形对军队观察和射击有很大的影响。一般来讲,需要观察和射击的地方一般都是在高地,而且四周一定要有非常开阔的视野,这样才能有利于火力的发挥。第三方面,地形还会对军队的伪装和隐蔽产生一定的影响。有的地方地形起伏比较大，就是有天然的隐蔽功能。还有的地方，有森林、山谷、山沟等地形，也能够有一定的遮盖和伪装的功能。军队如果能够有效利用这些地形，就一定能够事半功倍。第四方面是地形对信号和武器的干扰作用。在现代化的战争当中，军队的电子和通信设备起着非常重要的作用。但是有的地形对信号的干扰会特别大，所以一定要在军事战争中避开这些地方。大家都听明白了吗？"

同学们听完都若有所思。斯利姆将军说："哈特向老师说得对，我们在战争的演练和操作的过程中，都要考虑这些因素的。"

哈特向老师继续讲："除了这些自然地理的因素之外，人文地理的因素也是非常重要的。下面我论述几个重要的人文地理的思考角度。首先是经济因素，经济因素在所有人文地理的因素当中是最为重要的，主要包括的是战略资源的分布和蕴藏、经济发展水平、科技发展水平，以及农业经济的发展水平，这些因素在任何条件下都是非常重要的因素。尤其是对于战争来讲，经济状况比较好的地方能够为战争提供充足的物质保证和一定的支援能力，从而保证战争的后勤供给。"

"其次是交通运输状况，交通运输包括铁路、公路、水路、航空和地下管道，各种运输方式都包括在其中。战争对于交通的要求是非常高的，因为在战争中需要大量运输军事武器、装备、军队等，所以这些因素都会直接关系到战争的结果。而且在很多战争当中，交通运输还关系到重要的战略转移，如果交通状况不好，则会在很大程度上影响到军事活动的开展。"

同学们点点头说："看来这些因素对于战争都有着非常重要的影响，这样一分析还真是什么因素都不能缺少呢。"

哈特向老师说："还有一些因素也是需要注意的，比如社会状况。社会状况是个相对抽象和概括的概念，包括一个地区的社会政治制度、阶级关系、人民的受教育程度、文化习俗、心理习惯、人口分布、宗教信仰等。这些因素都是社会状况的反映，在战争期间，这些因素可能会直接影响到一些战争的状况。比如，一个地区男女人口的分布直接决定了能够服兵役的人的数量，一个地区的文化程度的高低有时候也会影响到军队的作战方式，当地的医疗状况和疾病种类，在战争爆发之后，将会起到至关重要的影响作用。"

纳尔逊将军说："在所有战争的过程当中，任何一个因素都会起到非常关键的作用，有时候这个因素可能是一棵树，可能是一个小小的士兵，可能是一部手

中国历史上的军事重镇

北京：北京应该是近一千年来，中国最重要的一个军事重镇，也就是幽云十六州里的幽州。最重要的原因就是安史之乱后，唐朝失去了对西域的控制，从唐末开始，东北在中国政治和军事上的地位提高，所以北京一跃成为中国北方最为重要的一处军事重镇。

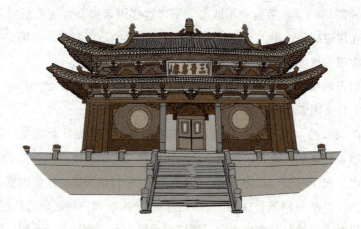

太原：从北魏权臣尔朱荣被封为太原王，到宋太宗毁晋阳城，这一期间，全国最为重要的一处军事重镇就是太原。它是北齐开国皇帝高洋口中的"天府之国"，李世民口中的"王业所基，国之根本"。

机，可能是一封信，总之对于战争来讲，所有的因素都应该考虑在内。"

哈特向老师说："最后要考虑的，还有城镇要地和历史战例这两个方面。对于城镇的研究，主要侧重于对地理位置、战略位置、人口、面积以及其他重要方面的研究，这些研究都对军事战争有非常重要的影响，很多城镇有可能被定义为居民地、军事基地、要塞、关隘等，在军事上发挥非常大的作用。而历史战例指的是在历史上因为某种特殊的地理条件对战争产生重要影响的军事事件，这对于交战双方起到了很重要的借鉴作用。"

斯利姆将军看大家聊得非常开心，说道："其实在军事战争当中，能够用到的地理知识也是很多的，我来给同学们简要讲讲吧！"

同学们对此充满期待。斯利姆将军说："很多同学应该都曾在电影中见过这样的场景，就是一大堆人围在一张地图面前研究地图，通过这种方式，分析战争当中的一些情况。其实识图用图就是在军事战争当中最常用的地理能力。通常我们使用的地图有地形图、海图、航空图和影像地图，在这些地图上，能够了解到地形的基本情况，尤其是经过卫星定位的高科技地图，还能够直接显示出战场中的动态状况。所以说，地图对于战争来讲是非常重要的。"

"第二个方面是判断定位。因为在战争当中，可能会发生各种各样的突发状况。最容易出现的就是士兵不明自己的方位。在这种情况下，如果有指南针固然好，如果没有指南针，就只能够利用北极星、太阳，或者是一些地面的自然物辨别方向。方向在战场上是非常重要的一个因素，只有把握准确的方向，才可能实现军事任务的完成。

"在军事战争当中，还有一个相对重要的就是简易测量。军事战争当中，有时候需要对士兵的位置进行定位，同时还需要士兵反馈一些战场中的信息。在这种情况下，在战场上对目标定位就是一个非常重要的事情。士兵们可能需要了解大致的距离、高度、坡度等，这些细节的因素对于军事战争有着非常重要的作用。"

斯利姆将军讲完，会场上响起了非常热烈的掌声。这次地理峰会就这样结束了。

推荐参考书

《战争论》 卡尔·冯·克劳塞维茨著。本书被誉为西方近代军事理论的经典之作。作者在书中揭示了战争从属于政治的本质,指出了人的因素在战争中起到的重要作用,阐述了战争性质向民众战争转变的历史趋势,同时还探讨了战争中的战略和战术、进攻和防御、战争的目的和手段之间的辩证关系,提出了集中优势兵力歼敌等理论。

第十七堂课

白吕纳、阿努钦、亨廷顿讨论"政治地理"

白吕纳/阿努钦/亨廷顿

让·白吕纳（1869—1930），法国人文地理学家。他认为人文地理学应着重研究人在地表所做的事业，并把这些事业称为人文地理学的基本事实；主张人地关系的可能论，认为人对人地关系的形成具有选择的可能和自由。著有《人地学原理》《历史地理学》《法国人文地理学》等。

德米特里·尼古拉耶维奇·阿努钦（1843—1923），俄国地理学家，人类学家。1885年，他创建莫斯科大学地理系，坚持统一地理学的观点，认为地理学是关于地球的包罗万象的科学，既研究自然地理、生物地理、人文地理，又研究区域地理。他的代表著作有《古代欧俄地形概念的发展》《日本：地理概论》等。

塞缪尔·亨廷顿（1927—2008），美国当代政治学家、国际政治理论家。获哈佛大学博士学位之后，留校任教长达58年。其代表作品是《文明的冲突与世界秩序的重建》。

张小凡和林安走在去地理峰会的路上。张小凡想到最近在讨论的人文地理，和林安说："你作为一个地理专业的学生，你觉得人文地理包括的范围是不是特别广泛啊，我觉得我能够想到的任何身边的事情，似乎都能够概括到人文地理当中。"

林安看着张小凡认真的样子，说："你这么说也是有一定的道理的。其实人文地理有一个非常重要的特点，就是它谈论的是在一定区域环境内发生的事情，而在我们现实生活当中，几乎所有事情都是发生在一定地理区域内的。自然地理是这样，人文地理也是这样。"

张小凡又说："这么说来，这些事情都属于人文地理了，是吗？"

林安说："那当然了，生活中的很多事情，都和地理有着或远或近的联系。而学习人文地理的关键就是看你能不能将这些事情与地理之间的关系梳理出来。"

张小凡听完若有所思。两个人说着说着就到了地理峰会的现场。

● 有政治就有地理

参加今天地理峰会的三位老师一到教室，就和大家打招呼。

一位老师首先说："各位同学好，我是今天的地理老师白吕纳。我主要研究的就是人文地理的相关知识。今天来到这里非常开心。"

第二位老师自我介绍说："大家好，我是阿努钦，主要研究同样是人文地理。今天在这里看到热爱地理学的诸位，感到非常荣幸。希望能够和大家一起讨论地理学知识，共同在人文地理的世界中有所收获。"

第三位老师好像有些羞涩，看着同学们说："大家好，我叫亨廷顿。说实话，今天来到地理峰会，我自己有些激动，也有些不好意思。"

同学们看着亨廷顿老师发言的样子，都有些疑惑。一位同学说大胆地问："您为什么会感到不好意思呢？"

亨廷顿老师说："其实我并不是地理学家，我主要研究的都是政治课题，可以说我是一位政治学家。"

同学们面面相觑，为什么会有一位政治学家来到地理峰会的现场？

正当大家疑惑的时候，林安站起来说："这样看来，今天地理峰会的主题应该是政治地理吧！"

同学们听了林安的话，恍然大悟。白吕纳老师说："这位同学好悟性！一下就想到了我们课程的主题。没错，我们今天要讨论的就是政治地理。有这样悟性比较高的同学，相信这次的地理峰会一定能够撞击出美丽的火花！首先请大家谈谈对于政治和地理之间的联系有什么理解吧！"

大家虽然有些困惑，但还是努力去思考。张小凡首先站起来说："我之前也想过人文地理和很多现实因素之间的关系，我觉得人文地理有几个非常显著的特征，就是地域性、社会性和综合性。我认为政治地理也是与之类似的。首先，政治一定是在某个地域产生的，尤其特殊的是，这种地域性还表现在人为划分疆域的这个层面，这就充分体现了政治和地理的密切联系。其次就是很多政治因素在人文地理当中都有着非常重要的影响，比如说人口、城市，这些明显都是政治不能缺少的因素，所以政治地理这门学科同样具有很重要的意义。"

阿努钦老师听完说："这位同学的回答还是非常好的。不仅阐述了对于政治地理的理解，还阐述了对人文地理的理解，而且对人文地理的特点总结得非常到位，能够看出是很热爱地理学啊！"

白吕纳老师也说："这位同学在论述中，说到一点，就是政治是具有地域性的。在这个世界上，最基本的一种地域划分就来自于政治，也就是国家。所以请亨廷顿老师为我们讲解一下国家。"

亨廷顿老师开始讲："非常感谢大家对我的信任，让我来地理峰会和大家一起讨论地理。既然大家说到了国家，那么我来与大家分享我的专业知识。在政治领域，国家指的是拥有共同的政府、领土、语言、文化、种族等相同因素的一个共同形式，指的是在一定地域内，由一定人群组成的一个共同体形式。国家虽然是来源于政治，但是并不是一个单一的政治概念，其实国家具有多重的概念。从政治意义上来讲，一个国家最重要的是要有行政的合法性，也就是合法的权力。从文化意义上讲，要有共同的语言基础和共同的文化基础。这些都是对于国家的理解。"

一位同学问："我们要学习国家概念，首先应该了解国家的构成要素吧！"

人文地理学的主要特性

特性	阐述	插图
区域性	任何人文现象都有一定的分布范围和特定的空间,如地理位置、分布范围、区域差异、空间结构等,区域性是地理学,也是人文地理学最基本的特性之一	(居住区、休闲娱乐区、绿化区、商业区分布示意图)
社会性	人文地理与自然地理学的重要差别就是有社会性。人文现象的分布是社会现象的空间形式,是一种特殊的社会经济活动,研究社会现象的地域结构是人文地理学的具体研究领域,因为不同地域人文现象分布的发展变化也不同	(街道上人们交谈的插图)
综合性	人文地理不同于一般的社会科学,它具有非常广泛的综合性,因为它不仅是地理科学整体中的一部分,而且与现代科学技术的发展、与其他社会科学的进步密切相关	(多本书籍堆叠的插图)
预测性	对地表人文现象分布变化规律的科学预测,是人文地理学研究的主要内容。研究人文地理现象能够科学地预测其未来发展变化的规律性,以此为国家决策提供可靠的依据。这是人文地理学的首要任务和发展前途	(会议讨论的插图)
统一性	自然地理与人文地理一体化,两者都统一于地理学这个整体概念之中。人类发展中的一些重大问题需要综合探讨解决,要多学科共同作战,不能缺乏科学人为地划分"无人"的自然地理和"无自然"的人文地理学	(一家人在户外散步的插图)

亨廷顿老师说:"好,接下来就讲国家的构成要素。国家主要由四个要素构成,分别是定居的国民、确定的领土、一定的政权组织,以及完整的主权。国家是一个基本的空间单位,在国家内部,有定居的国民是国家存在的基础。只有有了一定数量的固定国民,在国民群体的基础上,才可能形成一定的经济和政治结构,最终组成国家。其次还需要有确定的领土,因为领土是国家存在的物质基础,有了领土,居民才能够有开展各种各样的活动的区域空间,才能够休养生息和创造财富,才能够真正实现国家的发展。第三点要说的就是政权。政权组织是国家存在的标志。一个国家只有有了政府,才能够对内对民众进行管理,对外与别的国家交流。只有拥有政府,才能说是拥有国家,否则,只能是无政府状态的社会。最后一个因素是完整的主权。我们都知道,**主权**对于一个国家来讲是非常重要的,它是一个国家独立拥有的能够自主处理内外事务的最高权力,是一个国家产生之后就具有的固有属性。"

赵业婷老师评注

完整的国家主权由领土主权和独立权两部分组成。领土主权具有两方面的含义:首先,国家领土的神圣不可侵犯;其次,国家对其领土本身与领土范围内的一切人和物享有国际权利与国际义务,不受其他国家或国际组织的干涉。领土主权和独立权是紧密相关的。如果没有领土主权,国家就不能存在;如果对外不是独立的,国家就不能自主地处理其对外事务。

● 国家和领土密不可分

阿努钦老师接着说:"我们能够从亨廷顿老师讲的知识当中提取到,其中与地理有非常密切关系的,就是'领土'这个概念了。在政治地理当中,领土的概念非常重要。领土又被称为国土,指的是在国家主权管辖下的地理表面的特定部分,包括领陆、领海和领空。在分析领土的过程中,我们通常要考虑的是两个主要的因素,分别是领土的位置和领土的形状。"

张小凡说:"位置和形状?为什么领土还有这些特征呢?"

阿努钦老师耐心解释说:"领土当然有这些特征了!领土的位置有几方面不同的含义,第一方面是数理地理位置,指的是用经纬度精确定位的空间,是一个国家的绝对位置。经纬度的位置对一个国家的气候有很大的影响。第二方面是海陆位置,这个方面指的就是一个国家的相对位置。当我们分析一个国家的地理位置时,其实更重要的是它的相对位置,相对位置能够表现出它周围有什么样的人文环境,例如,相邻的国家、海洋等,这些对一个国家的交通运输、对外交往、国防安全等都有很大的影响。第三方面是政治地理位置,在分析政治地理位置的过程中,很明显就会考虑到周围国家和地区的政治状况、外交政策和国力强弱等,这些因素会在政治上对一个国家产生很大的影响。"

阿努钦老师接着讲:"最后我们要了解的关于领土的基本问题,就是领土的形状。领土的形状主要可以分为以下几种,分别是紧凑型国家、松散型国家、狭长型国家、嵌入型与穿孔型国家。紧凑型国家指的是国家领土的形状类似圆形或多边形,基本上没有岛屿或半岛,这种形状可以使国家非常有效地行使国家主权。松散型的国家领土形状支离破碎,各个部分之间的海域或领土可能属于他国,只能通过水运和航运进行联系,这种国家在国内交往和行政管理的过程中都有很大的不便。狭长型国家的领土呈带状延伸,这种领土不易于国内交往,而且在战争中很难进行防御。嵌入型与穿孔型国家指的是一个国家的领土完全被另外一个国家包围,前者称为嵌入型,后者称为穿孔型,嵌入型的国家总是不可避免地受到穿孔型国家的控制。"

一位同学站起来说:"没有想到对领土的研究也能够有这么多,这样说来,政治地理还真是有意义呢。"

白吕纳老师看着同学们说:"其实领土划分还有一个非常重要的前提,就是国界。这也是我们应该了解的一个重要知识。国界指的是用来分隔一国的领土和他国领土、一国的领海和公海、一国的领空和外层空间之间的界限,通常用界标等标志标出。"

张小凡听完老师讲的国界的定义,于是说:"这么说来,在现实当中,国界也仅仅是一个标志而已吗?"

白吕纳老师说:"当然不是!在现实生活当中,国界的类型各种各样,既有

以海陆位置为标准给国家分类

国家	种类	特点
中国	沿海国	领土以大陆为主体，同时又濒临海洋的国家。这类国家一般都有方便的出海口，有便利的海上交通和海产品生产。漫长的海岸线不仅提供了天然港湾，还便于港口城市和沿海地带对外开放，并可发展海军。
日本	岛国	领土完全由岛屿或群岛构成的国家。这类国家处于海洋之中，居民在很大程度上以海为生。为谋求国家的发展和领土的安全，努力向海外扩展经济活动和海上通道，并建立必要的海军力量，掌握领海的制海权。
尼泊尔	内陆国	领土深居大陆内部、四周被邻国陆地领土所包围而无海岸线和出海口的国家。这类国家由于在进出海洋方面要借道他国，可能受制于人。被一个或几个国家所包围的国家，在外交政策、经济建设和国防诸方面都要考虑这个制约因素。

自然国界，也有人为国界。自然国界指的就是以山脉、河流、海洋、湖泊等作为国界。山脉作为国境线，对于国家之间有很强的隔离性，因为越过山脉的交通比较艰难。但是因为山脉的划分总是有出入，所以也很容易引起争端。河流的形状是非常适合作为国界的，按照国际惯例，如果是通航河流，就以主航道的中心线划分；如果不是通航河流，就以两岸的中间线划分。以海洋为划分标志既方便交通，又有很大的隔离性。"

一位同学提问说："既然自然国界这么便利，为什么要有人为国界呢？"

亨廷顿老师说："这个问题就由我来进行解答吧。虽然我们看到自然国界是非常便利的，但是现在世界上存在的国家并不都恰好处在这些自然国界的周围。有的国家与国家之间没有明显的自然物，所以就需要人为设定国界。人为国界大概有三种类型，首先是人为障碍，例如当年东西柏林之间的柏林墙；其次是数理国界，就是以经线和纬线划分的国家界限；最后一种是人文国界，指的是按照民族的分布状况和国家的宗教信仰划分的国界线。"

又有同学提问："那么国界的作用是不是只为国家之间进行分界呢？"

亨廷顿老师接着说："你这么说就太小看国界了，国界在现实中具有很大的作用和功能。首先国界能够在法律上对一个国家的领土范围进行界定，可以说国界就代表着国家行使主权的领土范围。其次，国界在政治上具有管制功能，要对所有通过边界的人和物进行检查，这样就能够控制非法越境、走私等危害国家安全的活动。第三，国界还具有保护本国市场和民族经济的功能，能够对外国的商品征收关税。"

"正是因为国界有着非常重要的作用，所以在国界上也会引发很多国际争端。在历史上，引发各种冲突的原因可能是因为过去的战争和冲突，也可能是因为民族的矛盾和宗教的冲突，还可能是因为国家实力的强弱变化。然而在当今世界，这种国界上的纷争仍然没有停止，往往是因为各种自然资源或是战略要地的争夺。但是在任何情况下，每个国家都会对自己的国界有着主动的控制，因为国界和领土息息相关，进一步说，就是和国家的主权息息相关，所以一个国家无论如何都要捍卫自己国家的国界。"

国家内部的区域划分

白吕纳老师开始讲下一部分的内容："刚才我们讲的都是国家与国家之间的区域划分，下面我们要讲的就是国家内部的区域划分。在一个国家内部，为了方便内部的管理，通常都会将国家分成不同的行政区域。不管是在面积较大还是面积较小的国家当中，这种区域划分都有着非常重要的意义。"

林安站起来和老师交流："在中国，这种行政区域的划分就比较明显。中国的国土辽阔，自古以来，对不同的行政区域就有着不同的划分。尤其是在新中国成立之后，这种行政区域的划分更加完善。"

白吕纳老师说："非常对。所以我首先就会以中国的行政区域划分为例进行讲解。一方面是因为你们对于自己国家的行政区域划分比较了解，另一方面是因为中国的划分确实有很大的合理性和典型性。"

"下面我就开始讲解。行政区划是国家的重要组成部分，是和国家同时产生的，行政区划能够使国家管理更加便利。行政区划是一个相对比较完整的系统，在这个系统当中，由高级到低级有着非常密切的从属关系，各个行政区又与中央政府有着密切的权力关系，对中央的管理是非常有益的。所以在中国，实际上就形成了从中央到地方的一种垂直体系，这种体系使中国始终处于一种合理的管理当中。在中国的行政区划当中，行政区的级别越高，管理的范围越大，职能也越大；行政区的级别越小，管理的范围和职权也就越小。各级行政区都有各自完善的组织，使得整个国家都处在一种规范的管理当中。"

一位同学说："真没想到，我们已经司空见惯的行政区划，竟然蕴含着这么丰富的知识！"

白吕纳老师接着讲："当然，尤其是对于中国这么一个地大物博、人口众多的国家来讲，这种行政区划更具合理的意义。首先，中国的这种行政区划能够很好地执行国家职能。巩固一个国家的统治、执行国家职能，是行政区划最根本的出发点。中国国土辽阔，在国家的管理上有很大的难度，所以一定要分成这些行政区划，才能够真正将这些管理渗透到每一个地方。其次是有利于经济的发展，因为行政区划有一个重要的职能就是要管理经济。例如为了促进中国东南沿海地区的经济发展，将深圳、珠海、汕头、厦门等城市列为经济特区，促进经济的发展。再次是有利于管理少数民族地区。中国是世界上民族最多的国家之一，为了实现民族的平等，促进少数民族的发展，在少数民族聚集较多的地方划分民族自治区，于是就形成了内蒙古自治区、西藏自治区、新疆维吾尔自治区、宁夏回族自治区和广西壮族自治区。除此之外，中国还有很多自治州、自治县和自治乡。"

林安站起来发言："其实在中国进行行政区划的过程当中，还有两点是值得关注的。第一点是历史继承性。因为在中国历史上已经有非常丰富的行政区划的历史，所以要充分照顾到历史的继承性。第二点是自然条件的差异性。因为中国有很多丰富的自然地理环境，所以在进行行政区域划分的过程中，自然地理环境也经常被考虑在其中。比如说陕西省和山西省的分界是黄河，河北省和山西省的分界是太行山，湖南省和湖北省的分界是洞庭湖，这些天然的分界线也是不可忽视的因素。"

白吕纳老师听完说："不错，这些都是中国当下非常重要的因素。其实世界上每个国家的行政区划都是不同的，世界上行政区划最为复杂的国家就是俄罗斯。世界上行政区划最简单的国家则是梵蒂冈。"

地缘政治学说

阿努钦老师看着同学们都认真听讲的样子,非常欣慰,他说:"之前几个部分讲的都是关于地表的地理学说,最后我们要讲的一个方面,就是由这些政治地理知识而产生的一种深层的理论。这种政治地理学的理论在很长一段时间内对整个世界有着非常重要的影响,就是——地缘政治说。"

同学们之前对地缘政治完全不了解,都显得很困惑。

阿努钦老师说:"我先为大家简单地介绍一下。地缘政治是政治地理学中的一个非常重要的理论,它是根据地理要素和政治格局,将世界范围内的各种地域和战略进行了深度分析,尤其是将这些因素与国家的政治行为进行了一定的联系。也就是将地理因素看作影响国家政治行为的一个重要因素。直到今天,地缘政治说依旧是很多国家制定国防和外交策略的重要依据。这部分知识主要请政治学专业的亨廷顿老师为我们介绍。"

赵业婷老师评注

1904年,英国地缘政治学家麦金德创立了陆权论。他将欧亚大陆中心地带称为枢纽地带,认为这是世界政治的枢纽。之后他将"枢纽地带"的概念修改为"世界岛"的"心脏地带",并且把欧、亚、非三大洲统称为"世界岛"。他的"心脏地带论"认为:控制了东欧就等于控制了心脏地带,控制了心脏地带就等于控制了世界岛,控制了世界岛就等于控制了世界。

亨廷顿老师谦虚地说:"谢谢。首先我为大家介绍一下传统的地缘政治理论,主要就是三个理论,分别是海权论、陆权论和空权论。海权论最早来自于对英国海军的研究,所以这个理论认为一个国家的海上力量对一个国家的繁荣和安全起到了非常重要的作用。**陆权论**由英国的政治学家哈尔福德·麦金德提出,他认为欧亚大陆的中心地带是世界政治的枢纽,控制了东欧就等于控制了世界。第二次世界大战之后,美国的政治学家又认为两次世界大战都发生在边缘地带,因此边缘地带的重要性更大。后来,意大利的朱利欧·杜黑又提出了空权论。他认为空中的路线是两点之间最近的距离,所以空权可以真正决定

地缘政治理论的发展

分裂世界论

世界会长期处在分裂的状态当中，由于各国的发展状况和水平差距越来越大，因此各个国家之间也会越来越分裂。

多极世界论

世界发展的过程中，会形成多个实力强悍的大国，这些大国会对整个世界的发展起到非常重要的影响作用。

整合论

整个世界将会形成一个和谐、规范、有序的平衡体系，在这个体系当中，会经历各种各样的整合，比如，经济整合、政治整合、文化整合和社会整合。

战争的命运，因此他指出要发展强大的空军，要争夺制空权，获得战略的主动。后来美国提出北极地区对于美国争夺制空权具有非常重要的作用。"

一位同学听了亨廷顿老师的讲解之后说："所以在地缘政治理论当中，确实都是根据地理对政治的影响来阐述一些与战争有关的观点。"

亨廷顿老师接着说："刚才我介绍的都是最初的地缘政治理论，之后伴随着两次世界大战的结束和长期的和平稳定的状况，地缘政治说也不都是关于战争的讨论，还有很多对和平格局的讨论。比如说柯恩曾经提出分裂世界论，基辛格曾经提出多极世界论，阿尔伯特·德芒戎曾经提出整合论。我也根据自己的理解提出了文明冲突论。"

同学们一听亨廷顿老师自己也创建了理论，纷纷要求老师先讲他自己的理论。

亨廷顿老师不好意思地说："既然大家这么有热情，我就先概括讲一下我的文明冲突论。我认为在未来的世界当中，国际冲突的根源将不会是意识形态的冲突或者是经济的冲突，而是文化和文明的冲突。因为文化的发展在各个国家中都处于非常重要的地位，甚至比经济和政治还要重要。但是在不同文化之间，存在着很大的冲突。所以如果文化之间具有冲突或断裂带，那么极有可能会成为未来战争的导火索。因此，全世界都应该重视文化发展或文明冲突，建立起一种以文明为基础的世界秩序，从而真正实现文明世界之间的和平，让世界真正避免战争。"

同学们听完纷纷鼓掌。

亨廷顿老师看到同学们鼓掌，更不好意思了："其实从世界发展的趋势来看，地理的因素好像是在逐渐减弱，因为随着互联网和物联网的发展，好像人与人之间的界限越来越少，足不出户就可以看到整个世界。但是在国际政治当中，地理确实还是一个长久留存下来，并且有着重要意义的方面。在现实的地理差异和距离当中，政治还是或多或少会受到影响。但是相信我们的世界会因为文明的发展而越发和平！"

亨廷顿老师说完这番话，同学们的掌声更加热烈了！

峰会结束的时间到了，同学们依依不舍地目送三位老师离开教室。

推荐参考书

《文明的冲突与世界秩序的重建》 塞缪尔·亨廷顿著。这本书讲述了冷战后世界冲突的基本根源不再是意识形态，而是文化方面的差异，主宰全球的将是"文明的冲突"。

第十八堂课

哈格斯特朗、汤姆林森、利玛窦讨论"地图学"

地理知识都可以通过地图展现出来。

> **哈格斯特朗/汤姆林森/利玛窦**
>
> 托斯坦·哈格斯特朗（1916—2004），瑞典地理学家，地理学理论化、数量化的倡导者之一。隆德大学地理系教授。曾任国际地理联合会副主席。他研究的新技术的时空扩散过程，是20世纪中期以后的地理学、社会学和经济学的主要成就之一。
>
> 罗杰·汤姆林森（1933—2014），加拿大地理学研究者。汤姆林森非常重视地理教育，他曾经负责大型的GIS计划编制研究，他因率先提倡使用计算机进行空间分析，以及他在建立CGIS过程中的领导角色，赢得了"GIS之父"的光荣称号。
>
> 利玛窦（1552—1610），意大利的天主教耶稣会传教士、学者。明朝万历年间来到中国传教。他不仅为中国带来了西方的天文、数学等知识，还将世界地图带到了中国。他所绘的《万国地图》，是中国人见到的第一幅比较科学的世界地图，充分展现了当时地理发现的最新成果。

"没有想到，这么快就到最后一次的地理峰会啦？"张小凡看到门口张贴着"预祝地理峰会圆满结束"的标语，有些吃惊。

林安说："算起来，自然地理知识和人文地理知识都讲得差不多了，今天是最后一次地理峰会，要收尾了。"

听了这样的话，张小凡好像有些失落，他不知道如何形容自己的心情。他觉得自己已经将定期参加地理峰会当作一个很好的习惯了。

地图的概念和特征

林安和张小凡一进教室就看到三位老师已在讲台上就位。张小凡看着台上的老师说："没想到最后一次地理峰会的风格也是挺混搭的啊！"

第一位老师说："大家好，我是地理学家哈格斯特朗，今天来到地理峰会非常开心。"

第二位老师自我介绍说："我叫汤姆林森，我也是一位人文地理的研究者，来到这里非常开心。"

第三位老师的服装看起来有些不同，他慢慢地说："我的名字也许大家听过，我叫利玛窦。"

同学们一听到这个名字立刻就炸开了锅，这不就是明朝时候到中国的传教士吗？怎么传教士也对地理有研究？大家带着各种疑惑看着利玛窦老师。

利玛窦老师笑着说："正好，大家可以猜一下今天讨论的主题是什么。大家应该还记得，我在明朝传教的时候，曾从西方带了很多重要的知识，今天我们要讨论的地理主题就在其中。"

同学们还是摸不到头绪。

利玛窦老师说："是地图啊！当时我从西方世界带来了世界地图，并将中国的位置画在地图的正中央，那是中国人第一次见到世界地图啊！"

哈格斯特朗老师说："没错，我们今天要介绍的就是地图学。各位同学已经了解了不少地理知识，相信在之前的地理峰会上，不少老师都会拿出地图和大家一起分析。可以说地图是我们在地理学习的过程中，完全不能缺少的一个工具。今天，我们就将讨论的主题定为地图，希望在最后一次的地理峰会当中，大家能够对这一重要的地理工具有着更加深刻的认识。"

汤姆林森老师开始讲课："首先，由我为大家介绍一下地图的概念。大家对地图一定不会感到陌生，在日常生活中大家出门都会用手机地图导航，在学习地理的过程中，更是每种地理现象都会有对应的地图。但是说起地图的概念，大家恐怕就不太清楚了。地图，就是根据一定的数学法则，将地球上的各种自然现象和人文现象用制图语言表达出来，然后通过制图综合反映在一定的载体上，用来展示地球上各种事物的空间分布、空间联系、数量特征、组合结构和发展变化等状态。在地图的定义当中，包含三个重要的因素，分别是数学法则、符号化和抽象化。其中数学法则指的是将地球上实际存在的现象转化成某种符号的规则。符号化指的是在载体上使用某种特定的表达方式。抽象化指的是整体来讲地图是具有以抽象代具体的方式。"

"不过大家也能够看到，地图是在不断变化和发展的。刚才说的这些定义，都只是目前的定义。最传统的地图是以纸张作为载体的，但是随着科学技术的发展，电子地图的应用也逐渐普遍。现在看来，二维技术和**三维技术**的使用在实际操作中也开始逐渐流行。我想，随着以后科学技术的发展，地图可能会有更新的载体和更富有变化的形式。"

哈格斯特朗老师说："没错，随着科学技术的发展，我们似乎无法想象地图未来发展的状况。但是我们在研究地图的时候，更重要的还是应该了解传统地图的性质和作用。因为科学技术为地图带来的发展，只会是形式和载体上的发展，地图的实质和核心是始终不会改变的。除了刚才

> **赵业婷老师评注**
>
> 三维电子地图，或称3D电子地图，就是以三维电子地图数据库为基础，按照一定比例对现实世界或其中一部分的一个或多个方面的三维、形象的描述。网络三维电子地图不仅通过直观的地理实景模拟表现方式，为用户提供地图查询、出行导航等地图检索功能，同时集成生活资讯、电子政务、电子商务、虚拟社区、出行导航等一系列服务。网络三维电子地图在给人们带来方便的同时，也给国家安全、社会稳定和人们隐私等带来一定威胁。

汤姆林森老师讲到的三个重要特征之外,我还有一些补充。首先要说的是地图具有直观性。我们都知道,地球上的各种地理特征都是复杂多样的,但是我们在学习地理的时候,为了能够将这些复杂的自然特点和人文特点表现出来,我们就会使用地图。所以地图一定要具有直观性,一定能够显著呈现自然特征和人文特征。其次要说的是针对性。我们刚才已经说过,地球表面的特征太过复杂。当我们实际做研究的时候,通常只需要了解几个方面的信息,并不用面面俱到。比如

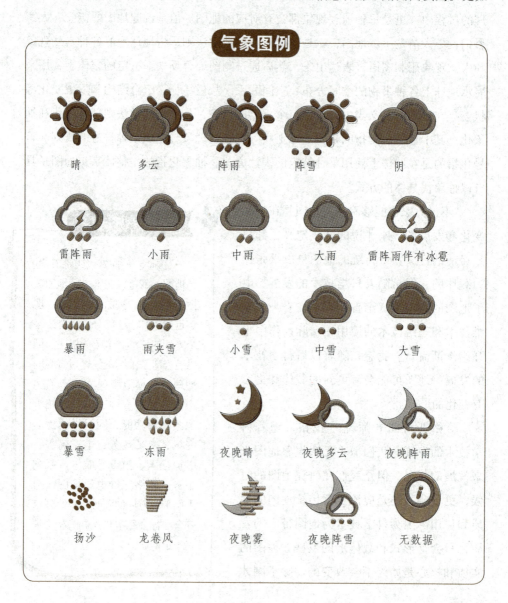

说当我们需要地图指路的时候，只需要了解一个地方的建筑物分布和街道信息就可以，不需要其他多余的自然地理信息，这就是地图具有的相对针对性。当然，也有的地图会综合各类信息，形成具有综合性的地图。还有一个特点是地图具有完整的系统符号。这一点虽然也是在说地图具有符号性，但是这种符号一经出现，都必须有一定的完整性。比如说气象符号就应该包括所有的气象现象，这样才能在实际操作的过程中没有遗漏。最后要说的一个特点就是地图是地理信息的载体。我们在讨论地图的时候，最重要的还是应该能够获取地理信息，这才是地图的根本所在。"

利玛窦老师说："能够看出，地图对于我们的生活有着非常重要的作用。我们能够从地图中看到我们所处的空间位置，也能够获取到相关的地理信息。现在还可以用地图模拟一些未来要发生的事情，今天的地图跟过去的地图真是有天壤之别啊！"

地图的历史和演变

哈格斯特朗老师接着利玛窦老师的话，说："既然我们说到了过去的地图，我想大家也应该了解一下地图的历史知识和演变过程。这就请利玛窦老师来为我们讲解吧！"

利玛窦老师说："我们都知道，现在的地图是人们对于周围地理环境的认识。其实原始时代的地图也是如此，现在保存得最古老的地图是公元前27世纪由苏美尔人绘制的地图，以及公元前25世纪巴比伦的陶片地图，这些地图当中都绘制了山脉、城镇和河流的河道，传达的就是人们最早对于自然环境的认识。后来在太平洋的原始部落当中，也发现了用木头、柳条和贝壳制作成的海岛图，根据研究显示，这些地图是用来显示位置和辨别方向的。"

张小凡突然想起什么，对利玛窦老师说："老师，当时的中国也应该出现了地图，请给我们讲讲吧！"

赵业婷老师评注

夏朝初年,夏王大禹划分天下为九州,令九州州牧贡献青铜,铸造九鼎,将全国各地的名山大川、奇异之物镌刻于九鼎之身,并将九鼎集中于夏王朝都城。九鼎后来成为中国的代名词,也是王权至高无上、国家统一昌盛的象征。

利玛窦老师说:"好的。根据中国的原始记载,黄帝和蚩尤打仗的时候,就曾经使用过地图来体现战争的环境。保留至今的很多青铜器上,也有着各种原始地图。**比如说夏朝的九鼎,在九鼎的外观铸有各种图画,其中就有代表山川和大地的原始地图**。后来在《山海经》当中,就出现了很多绘有山水、动植物和矿物的原始地图。在《周礼》一书当中有很多提到地图的文字,明确表示了当时中国已经出现了地图。从原始时代的这些地图看来,当时已经出现了地图的雏形,已经有了地图当中的抽象符号和比例尺的概念,这些特征与后世的地图都是一脉相承的。"

一位同学提问说:"那原始地图看起来确实太过简陋了,难以想象在漫长的时间里,地图是如何演变成今天这样的啊!"

利玛窦老师笑笑说:"我这就为你们一一讲解。后来,世界上出现了各种相对精确的地图。在中国,《管子》当中就有一篇专门介绍地图的地图篇,其中提出了在军事战争当中,地图对军事指挥有着非常重要的作用,所以一定要重视地图的作用。从文章的内容也能够看出,当时的地图当中已经能够表现出名山、大川、陵陆、丘阜、林木、城郭等各种信息,以及展现出方位、距离、比例尺等要素,并且出现了形象符号和注记。马王堆汉墓曾经出土了三幅地图,说明在距今2100年的中国,地图绘制已达到相当高的水平。在中国还涌现出很多著名的地图学家,裴秀、贾耽、朱思本、罗洪先等,都为地图的发展做出了贡献。同样,古代西方也出现了不少重要的地图研究者。

"在地图本身发展兴盛的同时,地图理论和地图方法也发展得非常迅速。古希腊地图学家托勒密的《地理学指南》是一本非常丰富的地图学著作,他还创造了地图投影方法,并用普通圆锥投影绘制了世界地图。世界著名地图学家墨卡托所创作的墨卡托投影至今仍为航海图、航空图与宇航图所采用。"

一位同学不禁感叹:"这个过程真是曲折漫长啊!"

利玛窦老师说:"17世纪之后,地图的发展迅速推进。由于工业革命和相关技术的发展，尤其是罗盘仪和望远镜相结合的测绘技术得到了一定程度的发展，再加上当时的欧洲各国普遍开展航海探索，大大促进了地图学的发展。很多欧洲国家都开始根据航海的过程测绘出新的世界地图。还有很多国家都成立了测绘机构，主要职能就是测绘本国的基本地形图。当时法国的卡西尼父子测绘的法国地形图颇负盛誉。"

"到20世纪，飞机问世，从飞机上能够拍出更加精准的照片。于是当时的德国和法国都开展了航空摄影测量的实验和研究。在几十年的时间里，航空摄影测量从根本上对地图测绘的过程产生了影响，可以说人类地图事业的发展进入了高空测绘的全新历史阶段。随着航天技术的出现，又开创了人类从地球外空间对地球进行遥感制图的新纪元。1957年，苏联发射了第一颗人造地球卫星，后来

地图学理论的具体阐述

地图学理论	具体阐述
地图信息论	地图信息是以图解形式表达制图客体及其性质构成的信息。地图信息论就是研究以地图图形表达、传递、贮存、转换、处理和利用空间信息的理论。
地图传输论	地图传输论是研究地图信息传输的原理、过程和方法的理论。该理论认为：客观环境、制图者、地图、用图者、再认识的客观环境构成了一个统一的整体
地图模型论	地图模型论是研究如何建立再现的客观环境的地图模型，并以地图数学模型来表达的理论。该理论认为，地图是客观世界的模拟模型。此模型是制图者的概念模型，并可用数学方法表达，经过抽象概括制图对象的空间分布结构
地图认知论	地图认知论是研究人类认知地图获取信息的手段、原理和过程的理论。该理论对制图手段、多媒体技术、虚拟现实技术的结合使用有重要意义
地图感受论	地图感受论是研究地图视觉感受过程的物理学、生理学和心理学方法，探讨地图如何被用图者有效感受的理论。研究内容有分级符号、网纹、色彩设计客观性、视觉感受与图形构成的规律、特点等

赵业婷老师评注

遥感，是一种于20世纪60年代兴起的探测技术，是根据电磁波的理论，应用各种传感仪器对远距离目标所辐射和反射的电磁波信息，进行收集、处理，并最后成像，从而对地面各种景物进行探测和识别的一种综合技术。通过遥感技术，可查询到高分一号、高分二号、资源三号等国产高分辨率遥感影像。

美国也接连发射了五颗陆地卫星，能够充分提供各种地球表面的海陆信息，超越了各种自然障碍和国界的限制。**遥感技术开拓了动态制图的新领域，并且将整个世界都紧密联系在了一起**。随着遥感技术的不断进步，地图不断朝着高分辨率、多波段、全天候和遥感信息国际共享以及商品化方向发展。"

哈格斯特朗老师说："在这里我还要对现代地图学的发展做一定的补充，那就是现代地图学理论的发展。因为地图的测绘已经达到一个很高的水平，所以地图学理论也在这个时候得到了非常充分的发展，地图学与自然科学、社会科学、系统科学、信息科学、思维科学等其他学科的关联也逐渐显现出来，共同促进了地图学本身的发展。几门非常重要的地图学理论都得到了丰富和发展，例如，地图信息论、地图传输论、地图模型论、地图认知论、地图感受论等。"

● 地图的制作

哈格斯特朗老师说："了解了一些关于地图的基本知识之后，我们应该专业地学习如何制作地图。在学习之前，我们首先应该搞清楚的一个问题就是制图综合的概念。"

"这个概念大家可能会感到陌生，我来将其拆开阐述。综合指的是思维的抽象过程，指的是将一个复杂的事物概括成相对简单的事物。我们在生活中见到的很多人物漫画、文章摘要、小说改编等，其实都是一个综合的过程。综合有两

对人像的综合

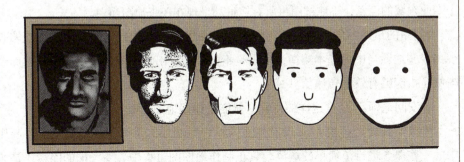

个非常重要的特征,一是要保留重要的内容,二是要将保留的内容用简化形式表达。

"了解了综合的定义之后,我们就可以了解制图综合的概念了。所谓制图综合,指的就是在制作地图的过程当中,将区域的特点用概括和抽象的形式反映出来,形成一种具有规律性的类型特征,摒弃那些次要的或非本质的特点,这个过程就叫作制图综合。制图综合的过程主要包括两个方面,一个是概括,一个是取舍。概括指的就是对制图对象的形状、数量、质量等特征进行化简,然后将主要

数据质量的类型和特点

资料类型	资料特点
测量资料	平面控制点和高程控制点得出的资料,表现为数字的形式
遥感图像和地图资料	包括各种实测的原图、航空相片、卫星图像,以及各种地形图和部门地图
现势资料	对各种图像和地图新近增加的行政隶属进行变更、地名的更改、水系或道路的改道等变化
各种专题编图资料	包括各种专题的图表资料、数字资料和文字资料

需要表达的特点用一种特定的符号或形式表达出来，最终达到概括的效果。而取舍就是要从大量的信息当中进行筛选。如果是制作专业性的地图就应该侧重于某个专业领域的信息，不能试图将所有信息都呈现在一张地图当中。

"制图的最终目的，就是要达到抽象、突出和清晰的效果。抽象是指能够表现出一些地图当中的基本规律，突出是指能够表现出地图的某种类型特征，而清晰则是指能够有效地传递信息。"

林安问老师："经过这样的过程，就能制作好地图了吗？"

哈格斯特朗老师说："远没有那么简单！我刚才的讲解只不过是对地图制作中的一些概念进行了简单的解读，真正制作地图的过程中，要考虑的因素还是非常多的。下面我再简单介绍几个需要注意的方面。"

"首先要说的是地图的用途，它对地图的制作有着关键性的主导作用。地图的用途直接能够决定地图的内容和选择，还会影响制图综合的方向和程度，也就是说主要信息的取舍和选择在这一步就会有一个定论——决定究竟选择什么样的

地图学发展趋势

智能化	包括地图信息源信息获取、地图制作过程，以及地理信息表达的智能化等
虚拟化	地图将来表达的制图对象不一定都是实体的客观存在，很多内容将是虚拟的、模拟的、多维仿真式的
功能多极化	地图功能从表达地理客体规律特征，扩展到知识发现、空间分析、动态显示监测、综合评价、预警预报等
主客体同一化	随着科技发展，促进地图制作技术的不断改进和创新，地图制作将越来越简单，故既是地图制作者又是地图使用者将渐趋普遍，使主客体同一化
全球一体化	随着数字地球战略的实施和推进，地图在表达地球和研究地球方面，都能够以整体化、全球一体化形式出现
地图、RS、GIS和GPS一体化	数据库是链接数字地图、RS、GIS、GPS技术的共有基础，随着这些科技手段的不断发展，将使其在信息科学的范畴内不断融合并趋向一体化，为地球信息科学、数字地球的成熟发挥作用

信息进行分析和化简，才能得到满足要求的地图。第二个方面是地图的比例尺。因为地图的比例尺会直接影响到制图的效果和综合程度。一般来说，大比例尺的地图相对重视地图的内部结构，而小比例尺的地图则更加注重地图的外在形态和各个事物之间的联系。地图的比例尺最终还会影响到制图对象的表示方法。第三个方面是数据的质量。数据是地图制作的来源，不同的数据质量反映的信息不同，对信息表现的侧重程度也不同，所以要根据地图的具体特点选择不同的数据作为地图的原始数据。还有一个比较关键的因素，就是地图符号的选择。在地图的各个要素当中，地图的符号是非常重要的，它的形状、尺寸、颜色，可以说是构成地图最为重要的一个部分，会影响到整体地图的效果，所以一定要做好地图符号的选择。"

同学们不禁感叹："真是看地图容易，做地图难啊。听了老师讲的这些内容，真觉得做地图是一件非常复杂的事情。"

汤姆林森老师也说："地图的制作都由专业的学者和专家来做，所以这并不是我们需要完全掌握的知识。但是从地图制作的这些知识当中，我们能够体会到很多地图蕴含的知识，这对我们了解地图来讲是非常重要的。"

哈格斯特朗老师也说："是的，同学们，虽然我们不需要制作地图，但是了解了地图制作的基本方法和规律，能够让我们在使用地图的过程中更加便利。而且，不论地图有什么样的形式变化和发展趋势，制作地图的方法和规律是始终不会发生改变的。"

● 地图的选择和使用

汤姆林森老师继续讲："各位同学，虽然地图的制作非常复杂，但是对我们普通人来讲，真正能够把地图的知识学以致用，还是表现在日常生活中对地图的选择当中。"

听完汤姆林森老师说的话，同学们都觉得接下来的内容与自己的关系更密切了。

汤姆林森老师说:"在选择合适的地图之前,我们首先应该明确地图究竟有哪些分类,所以我先问问同学们这个问题,看你们的理解怎么样。"

一位同学说:"地图的种类应该有很多,按照不同的分类方法也会有不同的理解。您这样一问我们反而没有什么具体的答案了。"

汤姆林森老师笑笑说:"同学们还是很聪明的,地图的分类确实有很多种,下面我就为同学们做一点儿简单的介绍。首先按照地图的内容可以将地图分为两种,一种是普通地图,一种是专题地图。所谓普通地图,指的就是地形图或者是普通地理图。专题地图的分类比较多,还能分为自然地图和社会经济地图,其中自然地图包括地质、地球物理、地貌、气候、陆地水文、海洋、土壤、植被、动物等,社会经济地图包括人口、政区、工业、农业、交通运输、财经贸易、文化、历史等。"

同学不禁惊叹起来:"没想到地图的分类竟然有这么多!"

汤姆林森老师却说:"这只是一种常见的分类方法,事实上还有很多其他的分类方法。比如说按照用途可以将地图分为通用地图和专用地图。通用地图就是我们在生活中常见的交通图、旅游图、教学图等,专用地图则是航空图、宇航图之类用于专业的地图。按照地图的形式还可以分为单幅地图、系列地图和地图集等。当然,还有不同形状的地图,比如,平面地图、地球仪、模型地图等。"

这下同学们更是惊讶了,没想到看起来很简单的地图竟然有这么多分类。

汤姆林森老师接着说:"在现实生活当中,我们使用地图通常都有一定的目的,这就决定了我们一定要选择某种特定的地图,你说对吗?"

一位同学站起来说:"的确是这样。比如说当我们去一个景点的时候,通常会选择以当地景点为素材制作的导游图,因为只有导游图上才会标注各个著名的景点在哪里,以及一些公共服务设施在什么地方,为旅行提供便利。但是同样是旅行,当我们从一个地方到另一个地方,准备设计外出路线的时候,我们应该参考的就是交通图,了解不同地方之间的交通方式。"

汤姆林森老师说:"非常好,谁还能举出这种实际的例子吗?"

另一位同学站起来说:"当我们看新闻的时候,想要了解国际事件的发生地点并分析其中的关联,我们要看的应该就是世界国家和地区图。但是当我们看到有关世界的灾难或气象的新闻时,则要去看自然地形图,因为很多气象灾害的产生都和地形有很大的关系。"

张小凡站起来发言:"我觉得最明显的例子,就是我们中学做地理习题的时候吧。如果是分析地形就要看地形图,分析气候就要看气候图,分析植被就要看植被图,分析人口就要看人口图,这可以说是非常明显的分类了。"

汤姆林森老师说:"这当然也是对地图的选择。基本上可以概括成这样,当我们需要对地球表面有某些针对性方面的认识的时候,我们就需要选择某种主题的具有针对性的地图。其实除了主题的选择之外,还有一个关键的因素,就是**比例尺**的选择。"

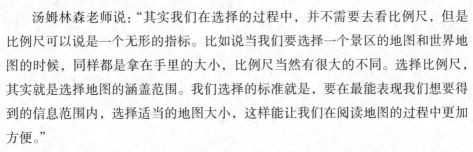

赵业婷老师评注

比例尺是表示图上一条线段的长度与地面相应线段的实际长度之比。公式为:比例尺=图上距离与实际距离的比。比例尺有三种表示方法:数值比例尺、图示比例尺和文字比例尺。一般来讲,比例尺大的地图,内容详细,几何精度高,可用于图上测量。比例尺小的地图,内容概括性强,不适宜进行图上测量。

同学们不禁疑惑,比例尺怎么选择呢?

汤姆林森老师说:"其实我们在选择的过程中,并不需要去看比例尺,但是比例尺可以说是一个无形的指标。比如说当我们要选择一个景区的地图和世界地图的时候,同样都是拿在手里的大小,比例尺当然有很大的不同。选择比例尺,其实就是选择地图的涵盖范围。我们选择的标准就是,要在最能表现我们想要得到的信息范围内,选择适当的地图大小,这样能让我们在阅读地图的过程中更加方便。"

最后,由利玛窦老师做这次峰会的结语。利玛窦老师说:"这次地理峰会,是我们所有地理峰会的最后一场活动。今天,我与另外两位老师一起来到这里,和同学们共同讨论关于地图的问题,非常有趣。我能看出来,大家都非常热爱地理学,希望在这次地理峰会之后,大家仍然能够保持内心对地理学的热情,遇到不懂的地方多看书,相信学习地理学一定能给大家的生活带来很大的改变。我又想到,我当年从西方来到中国的时候,怀抱着的那种想要看透世界的理想,我相信你们在学习地理学的过程中也有这样的想法。所以不仅要多学习,更要多出去看看世界。地理学不仅存在于书本当中,更存在于我们的地球和大千世界当中!"

利玛窦老师讲完之后，会场上响起了热烈的掌声。随后，三位老师走出了会场。

《世界地图学史》 这本书是目前世界上地图学史方面的权威著作，篇幅巨大，涵盖了世界上几乎所有地区的古代地图学，对了解世界地图的历史有着非常重要的意义。

结束语

最后一次地理峰会就这样结束了，意味着地理峰会的活动也圆满收尾了。

看着三位老师走出教室，所有参加过地理峰会的老师的形象在张小凡的脑海中一一掠过。他坐在座位上，有些难以回神。他想着自己从一个拒绝地理学的学生，到逐渐热爱上地理学的历程。在这个过程中，每位老师都给了他很大的启迪和帮助。

林安看着他若有所思的样子，问道："你是不是有些不舍啊？"

张小凡说："当然会有不舍，因为在地理峰会中见到的老师给我带来很大的影响。爱上地理学以后，应该会有更多问题和困难在等着我呢。"

林安说："没关系，只要你真的热爱地理学，就会有很多书籍和知识在等着你，勇敢地在地理的世界里闯荡吧！"

张小凡坚定地看着讲台上的"地理峰会"四个字，恋恋不舍地走出了会场。